启真馆 出品

公众史学

|第二辑|

李娜 主编　陈新 周兵 副主编

ZHEJIANG UNIVERSITY PRESS
浙江大学出版社

前　言

　　今天的中国，历史似乎无处不在：公众以怀旧的情感倾听往昔的声音，述说身边的历史；以主人翁的态度用第一人称与历史直接对话；相信直觉，将"过去"生动地植入"现在"。当亲历者的声音在历史解读中日益重要，当历史的场景得以生动地再现，当普通人开始质疑曾经理所当然的历史叙事、解释或论断，开始发掘那些隐藏的或未曾被讲述的故事，开始关心宏大历史所不屑于关注的种种细节，历史便不再被垄断，不再是专家学者的专利，不再是权力精英的背书；历史开始百花齐放、百家争鸣。公众史学——一门新兴学科，一种新型史观，一场知识自组织运动，一种大众文化——应时代而生。

　　公众史学是突出受众的问题、关注点和需求的史学实践；促进历史以多种或多元方式满足现实世界的需求；促成史家与公众共同将"过去"建构为历史。其基本旨趣，亦是其新颖之处，在于多样性与包容性。

　　媒体的变革意味着获取知识的途径更多元、更平等、更活跃，意味着历史产生、解释与传播的空间日益扩大，也意味着人人都可能成为史家。但是，这并不意味着人人都能够成为史家。史学的方法和技能依然不可替代：对信息或知识的审辨、分析、比较和应用，对历史的深度体验，对历史真实性的求证，对历史环境的解读与保护等，均需要长期严格的专业训练。换言之，历史的严谨、客观与公正没有也不应该因为公众的参与或新媒体的介入变成消遣，变得容易。

　　历史的"公众转向"标志着另一种史学的可能性，成为开创新形态历史研究的契机。公众史学的发展既要上升到学科高度，成为专门之学，学理清晰、构架完整、自成体系，又要突破专门之学的种种弊端，不断探索、鼓励创新、敢于纠错、勇于实践、侧重具体、无意排他。

　　《公众史学》坚持开放的视域、启蒙的精神、独立清正的学术追求；通过平实易懂、流畅亲切的语言，通过细节，构建历史的丰富性；通过情景再现，返回历史现场，发掘复杂甚至矛盾的历史事实，并为之提供论辩的空间；书写民间的历史情感和具体的伦理诉求；建构一种民间记忆的多元图景。

《公众史学》是公众史学的研究者、实践者和教育者与公众交流的平台。《公众史学》鼓励跨学科、多领域、学院内外的交叉与合作，鼓励学者与研究受众之间"共享权威"；期待积极、活跃的公众参与；强调就具体问题、具体人物的微观互动。

求真的勇气与实践、学识服务于公众的谦卑是《公众史学》的原动力。史学，或任何学科之进取，当有一股力量、一种精神、一番创新。"路漫漫其修远兮"，愿同人共同努力！

目　录

理论探索、前沿与反思

博物馆、遗址与历史保护

评　论

书评

会议述评

CONTENTS

THEORY, HISTORIOGRAPHY, AND REFLECTION

MUSEUMS, SITES, AND HISTORIC PRESERVATION

Preserving Places: Reflections on the National Historic Preservation Act at Fifty (II)

FAMILY HISTORY AND GENEALOGY

DIGITAL PUBLIC HISTORY

PUBLIC HISTORY EDUCATION

REVIEWS

BOOK REVIEW

CONFERENCE REVIEW

理论探索、前沿与反思

公众史学：起源、特征及展望[*]

罗伯特·凯利（Robert Kelley）

　　罗伯特·凯利（1925—1993）：美国公众史学运动的先驱，曾任美国加州大学圣巴巴拉分校历史学教授，一生所获荣誉颇丰。凯利长期致力于学校之外的各种活动，这深刻地影响了他对学校与社会之间关系的看法。他认为，学院知识应该服务于社会需求。凯利的著作包括:《黄金与粮食：加州萨克拉门托山谷之水利与采矿之争》(*Gold Versus Grain*: *The Hydraulic Mining Controversy in California's Sacramento Valley*, Arthur Clark, 1959)——开创了历史顾问作为州政府专家证人的先例,《跨越大西洋的信仰：格拉德斯通时代的自由－民主精神》(*The Transatlantic Persuasion*: *The Liberal-Democratic Mind in the Age of Gladstone*, Knopf, 1969)，历史教材《美国过去之形塑》(*The Shaping of the American Past*, Prentice-Hall, 1986)，以及《美国政治的文化范式》(*The Cultural Pattern in American Politics*: *The First Century*, Knopf, 1979)——通过思想史与政治史为美国的"政治文化"探索提供了新的研究路径。

　　凯利作为咨询专家与证人参与了加利福尼亚州水利纷争。在他看来，国家需要更多的具备历史专业技能的人才，不少的职业亟须那些经过历史学训练和相关职业领域，如博物馆、档案馆、历史协会、历史保护组织、政府政策制定机构等的人的参与。这一远见卓识激励凯利和他的同事 G. 韦斯利·约翰逊（G. Wesley Johnson）创建了美国第一个公众史学的本科与研究生项目，为公众史

*　原载: Robert Kelley, "Public History: Its Origins, Nature, and Prospects," in *The Public Historian*, vol. 1, no. 1, Autumn 1978, pp. 16–28. © by the Regents of the University of California and the National Council on Public History. Published by the University of California Press. 该文由黄红霞（复旦大学外文学院讲师）翻译。

学的第一份学术期刊《公众史学家》(*The Public Historian*)、全国性的公众史学机构——美国公众史学委员会(National Council on Public History)奠定了基础。

在《公众史学：起源、特征及展望》一文中，凯利提出了"公众史学"的定义，论述了历史的实用价值，并详细介绍了美国首个公众史学项目创建的背景、过程、课程设置与意义，对后来美国各高校公众史学项目的设立具有深远影响。

简言之，公众史学是指历史学家在学术界之外，比如政府、私营企业、媒体、历史社团和博物馆，甚至私营企业就业，以及历史方法在学术界之外得以运用。只要公众史学家参与公共进程并发挥他们的专业能力，他们就在发挥作用。当某个问题需要解决，某项政策必须被制定，某种资源需要被使用或者某个活动必须得以更有效地规划时，公众史学家便应召而来，引入时间的维度，这便是公众史学。

历史学家的视角

历史学家以独特的方式看待人类事务，并以独特的方式解释它们。他们本能地问这样一个问题：人类事务是如何随着时间的推移演变成现在的这种安排方式的？这本质上是一种基因范式的思维方式；也就是说，这种思维认为，我们只有挖掘出事物的起源、发展以及前因后果（causal antecedents），才能理解该事物。实际上，每一门学科都是由一群以不同方式看待世界的人组成的，这群人有着共同的感受能力。我们生活在同一个世界中，但是，如果我们看一看不同学科的学者们如何在纸上表现这个世界，我们就会意识到，我们的大脑对我们所感所想的过滤方式是多么不同。这种差异或许在绘画中表现得最生动明显。在画家的画布上，希腊村庄成了一个个原色块。而在一位对形状和线条尤其敏感的艺术家的笔下，同样的希腊村庄却变成了一个结构上相互连接的平面几何图形。当一群社会学家试图解释越南战争的起因时，政治学家会大谈特谈越南战争的决策过程；社会学家会把军事天才们的成长变化和美国人从他们的清教徒祖先那里继承来的种族主义视为越南战争的重要因素；而经济学家则会强调人们对资源和市场的追求。每一种观点在它自己的假设中都是合理的，每一种观点都帮助我们尽力获得一种更全面的理解。

因为历史思考模式几乎一直只存在于学术界中，只用在那些时间很久远的问题上，所以，人们一直认为历史和艺术、人文是一样的。也就是说，人们认为历史能创造出有趣的东西，它对人类精神至关重要，但它本身却没有什么直接用途。有修养的人应该掌握历史知识，这一点是不言自明的。但是，人们始终认为历史与真实世界之间的联系仅局限于诸如外交政策或者白宫内政府管理这样的复杂领域里。

历史的实用价值

这种根深蒂固的误解必须消除。因为历史分析方法不仅与国家命运或者战争、和平的问题有关，而且在当前每一种实际情形中都至关重要。假设我们要求一个陪审团审理一个有争议的防洪堤体系同盟，若是我们仅仅告诉陪审团水流量的数据和工程原理，那他们依然会拿不定主意，而且心有疑虑。若是有人告诉陪审团这个防洪堤体系同盟是几代人累积影响的最终产物，是人们在一次又一次洪水中经过不断摸索和实践后按照工程原理建立起来的，那么，陪审团的疑虑就会消失了，正确的裁决就显而易见了。再假设市议会之所以知道该市某个区，主要是因为人人都对这个区感到头疼：安全工程师头疼是因为那里的建筑太破旧，警察头疼是因为他们必须经常去那里"清理"酗酒者，评税员头疼它是因为这个区的税收正在下降。那么，市议会就会考虑用推土机和落锤来推倒重建这个区。若是有人告诉市议会这个区年代悠久并且具有历史特征，如果对这一历史特征加以保护或者恢复的话，将会丰富并充实该市的自我认知，那么，这个市议会将会改变它的计划，并开始想到把这个区变成一个"古镇"，想到该区的外观使用权（facade easement）和它的复兴（revitalization）。

比如，一个决意全面修订公务员制度的州立法机构经常刚开始时雄心万丈，想着那些重大革新，信心满满地开始工作，但后来却从一项历史研究中了解到，在很早以前，人们其实早已尝试过了这些革新，而且发现它们还有待改进。比如，一个正在快速成长并且聘请了越来越多新主管的公司，需要一位历史学家来解释现行政策的起源和目的。因为如今的公司必须密切关注它的社会环境，所以它们需要公共事务办公室的历史学家来解释为什么佐治亚州是现在这个样子，或者加利福尼亚州人过去如何响应某些议题以及他们将来可能会如何响应这些议题。再比如，一个城市想要就水权问题和周围灌溉地区打官司，那么它必须问一个有关历史的而不是有关法律的问题：它的水权是如何产生并发展的？

这些例子包含了公众史学的另一个定义。当我们试图区分传统历史学与公众史学的时候，我们要问的一个重要问题是：谁在提出历史学家正试图解答的那个问题？在学院派历史学中，我们往往满足于人类理解自身过去的普遍需求，并通过正规的学校教育在每一代人中普及对过去的理解。研究者们因为受他们特定的学术兴趣的激发，同时也因为觉得历史专业在有些地方对过去了解得还不够完整或者准确，所以开始着手研究某个他们个人选定的研究课题。赞助单位可能会提供资金来资助这个课题，也可能会拒绝提供资金，但是最初的选题是研究者们自己决定的。

在公众史学中，历史学家负责回答别人提出的问题。他们扮演顾问、专业人士或职员的角色。有些时候，职业历史学家的学术兴趣和公众需求自然而然地交织在一起。在那种情形中，历史学家被召来根据他们已获得的专业知识来提供信息。比如国会开始对国家规划感兴趣了，就会召集最精通这一发展历程的历史学家来参加它的委员会听证会。或者国会可能突然要启动弹劾程序，就会成立一个由历史学家组成的顾问团，并要求他们解释弹劾程序。或者国防部启动了一项对基本政策的长期研究，便聘请那些已经在该领域成为权威的学院派历史学家来担任顾问。再或者环保意识出现了，所以历史学家就被请来提供相关建议，并在诉讼中担任专家证人。约翰·霍普·富兰克林（John Hope Franklin）最近向我们描述了在1954年最高法院受理的布朗诉教育委员会一案中，在对最终裁决起关键作用的证词展示过程中，律师是如何与专攻种族关系史的历史学家组成了一个团队并肩作战的。[1]

当学院派历史学家们以这些方式进行专业工作时，他们就是在实践公众史学家的角色。但是，只有当人们广泛承认历史学家的潜力，而且把历史学家当作职业公众史学家长期聘用，而不仅仅是当作偶尔参加公共服务工作的学院派历史学家临时聘用时，我们才会看到历史学家大规模地——也就是说，不仅出现在华盛顿的各类工作场所里，而且渗透在美国社会的各个领域中——进入公共过程。

新方向

1975 年春，我和同事 G. 韦斯利·约翰逊在我的办公室谈起所有这些事情，并探讨了这样一个问题：这种突破要如何实现？我们得出的结论是，最好的方法是着手培训研究生小组的公众历史技能，向他们传达公众职业的观点，而不是学术职业的观点，并把他们一个个送出去，让他们通过工作展示他们的价值。凡事都是从小事开始，正如每一个学科在开始出现的时候所学到的那样。经济学家们必须首先展示他们的有用性，之后才会被重视，我们认为历史学家也必须如此。我们可能无法让整个美国立即行动起来一起雇用历史学家，但是我们能说服一些政府官员或者商业机构这样做——并从这里进一步推进其发展。如果我们能够通过我们的努力表明公众史学的观念行得通，那么，美国其他的机构将会开展类似的项目。这样，经过一段时间以后，美国人将会习惯于看到历史学家们以历史学家的身份参与决策过程并在其中发挥作用，习惯于看到他们用其独特的解释和分析方法来影响正在被争论的问题，就像公共管理者、经济学家、工程师、律师和其他专业人士已经用他们的专业知识为政策制定出谋划策，并且已经成为经常参与决策过程的人一样。

这当然会促使历史学家就业范围的扩大。这是一个非常值得去奋斗的目标。很多年轻人喜欢历史，并且乐于有机会专业化地实践历史。让研究生阶段的历史学习继续存在，就意味着要保证历史系依然是个思维活跃的地方。这反过来也会促进教学以及更大范围的历史学术研究事业的发展。但是，这一事业还服务于一个更大的目标。如今，身居要职的那些人并不总是站在历史的角度思考问题，尽管他们自认为已经这样做了。相反，他们都是根据当前的语境思考问题。行政职位的流动性很大，立法者们如走马灯般换来换去，因而，几乎没有多少人真正知道事情是如何发展成现在这个样子的，也没有多少人真正了解是什么导致了某个特定的政策，人们以前做过哪些尝试又发现过什么不足，以及人们什么时候是在重蹈覆辙。如果我们把年轻人送出去从事公众历史方面的工作，由此慢慢改变这一情形，从而让历史分析方法成为每一个决策过程中必不可少的一部分，那么，我们就为美国生活做出了重大贡献。无论在大地方还是在小地方，以历史为依据的政策必然在构想上更合理，它们可能也更有效、更一致，而且人们也希望它们与人类现实更相关。从长远来看，这样的政策执行起来应该花费更少。这是一个宏大的目标，谁能说我们不会完全实现它呢？不过，比起那种支撑我们历史教学的基本信念——我们深信这信念通过某种无法具体描述的过程，造就了更富同情心的、更有见地的公民，并因而带来一个更文明的社会——这个目标就不算大了。每一种专业化工作都必须有一个具有包容性的社会目标，哪怕这个目标我们可能实现不了，哪怕它的实现可能充满了人类的错误和无能。把历史意识引入日常事务处理中的工作性角色里，从而改变并改善整个美国社会的公共过程，这一目标意义重大。

榜样

幸运的是，公众史学的专业模式早已出现在公众的视线中，它已经过充分验证而且早已成熟，尽管学院派历史学家几乎没有注意过它。我们加州大学圣巴巴拉分校公众历史研究的研究生项目一直在不断邀请来自各类组织机构的职业公众历史学家来做讲座，这些人有的来自州政府和市政府，有的来自私营企业，有的来自历史保护项目，也有的来自历史社团。他们中间最能够代表公众史学全面发展的人或许是在联邦历史办公室工作的人。其中我尤其能想到的两位是：能源部的首席历史学家理查德·休利特（Richard Hewlett）和农业部的首席历史学家韦恩·拉斯马森（Wayne Rasmussen）。他们的职业生涯从微观角度向我们展示了公众史学在每一个地方会经历的各个发展阶段。二十多年前当休利特和拉斯马森在各自的机构刚刚就职的时候，他们在机构里的存在基本上被大家所忽视。他们常年致力于对他们所在机构的工作和历史进行切实有用的基础研究，并据此书写叙事史。同时，他们所掌控的档案和文献资料之多，是他们机构里的任何其他人都无法匹敌的。

最终，他们成了决策过程中越来越有价值的资源，他们的存在也得到了认可。高层管理人员开始向他们咨询各种问题。比如，这个政策过去是如何逐渐被采纳的？那个运作或者管理单位的起源是什么？机构以前遇到过这些特定问题吗？这些问题是如何演化的？慢慢地，人们所问的此类问题越来越多，历史办公室花在解答这些问题上的时间也越来越多。到 20 世纪 70 年代，休利特和拉斯马森所负责的工作已经取得了革命性的发展。之前历史办公室只是个不见天日而且功能模糊的部门，似乎没人知道它的作用，如今它已经变成了决策过程的必要部分。在原子能委员会（后来被能源研究和发展委员会所取代，如今成了能源部）的后期，休利特定期被请去做专员顾问，他和委员们坐在一起进行审议讨论。农业部最近一直忙于对其内部结构进行彻底重检，拉斯马森也一直密切参与，为现存体制及其前身准备好历史性解释。

历史学家的角色和功能发生了演变；在理想情况下，只要一个机构建立了历史办公室，这种演变就会出现。但问题是要找到那个能够让有公众史概念的历史学家开展工作的合适位置。我们的最终目标是在每一个有显著规模的机构里必须建立一个历史办公室。但是，实现这个目标需要很长时间。1975 年我们在酝酿这个项目的时候，我们相信对历史学家来说，成千上万的城市和乡村层面的地方政府就是他们尚待开发的领地，那些地方几乎完全没有历史办公室。但也有例外的情况，比如在纽约州的罗切斯特市，历史学家布莱克·麦凯尔维（Blake McKelvey）在那里供职了几十年，如今约瑟夫·巴恩斯（Joseph Barnes）接任了他的职位。在联邦立法和城市发展项目的推动下，历史保护事业正迅速发展，而且看起来城市规划办公室也越来越需要历史学家了。但是现在，在加利福尼亚州宪法第十三条修正案带领下的正在不断扩大的反税运动，可能会大大减少本该用于资助历史学家们以历史学家的身份进入城市和地方政府工作的资金来源。

不管怎么说，将来不太可能有许多"前门"可进：也就是说，历史学家不太可能一开始就凭他们的专业能力被雇用并拿到一个恰当的头衔来开展工作。但是，应该有许多"后门"入口，它们不仅存在于政府部门中，而且尤其存在于商业机构中。现在就职于三井公司公共事务办公室的劳伦斯·布鲁瑟尔（Lawrence Bruser）多年来一直坚持认为，对历史学家来说，不存在工作危机，只存在身份危机。实际上，历史学家的许多品质对于各种各样的组织都非常重要。布鲁瑟尔评述说，历史学家应该把自己看作信息管理方面的专家。在加州大学圣巴巴拉分校公众史研究的研究生项目的帮助下（以及国家人文学科捐赠基金的资助下），我们举办了一系列的会议。最近一次会议邀请的是企业管理者。从这些人那里，我们得知，布鲁瑟尔的观点是很有道理的。与会的这些企业管理者——他们代表着诸如道康宁（Dow Corning）公司、数据产品公司（Dataproduct）、惠普、美国银行和美洲开发银行等——告诉我们，信息服务市场正在迅速扩大，而信息管理方面的专家非常紧缺。

这些企业管理者还告诉我们，他们的员工队伍越来越需要分析师和规划师。也就是说，他们需要的人要具有历史学家传统意义上具备的技能和品质：能简洁清楚地进行叙事交流；渴望拓展性研究；对解决问题感兴趣；具有概念化的能力。大公司所看重的人，是那些擅长呈现事物、敏而好学、能快速抓住想法、有广博知识储备、了解更大的社会运作原理并且能够把事物联系起来的人。这样的人需要学习的严格意义上的"业务技能"相对来说很简单，一般与读报表和编程有关。

因此，我们预言，公众史方向的研究生将走上整个社会的各种岗位，或者是在政府层面，或者是在公司业务层面。他们将不是以"历史学家"的身份担任一个专门指派的职位，而是作为规划师、分析师、内部信息流动的管理员、私营企业公共事务办公室的主管、管理者的助手等等。向他们敞开大门的职位种类繁多，不胜枚举，涉及媒体以及诸如医疗管理这样广阔的领域。当然，历史保护、博物馆等方面的文化资源管理职位的迅速增长，将继续为专业历史学家提供主要的就职场所。在那些地方，历史研究和写作是工作的核心。无论身处何处，受过公众史学理念——历史方法在解决问题和制定政策时尤其有价值——培训的历史学家们将成为公众史学概念的宣传者，并且他们一有机会就会运用这一概念。简而言之，在我们这个时代，当历史专业开始试图扩大它在国家生活中的角色时，费边式的渗透战略为历史专业提供了应该遵循的模式。

公众史研究项目的培训

　　1976 年秋，我们的公众史学研究生项目迎来了第一批学生。洛克菲勒基金（Rockefeller Foundation）提供了三年的资助（主要作为研究生奖学金），在它的帮助下，我们招收了九名攻读硕士学位的学生和一名已经开始攻读博士学位的学生。在遴选申请者时，我们仔细查看过他们的档案材料，看看材料是否展示出了学生思想和性格上的敢于创业和冒险的品质。从那时起，我们就一直将这一品质作为除了优秀学术表现能力之外，我们最优先考虑的条件。开拓是困难的，它需要某种韧性，需要准备好走自己的路，没有可以效仿的榜样，而且在公众史学方面，几乎没有什么已被认可的专业发展模式。

　　本质上来讲，公众史学课程是一种选择，是学生可以获得硕士或者博士学位的第二条道路。我们制定这一课程是想让学生为我们认为未来可能面临的挑战和可能需要的必要技能做好准备。我们在前进过程中将继续学习，而且，在这个项目开展的第二年，我们就已经开始着手改善和改进课程了。该项目的重点是一个为期两学季的核心讲座，每一个硕士生和刚入学的博士生都必须参加。这个讲座为学生们提供了一个长期的论坛来讨论公众史学的特征及其在伦理上的挑战：如果有人对作为员工的历史学家施加压力，并要求他们提供人们想要的结果而不是忠于事实的历史时，历史学家该如何保持他们的正直诚实？在核心讲座中，我们也请来了来自全国各地的已经在公共领域就职的历史学家来担任客座讲师。这已成为该项目最宝贵、最有成效的一个特征。它不仅让学生们直接了解了历史学家在学术圈之外可能从事的各种工作，而且也为他们提供了人脉和未来在这个行业中他们可能用得上的帮助。

　　在计划这个项目的时候，我们与那些已经在公共领域就职的历史学家们进行过座谈。从他们那里我们得知，学生们需要习惯于团队工作，这一点与学院派历史学家们的专业活动的惯常模式不同；而且，学生们还需要习惯于任务导向型研究。在公共领域中，他们将要经常致力于帮助他们的机构完成它的目标，而且，他们需要去探讨的问题——正如之前提到的那样——将不会完全源自他们自己的兴趣，这一点与学院派历史学家们面临的情形不同。为了让学生直接体验这种团队的、以任务为导向的研究，该项目的核心讲座主要讨论的是圣巴巴拉城目前关注的一个问题。我们要求学生们共同研究该问题，并且写出可装订成册的历史研究成果；之后，他们的研究将会被用在城市的规划和运作中。在这一过程中，他们学会了如何做以社区为中心的研究，这种研究不同于以图书馆为中心的研究（虽然图书馆资源如果可以找到的话，也同样会被运用）。他们知道了在哪里能找到城市的文献资源：投票办公室、勘测员的文档、法庭记录、评税员的记录、报纸档案、市议会会议纪要、私人房屋、地下室、满是尘土的阁楼以及私人回忆等等，我们这里列举的只是其中很少一部分。他们也学会了如何与各种媒体包括电视台合作，以便向民众传送已经获得的信息，而且，他们也在教师们的悉心指导下知道了历史学家的首要技能是什么，学会了如何从研究笔记中提炼出一篇叙事散文。同时，这个项目的学生还参加了其他的活动：举办该项目各系列的会议；编辑期刊《公众史学家》；学会诸如如何写项目经费申请之类的实用技能。同时，在第一个学季，学生们参加了一个有关规划历史及特征的研讨班，还参加了一个有关社会科学用途和历史研究中定量方法的研讨班。

　　经过这些各式各样的团队体验，该项目的研究生开始产生一种强烈的团队意识，它大大促进并且强化了每一次学习活动。以前的研究生在研讨班中很分散，而且独自进行研究工作。公众史学项目中的学生则以一种以往的研究生无法企及的方式，获得了一种集体身份认同感和参与感；学生们相互帮助的程度，以及项目参加者之间个人关系的深度，都远远超过了以往研究生的体验。此外，野外考察也可以增强团队意识。每年，我们的这种考察都是去位于萨克拉门托（Sacramento）的州立文化资源管理办公室，参加它的历史保护活动。这些考察活动都与当地社区和州公园体系有关。如果有关项目和学生个体需求的讨论超出了规定时间而构成后续议程的一部分，学生和教师就与客座讲师一起去师生休息区进餐。

　　我们力劝该项目的学生到别的系从事诸如公共管理和商业经济之类领域的工作。随着我们有能力在其他系开发出相关课程，这或许会变成必要要求。我们仍旧要求学生掌握一种外语，并参加一门外语考试。我们还强调，历史学家不仅要能提供一种方法，而且还要能提供广博的人类历史，以及这种历史知识所带来的对政府、观念及社会机制的洞察力。因此，学生们参加精读研讨班，参加大量的合作研究，以便为一个涉及范围很广的硕士水平综合测试（通常是美国历史方面的）做准备。在冬季学季，他们根据自己想选择的特定公众史学方向及其相关领域，开始进行个性化的研究。他们与一名本系教授一起工作，在诸如历史保护、规划、城市研究、技术史、水资源史、环境研究等方面开拓出一个特定的领域。这转而又引向了第二个硕士水平综合测试。

学生获得的实际经验

进校的第三个学季末，硕士班的学生开始（带薪）实习。实习按计划持续六个月，学生们将研究并撰写实习单位目前所关注的某个问题的历史。在此过程中，实习单位的一位管理者和历史系的一位教授将会共同指导他们。如果学生完成研究并获得学校委员会的认可，那他们的研究就成了他们的硕士论文。

博士生参加第一年的大部分活动，但是他们不用准备综合考试，而且也不必参加实习。相反，按惯例，他们的项目学习目标是一系列博士水平的笔试和口试，以及一篇公众史学主题的博士论文。这些目标涵盖了三个历史领域的测试：一个是综合领域的历史；其他两个与公众史学的某个领域密切相关或者直接相关，这些领域对于激发公众史学的学术研究兴趣有很大的帮助。我们的博士生中有一位对技术史及当地社区的历史很感兴趣，由此做了一个规划合理的研究项目。另外一个博士生对航海资源管理的历史感兴趣，因而他将会有一种不同类型的学习体验。学生在准备博士论文的时候要遵循一个总原则（这也是硕士论文的原则），即论文将是关于公共领域中一个或一组实习单位所感兴趣的一个重要问题。

我们与这个项目的第一届学生打交道的经历非常鼓舞人心，与第二届学生打交道的经历也同样如此。我们的学生有在城市实习的（研究水权问题、历史保护需求、市政部门的运作等等）；有在洛杉矶国际机场实习的（研究噪音污染和不断扩大的与周边社区的争论）；有在州首府的州长研究室实习的（研究该州公务员制度的历史）；有在国家公园管理局实习的；有在一家全国性公司的总部办公室实习的。在好几个例子中，这些实习经历要么让学生找到了长期工作，要么是用人单位承诺在学生完成硕士研究生学习后为他们提供长期的工作。有一个学生去了另一所大学做城市资源管理史方面的博士研究；有一个学生去了一家高等商学院攻读第二个硕士学位；有一个学生正在准备创立一家公司研究环境的影响；有一个学生正准备加入加州的历史保护工作；还有一个学生根据他的实习活动，已经决定继续做这一项目的博士研究。第二届学生如今正准备出发去实习，他们要到旧金山市（一家私人基金会）、堪萨斯市（公务局）、洛杉矶市（一家私人企业）以及其他一些地方，如美国林务局、弗吉尼亚大学、私人资助的研究机构、联邦政府美国历史工程记录部门等去实习。

　　对于师生双方来说，这个项目比传统的课程艰巨得多。学生们不得不以紧张的节奏去学习，他们要掌握的技能也比通常硕士学习所涉及的更多更新奇。他们要学会如何开展以社区为中心的历史研究；要掌握口述史技巧以及媒体技术；要涉足公共管理课程以及经济学课程；要培养自己的计算机编程能力、分配研究任务的能力，并撰写出一篇团队文章，进行分析性历史叙述；要研究规划史；要召开会议；要在一家公立或者私人机构实习，从历史角度对公司或者政府的文档进行分析；要与身为"机构历史学家"就可能面临的各种伦理复杂性做斗争，但是，这些"机构历史学家"将会是做最后决断的人，因为证据说了算：所有上述这些事情都不是过去的历史学研究生们需要做的事情。但是，所有这一切似乎也带来了一种骄傲感和成就感，它为一个近年来已经变得不景气且丧失了目的的专业带来了一个清新的氛围和一种乐观的精神。对于参与该项目的教师们来说，他们最终的回报就是能与这些学生一起工作。因此，到目前为止，公众史学研究在我们看来似乎始终是一项值得投入（它所需要的）大量时间和精力的事业。这是一个有诸多风险的实验，但是，迄今为止，它为教师和学生带来的回报以及它的潜力，都使得这项工作比继续以前的老路要好得多，也更有意义。

注　释

[1] 参见约翰·霍普·富兰克林的《历史学家和公共政策》，该文源自 1974 年在芝加哥大学的政策研究中心所做的"诺拉和爱德华·赖尔森讲座"（Nora and Edward Ryerson Lecture）：John Hope Franklin, "The Historian and Public Policy," *The History Teacher*, vol. 11, May, 1978, pp. 380–383.

共享权威：公众史学不是单行道 *

迈克尔·弗里施（Michael Frisch）

迈克尔·弗里施是美国公众史学家，美国纽约州立大学布法罗分校历史学与美国研究教授。他与社区历史机构、博物馆、纪录片制片人等合作，长期致力于口述与公众史学项目。他创建的"兰德福咨询公司"(The Randforce Associates, LLC)，作为布法罗分校的技术孵化器，将新媒体技术用于口述历史项目。由此而衍生的"话说图像公司"（Talking Pictures LLC）开创了新的移动客户端 PixStori，用户可以为图片加载声音与故事，并通过社交媒体分享。

弗里施通过不同合作渠道，如纪录片、展览与社区项目等，进行了大量富有创意的口述与公众史学项目。近年来，他的研究集中在新兴的数字工具与方法上，以及公众的实践如何通过这些不同的媒介形成一个日益扩大的公众史学共同体。在很多国家，正是这样的共同体，挑战着常规的史学形态和体制，具有变革意义。2017 年 6 月 7 日，弗里施在意大利公众史学协会（Associazione Italiana di Public History）成立大会上，也是国际公众史学联盟（International Federation for Public History）第四届年会上做主题发言。他谈及 "public history" 时保留了其英文原型，未被翻译成为意大利语。这意味着公众史学的真正意义有待用意大利语准确地传递，探索其意义之精髓是意大利公众史学的需求和目标，也为国际公众史学的对话增添了意大利特有的视角。弗里施提出的"共享权威"（sharing authority）已成为公众史学的核心概念。

---

* 该文是迈克尔·弗里施（Michael Frisch）为本书撰写的专稿，部分来自弗里施在意大利公众史学协会（Associazione Italiana di Public History）成立大会（2017 年 6 月 7 日）上的主题发言，由李娜编译。

近年来，公众史学逐渐发展成为一场国际运动，不仅代表着普通公众的史学热情与冲动，也逐渐成为一种或多或少的自我或体制化的史学意识，对很多国家的史学实践产生了现实与深远的影响。公众史学在不同国家遵循着不同的路径，意义也不尽相同。学者与公众的历史诉求有哪些差距呢？

学术 vs. 公众？

公众史学的不同形式，是基于不同语境、受制于不同国家历史的不同因素，而衍生出的不同的公众呈现方式。但是不同国家的公众史学讨论总是围绕着同一个轴心，即学术界与公众之间的鸿沟，或职业学者与公众之争，以及围绕这一核心的公众史学的目的和意义之探索。这样的争论是否真正有意义呢？智识与公众之别——历史学家被看作是历史的生产者，而公众是历史的消费者——可以帮助解释"受众"（audience）这一概念，即公众史学中常常谈及的"我们"究竟指的是谁，进而是历史产品的生产、传播以及将之传达给"他们"。相对于传统史学研究的假设，即学者或职业人士通常自我对话，其交流仅限于某个狭小的范围，引入"受众"的概念已经是前进了很大一步了。但是，这依然是对公众史学的狭隘的解释：智识、信息与洞见被看作是"单行道"，即某个无形的"我们"利用历史反对精英，解构占统治地位的文化框架，以此解放"大众"。无论是"自上而下"还是"自下而上"，约定俗成的假设似乎殊途同归：公众史学意味着由"我们"单向输出至"他们"。

这一"我们"与"他们"之别，或"学者"与"公众"之"二元论"，主导着不少关于公众史学的论辩，如在多大程度上公众史学是一门分支学科，或什么是适宜的培训、学位、证书和"质量管控"等这些似乎理所当然的问题。而这些讨论恰恰涉及相反的论断：无论遭遇怎样的误解，也不管其暗示着怎样的资源，公众史学都是一种介于职业主义和公众之间的不同的职业（vocation）。它以一种逆向思维挑战社群项目的权威，如维基百科这样的网络社群，也试图取代或挑战看似不可动摇的职业等级权威。

我自己是通过口述历史进入公众史学的，当时我遭遇的情形是：一方面，口述历史是"唯一"的用于确认职业性的另一类资料；另一方面，口述历史被浪漫化为"人民的声音"。两者非此即彼。在相当长一段时间里，我尝试着推翻这一"二元论"，提出在访谈、历史话语、历史建构中的一种倾向于对话的理解。基于这一理解，对经验的呈现、叙述和解释不再是一种职业功能或目的，而是个体与社会存在的本质。将严谨的史料分析与研究融入第一人称的经验，虽然会呈现出不同的形式，但每一种经验都拥有它们自身的价值与权威。

因此，口述历史与公众史学为积极地对话，也为关于意义、历史在现实中的作用，以及在理解和评价过去时哪些是举足轻重的，提供了难得的机会。对话的意义，在我看来，不是同一的、认可所有观点的话语；在真正的对话中，所有的史料或权威的证据都有其与众不同的论断，这些论断可以互补，或互为佐证、相互比较，通过特定的公众史学语境得以解释、评估和鼓励。而我认为，基于这一对话的公众史学，可以超越生产与消费、历史学家与受众、探寻过程与（最终）产品等一系列限制公众史学实践潜力的二元论断。

关于"共享权威"

让我们回到我 1990 年出版的《共享权威：关于口述与公众史学的技艺与意义》（*A Shared Authority*: *Essays on the Craft and Meaning of Oral and Public History*）一书。书中的文章是关于公众史学的具体项目的反思，在这些思索后面的更为宏大的问题是：公众史学是否是一条从"我们"即职业历史学家，通向"他们"即公众的，或者有时是相反的"单行道"？如果是的话，那我们应该如何重新想象并改造这条"单行道"，将之变为真正包容不同声音的、充满争议的、开放的、对话式的公共广场？

近三十年，这本书在公众史学领域似乎发挥着一些有用的影响。我不知道有多少人真正读过此书，但至少该书的题目在关于口述与公众史学的价值与选择之争中被频繁地提及。这令我很欣慰。不过奇怪的是，在这些充满赞誉的引用中，这个题目被理解为"共享权威之过程"（sharing authority），而不是"共享权威之结果"（shared authority），虽然在英文里只是一词之差，却意味不同。

"共享权威之过程"暗示着这是我们做的事，或应该做的事。这里，"我们"

拥有权威，应该与他人分享这一权威，暗含这是一件值得称道的事，因此多多益善。相反，"共享权威之结果"则意味着某种事实，表明这是口述与公众史学的特征，即"我们"不是唯一的权威，唯一的解释者，唯一的历史书写者。这里，解释的过程与意义建构之过程已经被共享，同时，暗示"我们"并没有唯一的权威，也谈不上要放弃这一权威。因此，"我们"需要尊重文本研究和在公众过程对话中已经共享的权威。

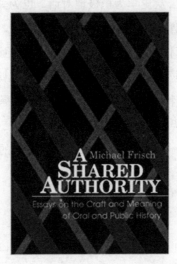

1990 年出版的《共享权威：关于口述与公众史学的技艺与意义》(A Shared Authority: Essays on the Craft and Meaning of Oral and Public History)。图片来源：迈克尔·弗里施

　　在口述历史访谈中，在社群的讨论或公共项目中，甚至是在个人参观博物馆某一展览的解释中，我们会遭遇各种解释框架与理念的碰撞，在专长与体验之间对话。每一个参与者都是访谈的合作者，是展览的设计者，而不是被动地接受访谈或展览的意义。可以想见，如果我们视权威具有"对话性"（至少在英文里，authorship 和 dialogue 出于同一词源），"共享权威"会更容易些。

数字时代，如何共享权威？

十五年前，我着手关于数字史学的研究项目，开始进入一个完全不同的领域，面临完全不同的挑战。而渐渐地，在数字领域，我也在思索"共享权威"这一问题。我是从两个方面来探讨的。

一、通过新的数字模型，口述历史的局限性可以获得突破。直到最近，口述历史中的"口述"部分并未得到充分解释。于是我尝试着利用数字技术，而不是文本转录，对声像记录做索引编录。这一将"口述"还给"口述历史"的方法正日益发展，目的是让更多的人有机会接触、使用这些口述访谈资料，重新赋予口述历史作为"第一手资料"的地位，其受众包括档案馆、研究者、各类使用者、公民与社群等。

二、借助数字化以及软件技术的迅速发展，我们可以对访谈记录做注释、标注、分类、索引，通过关键词搜索数字化的访谈录音、输出选择的访谈内容以便以后能被灵活使用等。媒体资料通过地图标识而得以充分利用。这些新的数据处理模式让我们意识到传统的口述历史实践长期处于"原始的"与"经过处理的"两极分化中。我们将口述历史资料作为"原始的"、尚未处理的文件存储在图书馆和档案馆里，然后我们依赖学者、纪录片制作人、博物馆布展人等筛选并处理这些数量惊人的原始材料，将之转化处理为某种能被接受的呈现方式——一篇学术论文、一部电影、一部剪辑过的带有字幕的纪录片、一组博物馆展览解说词、一段视频——这些都让口述历史走向范围更广的受众。原始材料与经过处理的材料之间相去甚远。这种差别主要体现在公众与口述历史这一概念下蕴含的错综复杂的问题上，例如，档案工作者与教师、专家学者与电影制片人之间的关系与张力等。

数字索引与编码因其处于某种中间位置，能将原始资料转化为可进一步探索的焦点或平台，因此具有变革意义。这好比在厨房里将生的食材煮熟一样，我们是否可以设想公众与口述历史实践也能创造类似厨房这样的空间？专业人士和公众一道在厨房里烹饪，正如一首古老的歌里所唱的那样"让我们都在厨房里大显身手吧"——我们在"壁橱"和"储藏室"里找到口述访谈的原始资料，然后在"厨房"里摆弄忙乎，为可能坐在餐桌前的任何人做出适合他们口味的一道道菜。

传统的史料，无论在何处，都无法被充分地使用，更谈不上服务于带着不同问题、怀着不同好奇心的公众。同样的，即使是带有激进政治性与社群关怀的传统纪录片或博物馆展览也往往蕴含着"权威性"：这样的影片或展览其实是以线性的、单向的方式处理大量的原始材料。而我觉得新的方式能带来创造意义的可能性，这就是我曾谈及的"后纪录片感知能力"（post-documentary sensibility），这一概念更多地活跃于中间地带——营造一种更富创意、更开放、非线性的、更能共享的空间，而不是在非此即彼的"二元论"之间纠结，同时也反对固定的产品输出或呈现。新的信息模块和潜能也并非一劳永逸的解决方案；事实是，它们可能产生一些持续不断的问题，也许无法帮助我们走出"原始的"与"经过处理的"二元悖论的困境，但能让我们依然不断寻觅更积极的、对话型的、共享的、真实的公众历史建构方式。

公众史学与数字技术的结合具有变革意义。以 PixStori 这一移动客户端为例。PixStori 为照片增加声音——故事、记忆、评论、现场访谈等——从而形成融照片、声音和文本等元素为一体的"声音景观"（soundscape）。个人、项目团队或社群，均可使用 PixStori，然后通过社交媒体分享，形成网络资源，并经过筛选剪辑后为不同受众所使用。这只是记录方式与数字叙事的一种模式而已，但简短的历史记录，辅以图片、故事与阐释，也可以十分强大，以其特有的方式呈现历史的深度，剖析真实性。由此我们看到了一种合作型的"讲故事"或"共享故事"的方式。

"共享权威"所暗示的合作与对话的理念在数字时代已然具有如此的相关性：改变非此即彼的二元思维，进入两者皆可的"共享权威"。我们应该在这样的时代寻找新的途径，在专长与体验之间对话，共同实现新的历史认知。

"共享权威"对于中国公众史学的发展的意义

时隔近三十年，"共享权威"依然深刻影响着公众史学界。近年来，公众史学研究开始在中国萌芽，不少文章都在引用"共享权威"，但是很少有关于这一概念的深入讨论，有的甚至错误地认为与公众共享权威就是迎合公众的意愿，放弃职业权威。"共享权威"的概念对今天中国公众史学的发展有什么特殊的意义呢？

　　首先，在英文中，作为形容词的"相关的"（relevant）与作为名词的"相关性"（relevance）都源自动词"相关"（relevant），也许在中文中亦是如此。相关性是某种相关的特质，也是相关联的行为结果。关于"相关的"的定义似乎无可厚非，但某种相关性或关联的行为，是否在其他的语境中也成立是值得我们深入思索的。这包括跨越时间的关联，例如，一个 16 世纪的故事是否能引起当下的兴趣；也包括跨越空间的关联，例如，公众对美国某个博物馆展览的反馈是否对文化语境极为不同的中国有借鉴意义。

　　无论如何，认为相关性取决于关联的能力的观点颇具自由性。这一观点包容开放的、富有创意的思维方式，例如，发现跨越时空的联系。我想，这也许就是《共享权威》一书近三十年来对公众史学的发展依然具有的某种影响力，或者说，为什么中国的读者能从中寻找到他们自己公众史学实践的灵感与创意。

　　其次，关于"理论"的探讨。当《共享权威》一书常常被赞誉"为口述与公众史学的理论做出贡献"时，我觉得有些困惑，因为这本书里几乎没有与"理论"直接相关的文章。这些文章更多的是关于实践的反思，或能引发更宏大或常规的理论思索的语境。如果说，这意味着"理论"，那么我们需要重新思索"理论"究竟意味着什么。一个与汽车相关的比喻也许能帮助我们理解："理论"像是开车时踩离合器，这样我们可以从一挡换至另一挡。这好比我们能脱离本国特定的语境，进入到另一种语境或另一种时空。如果没有"理论"的抽象性，我们就会受制于某一特定的时空或具体案例，就像受制于汽车的某一挡。不过，这类"理论"的作用不是停留于抽象层面，像空中的云一样虚无缥缈；其作用在于完成某一挡，并切换至另一挡，进入另一时空。从相关性的角度看，这种"理论"处于一系列行为之间——建立有用的、可用的联系。

　　由此，我们进入到关于《共享权威》的最后一点思考，也是对公众史学与历史学尤为重要的一点。也许这能帮助解释为什么书里的这些文章似乎具有某种相关性，换言之，能建立某种跨越时空的联系，以及为什么这些文章里的反思像一种离合器一样，帮助我们实现时空的换挡。

简而言之，这本书里的每一篇文章都基于口述或公众历史的实际项目，有时两者皆有。其中有一篇文章是关于一本拥有广泛读者群的畅销书的评论；有一篇文章分析了《纽约时报》如何试图编辑关于失业的口述历史；有一篇文章通过一次教学实验的数据分析，探讨来自学生的自由联想反馈是如何揭示了关于美国历史的一些流行的假设的；还有一篇文章是关于费城三百周年纪念日的制定以及由此引发的以社群讨论为导向的学术研究的；甚至还有一篇文章涉及中国，即在美国的中国学生对关于中国农村纪录片的回应的反思。

每一篇文章都始于口述与公众史学实践，而不是旨在将学院的历史解读"传播"给公众。大部分的文章又通过对历史的学术理解与大众的（或非官方的）理解之间的潜移默化或显而易见的对话，整合"历史建构"的不同层面。事实上，两种理解都十分必要，每一种都具有某种权威，都需要共享，而公众史学正是"共享权威"的途径。我相信，《公众史学》会帮助中国的读者探索公众史学这一激动人心的领域，也相信，你们从中读到的关于公众史学的项目、探讨与反思，也会从某种程度上具有相关性、实用性、指导性与挑战性。

博物馆、遗址与历史保护

安顺地戏"遗产化"过程中的真实性与记忆再造

潘守永　张一丹 *

摘要： 贵州安顺地区的一种民间文化形式——地戏的"遗产化"实践，是 21 世纪中国大地上众多"遗产热"中的典型个案。本文从地戏的时空分化出发，对其"遗产化过程"中的历史再书写（再发明）、文化重构与遗产表征，进行人类学式的观察和记录，以其展演方式、内涵外延变迁和历史重构为焦点，在"事件—过程"的叙述中，尝试追寻地方社会如何建立文化解释上的"自洽"。从广域的安顺地戏到狭域的屯堡地戏，其命名及历史源流阐释，凝结着文化传承主体的集体记忆情感变迁，更反映了新时空背景下的策略性选择与知识生产过程。本质上，非物质文化遗产是活态的（living）、动态的、发展的，"技术"上的重建依赖于所谓真实性的历史记忆，它具有"原生纽带"的意义，是一切非物质文化遗产的逻辑起点。现实语境中，地戏以遗产的形态得到重新阐释和认知，在地方与国家在场之间，受制于"遗产—旅游—消费—管理"的多重博弈与平衡。

关键词： 屯堡地戏；遗产化；历史再造；真实性；集体记忆

一、问题意识：遗产化过程实践

已有的历史考证表明，"屯堡"文化滥觞于明朝的卫所制度，即民间所谓"调北征南"和"调北填南"。明初，朝廷为长治久安，令大军就地屯戍，并

---

* 潘守永：中央民族大学人类学与博物馆学教授，兼任多元文化研究所所长。张一丹：中国社会科学院研究生院硕士研究生。

从中原、湖广和江淮地区把一些工匠、平民和犯官等强行迁至黔中安顺一代居住，逐渐形成为独特的移民聚落。[1] 就这些村落的历史起源来说，基本上都有近 600 年的历史。在历史进程中，屯堡人被认为"自觉、顽强地固守自己的故土文化"[2]，而今天所谓的屯堡文化实际上是移民与本地其他族群长期互动的结果。

20 世纪五六十年代，民族识别和民族社会历史调查中，屯堡人开始被从当代少数民族如布依族、苗族等中区别出来，被认定为一个有特色的汉人族群。80 年代，出于发展旅游业、打造地方文化品牌的需要，当地政府、学者"合谋"从历史文献、民俗记忆中挖掘与整理出这一"移民文化"富矿，并从简单进化论的视角用所谓的"活化石"来指称。21 世纪以来，随着非物质文化遗产保护的开展，屯堡文化中的诸多要素如"地戏""汪公信仰"等被认定为非物质文化遗产。

屯堡文化中的"地戏"，老百姓称为"跳神"，专家学者认为是一种仪式性戏剧。它于 2006 年被列入第一批国家非物质文化遗产保护名录[3]，是至今仍然非常"活跃"的文化形态。"遗产化"以来，"地戏"从"本质遗产"(heritage in essence) 成为"认知遗产"(heritage in perception)，其具体过程体现为文化"博物馆化"、文化"展演化"等。这是当代民族学、人类学、社会学、民俗学以及新博物馆学必须面对的新议题。

在当下的"遗产化"时代，地戏从"生活文化"的语境中被抽取出来，被移植到"文化遗产"的语境中，无论是政府、学者、文化传承人还是普通大众，都为"生活文化"与"文化遗产"的"真伪"问题所深深困扰。而这一"变化"，是否为遗产传承主体所接受？这一传承是否为良性？在这个过程中"非遗"文化是否还是活态的？这都引发我们在"遗产化"这一"愈演愈烈"的现实中，对"中国特色"的遗产化过程做有深度的观察与记录，进而思考遗产在当下以及未来的可能性与意义。本文的基本思路结构如图 1 所示。

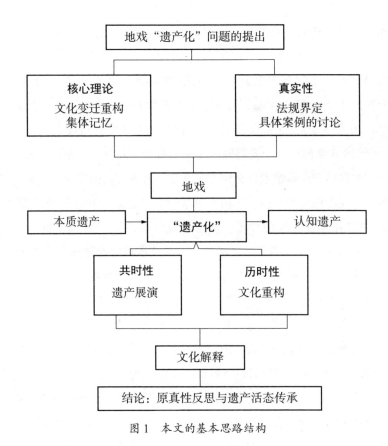

图 1　本文的基本思路结构

二、学术史回顾与批判

(一) 地戏研究

关于地戏的历史记载并不远，但地戏本身是一种历史久远的传统。"地戏"一词，首次出现于清道光年间的《安平县志》中："本城……元宵遍张鼓乐，灯火爆竹，扮演故事，有龙灯、狮子灯、花灯、地戏之乐。"[4] 因其演出的前台后台均在平地上，观众四下围之，形成自然的圆形舞台，故称为"地戏"(《安顺府志·地理志·风俗》等)。这里，地戏只是众多乡民"文娱"的一种，且排在龙灯、狮子灯和花灯之后。关于地戏的起因，明末清初的《续修安顺府志》记载："草创开辟之后，人民习于安逸，积之既久，武事渐废，太平岂能长保？识者忧之，于是乃有跳神戏之举，借以演习武事，不使生疏，含有寓兵于农之深意。"

安顺地戏的系统研究肇始于 20 世纪 80 年代，据顾朴光 1982 年的统计，安顺所辖的 7 个区 42 个乡镇，共分布着 156 堂地戏，其中：汉族地戏 141 堂，占 90%；布依族地戏 13 堂，占 8%；仡佬族地戏 1 堂，苗族地戏 1 堂，各占 1%。[5] 至 2003 年的统计，安顺地区全部地戏为 300 堂。[6] 至今，关于安顺地戏的研究共有约 300 篇学术论文和若干著作，其中《贵州安顺地戏》是最系统性的具有民族志意义的一篇。[7] 相关主题的学位论文，即指从 20 世纪 90 年代后期至 2017 年年底完成的硕士、博士学位论文，共 70 多篇。此外，还有一些国外学者发表出版的英文论文和著作。上述成果主要论述三个方面的内容：①地戏本体因素；②地戏的形态与文化比较研究；③地戏的多种价值、旅游和"非遗"的保护问题。对地戏本体论的研究，主要集中在 20 世纪 80 年代至 90 年代，主要有庹修明、沈福馨、帅学剑、顾朴光、范增如、徐新建等的研究，这些学者主要为贵州本地学者。地戏形态与文化比较研究则集中在 20 世纪 90 年代以后，此时我国台湾学者以王秋桂、王嵩山为首开展了系统性的资料收集工作，中国傩戏研究会、贵州地戏研究会领导开展了一系列的调查、资料收集和学术研讨工作。曲六乙、巫允明、陈建华、吴羽、吴正光、卢百可（Patrick Lucas）以及前述之顾朴光、庹修明等对地戏的认识则更为系统。

正是因为以上的学术成果，安顺地戏才被列入第一批全国非物质文化遗产名录。此后，地戏进入了一个崭新的解释体系——文化遗产价值系统。21 世纪后在非物质文化遗产体系框架下，又出现了一些新观点、新认识，但这些论述既没有增加新的史料，也没有推翻以往的研究结论，只在遗产价值学说范畴里修修补补，其实没有多少新意。美国学者卢百可花了七年时间，发现对于当地村民来说，他们更看重"汪公信仰"（汪公游行）而非屯堡地戏或安顺地戏。换句话说，汪公文化是属于本地人的，而地戏已经让渡给了"国家"和"外部世界"。建立地戏博物馆，成立地戏表演队，确定传承人系列以及以节会形式出现的大型集会，均非村民自发，村民被划分为表演者、参与者和本地观众。

实际上，由于社会现代化和农村城镇化建设的快速发展，本地青壮年多外出务工，大部分村庄成为"空心村"，只在有限的农忙和年节期间，村庄才保有实际上的乡村含义。在这样的情况下，地戏在本地村民的实际生活中已经名存实亡！在地方政府的旅游和文化部门的不断"开发"下，地戏作为安顺的文化和旅游符号，却以一种"遗产化"的形态逐渐繁荣起来，成为地方文化展演的典范案例。商业化表演伴随而来，正如罗崤所说："如今的地戏，已没有神的光圈，只剩下展示和愉悦，太多媚俗的'开发'，使地戏失去原本意义上的民俗性。"[8] 这些批判性讨论与国际学术界关于批判遗产的研究基本同步。"国家在场"更是把文化商品化、符号化，使之与资本结盟，把遗产保护传承原则和政策中的"生产性保护传承"与"应用"议题发挥到极致。文化节的常态化和女子表演队的成立，就是最好的证据。可惜这方面的批判性研究一直阙如。

（二）遗产化过程与真实性

"遗产化"是指围绕具有历史、艺术、科学等文化保存价值的物品或文化表现形式所进行的一系列程序化运作，及其载入"遗产名录"前后的制度与文化的社会化过程，是一个多方面的实践过程，有时具有一定的仪式性。

近十年来，伴随非物质文化遗产的数量不断增多，有关"遗产化"的讨论也逐渐升温。在现有非物质文化遗产名录体系的保护下，从学理上探究遗产化的内涵、产生原因及其对非物质文化遗产保护的影响已经成为非物质文化遗产研究中一个不可缺少的维度。西方学者对这一问题有较早的探讨，如摩洛哥国家考古与遗产科学研究所的艾哈迈德·斯昆惕（Ahamed Skounti）在《非物质文化遗产及其遗产化反思》[9] 中简要地勾勒了非物质文化遗产确认、保护和促进过程中的一些误区，并从宏观的角度论述联合国教科文组织的规范化行动（normative action），从微观的角度援引摩洛哥的案例以说明其中的难题，也对这类行动所面临的挑战有何意义做出阐释。在国内，遗产化的研究尚未有全面系统的总结和理论建构，"遗产化"的探讨也仅仅以个例的形式散见于王霄冰的浙江衢州"九华立春祭"研究、徐赣丽的广西宝赠侗族祭萨和布洛陀文化遗址研究、周丽洁的湘西地区研究、冯智明的广西红瑶民间信仰研究等中，"遗产化"理论尚处于起步阶段。2006 年，安顺地戏进入"国家级非物质文化遗产名录"之后，"地戏"从"本质遗产"成为"认知遗产"，"遗产化"实践体现得尤为明显。然而，对于屯堡地戏"遗产化"及其过程的研究仍是一个空白。

遗产置于国家公共权力的保护之下后，将会受到多方的压力，关于这对于遗产真实性是否有影响的争论多有发生。李密密、吴必虎、蔡利平提出，人口压力、当地经济开发政策及资金匮乏三方面都可能对遗产保护构成威胁。[10] 同时，旅游开发也会给遗迹保护造成一定威胁，对此国外已提出防止过度开发的策略。让·范德堡（Jan van der Borg）、保罗·科斯塔（Paolo Costa）、戈蒂（Giuseppe Gotti）指出，旅游会对遗产的完整性，乃至当地经济活力与居民生活造成负面影响。[11] 安东尼奥·鲁索（Antonio Paolo Russo）分析了遗产城市威尼斯的旅游发展生命周期的演化模型，引入恶性循环概念，并提出一些防止旅游城市过度开发的有效政策。[12] 上述研究结合具体案例，强调了过度开发对遗产的破坏，值得我们在"地戏"遗产的具体语境中进行考量。

从法律法规层面看，在国际上，《威尼斯宪章》（1964 年）首次提出了遗产原真性原则 [13]；构思于《威尼斯宪章》的《奈良文件》早已提纲挈领地阐述了多样性的重要意义以及遗产真实性的考察原则 [14]；欧洲国际古迹遗址理事会大会也对原真性的监测问题进行讨论，肯定了真实性在保护问题分析过程中作为确保信任、真诚和诚实的手段的重要性，强调动态保护观念 [15]。国际古迹遗址理事会也对此不断进行讨论和修正。[16] 2001 年，《非洲文化背景下遗产保护的真实性和完整性：大津巴布韦专家会议》论文集提出了包含无形遗产在内的诸多表达真实性的管理体系，并强调了当地社区在可持续遗产管理过程中的作用。[17]《实施〈保护世界文化和自然遗产公约〉的操作指南》在《保护世界文化和自然遗产公约》[18] 的基础上继续强调，原真性标准"必须在其所在的文化背景中进行"，特别提到"精神和感觉这样的特征在原真性评估中虽不易操作，却是评价一个地方特点和意义的重要指标，例如，在社区中保持传统和文化连续性"[19]。里加会议 [20]、拉脱维亚地区会议 [21] 等都强调了原真性保留和界定原则。上述法规无一不强调了遗产的原真性在遗产保护中的关键性，并提出了一些方向性的操作建议。

就原真性（或真实性）而言，有学者认为原真性是遗产旅游的核心要素，在旅游中发挥着重要作用。亚历山德罗·阿波斯托拉基斯（Alexandros Apostolakis）指出原真性在提升旅游地形象、推动旅游经济发展方面发挥着关键作用。[22] 迪帕克·恰卜拉（Deepak Chhabra）、罗伯特·希利（Robert Healy）、埃林·西尔斯（Erin Sills）认为，原真性影响着游客满意度，而且不在原文化传统发源地举行的节日活动也能产生原真性感知。[23] 上述文献从旅游角度，探讨了遗产原真性的重要作用。

在国内，非物质文化遗产的相关法规，无论是《中国非物质文化遗产普查手册》还是《贵州省安顺屯堡文化遗产保护条例》，对"遗产造假"等遗产化过程中出现的问题的阐释或规避措施尚为空白。我国自 20 世纪 80 年代开始研究文化遗产保护开发理论，近年来逐渐有学者关注旅游影响下的遗产"原真性"问题，如徐嵩龄提出，应根据不同类型的遗产，来规范旅游者的原真性偏好。[24] 而"这类旅游目标物与整体或局部模仿与组合而营造的旅游目标物（如北京的世界公园）对于原真性的要求是极不相同的"[25]。张朝枝从旅游与遗产保护角度出发，提出"原真性"是一个动态、多元和复杂的问题。[26] 遗产保护研究领域强调客体本身衡量标准，讨论建构公认的遗产保护标准体系与技术指标，而旅游研究则强调主体的实地体验，讨论主体对客体"真""假"的辨别及其体验效果。旅游与遗产保护是一个互动演进、相互作用的过程，因此在旅游与遗产保护研究中要从互动与动态的角度来理解原真性概念。遗产地商业化开发的实质是，一种经由旅游加工的遗产"伪真实"。利益主体的互动使得遗产地的发展依赖于符号化的"伪真实"，从而强化了商业化过程。这从理论上深入分析了"伪真实"的出现原因。

（三）遗产与社会记忆

"记忆"是心理学的一个概念，代表着一个人对过去活动、感受、经验的印象累积。随着社会整体论的兴起，记忆扩展为社会科学的研究，进而引申出了"集体记忆"这一范畴，即是指一个具有特定文化内聚性和同一性的群体对自己过去的记忆。这种群体可以是一个地域文化共同体，也可以是一个民族或是一个国家。这种记忆可以是集中的、官方的、文字的，也可以是分散的、零碎的、口头的。

关于社会记忆的研究已经有数十年的历史，哈布瓦赫（Maurice Halbwachs）在 1925 年提出了"集体记忆"的概念，认为记忆是一种具有集体性的记忆。他的集体记忆理论特别强调记忆的当下性。他认为，人们头脑中的"过去"并不是客观存在的，而是一种社会的建构。回忆是为现在时刻的需要服务的，因而也是断裂的。[27] 王明珂认为，应该区分三种范畴不同的具体社会意义的"记忆"。第一种是"社会记忆",指在一个社会中借各种媒介保存、流传的所有"记忆";第二种范围比较小,称为"集体记忆";第三种范围更小,称为"历史记忆",也就是在一个社会的"集体记忆"中,有一部分以该社会所认定的"历史"形态呈现和流转,人们借此追溯社会群体的共同起源(起源记忆)及其历史流变以诠释当前该社会人群各层次的认同和区分。[28]

回归到屯堡,地戏遗产的保有者——屯堡人群对祖先的叙事就是一种集体的历史记忆的表现。在屯堡社会中,他们自身有一个关于祖先叙事的集体历史记忆。卢百可认为,这个关于自己祖先的历史来源(屯堡人是明初皇帝朱元璋派遣至西南疆域的官兵和平民的后裔,受朝廷之命为国戍守并开发边疆)有时几乎成为屯堡社会文化中的迷思。[29] 这种对"英雄祖先"的认同,不仅能让他们证明自己作为中原汉人的正统性和合法性,而且使其获得了身份上的自豪感。[30] 屯堡先祖身份中隐喻和代表的国家符号也成为渗透和贯穿于血缘和地缘之中的轴心。[31] 屯堡人通过自己祖先身份中作为"国家代表"的使命感,建构了一种心理上高于周边少数民族的传统文化和自尊,在周边少数民族和汉族后来移民这两个族群之间区分着彼此,并完成着族群文化构建和稳定社会的作用。"曾经的辉煌是他们的执着的精神寄托,屯堡文化最核心的'原点'是弱势群体对于强势文化的依附与自我重构,最特殊之处就是以民间底层身份对官方正统的追捧,具有'在野'状态中的'在朝'心态,'边缘'处境中的'中心'意识。"[32] 因此,我们探讨"借以演习武事,不使生疏,含有寓兵于农之深意"的地戏遗产,不得不着眼于屯堡特殊的集体记忆的认知与认同。

分析"遗产化"视角还必须融入文化变迁与重构理论。文化重构属于文化人类学中文化生态学的范畴,源于美国人类学家斯图尔德(Julian Steward)的"文化适应"概念。遗产化本身是一个"事件",也是一个"过程",适用于"事件—过程"的新维度。拉德克利夫-布朗(Alfred R. Radcliffe-Brown)所说的"共时性"与"历时性"研究的并重[33],其实就是兼容纵向的历史过程与横向即事件与相互关系的"事件—过程"的全新方法。当然,文化变迁理论是一个复杂的分析与解释体系,诸如文化生态学(斯图尔德)[34]、文化形态学(汤因比 [A. J. Toynbee])[35],以及文化动力学均提出各自的系统性看法。布尔迪厄(Pierre Bourdieu)的社会实践理论提出了文化再生产理论,强调利益格局对文化现象出现或存续的作用，认为社会或文化的再生产机制的运作是服务于社会结构中占支配地位的利益者的，身体资本与文化资本可以促成新知识的再生产。[36]

在国内，文化重构已经成为特色旅游资源开发的普遍理论和传统文化保护等研究领域的基本原理。学者们从必要性、方法、意义等方面对"文化重构"进行了阐述。例如，周丽洁认为，随着市场经济的深入，传统文化会不可避免地受到冲击。许多人类学家在研究怎样保护非物质文化遗产时，总将之封闭化、静态化，而周丽洁认为，"原生态"的文化是不存在的，非物质文化遗产是以重构的形式存在的，而且必须结合现实加以重构，才能实现真正的保护。[37]龙运荣归纳了某些学者关于传统文化保护的方法，认为在原则上应该坚持以人为本，坚持本真性、整体性、可持续性，在措施上可以进行法律保护、数字化保护、博物馆保护、学校教育保护、旅游开发保护等。[38]赵杨在研究少数民族文化资源的保护问题时归纳指出，传统文化保护的意义主要集中在三个方面：一是传统文化的作用；二是多样性的意义；三是对破坏的关心。[39]这也为我们认识及保护地戏遗产提供了思路。

综上所述，文化变迁与重构理论已有丰富的研究，但实际应用上尚有提升的空间，因此我们期望能进一步研究解释地戏文化被重新建构的过程，并深入探讨地戏卷入"遗产化"后的变迁与地戏传承主体的集体记忆间的关系。

三、地戏"遗产化"的观察

（一）地戏的场域：安顺屯堡人村寨

屯堡是一个范围较大的地理与历史概念，被认定为屯堡的村落有 300 余个，位于贵州安顺市东南部，距新城区约 20 千米至 40 千米。各屯堡村寨的情况也有较大异质性。新出版的文献和研究著作均称屯堡人"自称为明朝遗民"，对屯堡社会的描述属典型的"历史演化论学派"，如：他们保留着浓重的宗族色彩，世世代代穿着"凤阳汉服"，等等。总之，在历史以及民族志的相关叙述中，屯堡文化不是单一的文化现象，还包含了屯堡人特有的服饰、语言、建筑、信仰、民俗、艺术等方面。

1. 吉昌屯：自发改良的民间地戏

吉昌屯被认为是一个典型的传统屯堡村寨，据传是明朝朱元璋"调北征南"的汉族移民后裔，在编撰的族谱中祖籍为江南地区。吉昌屯位于安顺市东路土地肥沃的地区，原名"鸡场屯"，于 1968—1969 年间改名为"吉昌屯"。由于距主干道较远，也未处在安顺的"民族特色旅游路线"上，吉昌屯迟迟未得到旅游开发。2011 年，隔壁的天龙屯堡成立了旅游开发公司，开展了"屯堡文化旅游"开发项目后，在 300 多个屯堡村寨中脱颖而出，一时成为别的屯堡村寨"羡慕"的对象，屯堡内部的社会关系开始紧张起来。吉昌屯距离天龙屯堡仅 3 千米之遥，又夹在已开发的云峰八寨与天龙屯堡之间，处于"遗产化"实践的嬗变期（图 2）。

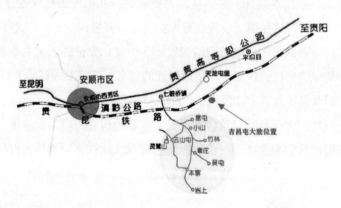

图 2　云峰八寨（浅色圆圈区域）、天龙屯堡与吉昌屯示意图[40]

屯堡每年春节的地戏，一定是在"抬汪公"仪式中进行的。"抬汪公"与地戏有着密不可分的关系。传统的地戏演出时间有二：正月十八与中元节。即使是吉昌屯这类较为完整地保留了传统地戏的村落，中元节期间的自发地戏表演也已基本不复存在，而多为商业性演出。正月十八的地戏表演是吉昌屯目前唯一"自发"进行的地戏表演，表演时间就是在"抬汪公"仪式中。因此，对"抬汪公"仪式中的地戏表演进行研究有其必要性。

汪公是屯堡人所崇拜的历史人物，据屯堡民间传说，汪公原名叫汪华，祖籍安徽，是隋末唐初一名地方官，勤政爱民，死后受封，后神化为地方神。《安顺府志》载："正月十七日，五官屯迎汪公至浪风桥，十八夜放烟花架。狗场屯、鸡场屯共迎汪公。……各乡多择宽平之处，鸣锣击鼓，跳舞歌唱为乐。""抬汪公"仪式从吉昌屯的汪公庙处开始，村中老人手拿"肃静"的牌子组成仪仗队，在汪公庙前院列队等候。外地前来的游客、记者手拿拍摄设备，对仪仗队进行拍摄记录，并按照他们的意愿将吉昌屯仪仗队指导、排列为拍摄效果更佳的样式。仪仗队的老人们有的面露不耐，有的东张西望，有的安静地肃立着。笔者随机采访了一位老人：

> 问：每年这时候来的人都这么多吗？
>
> 答：多的。
>
> 问：他们这么给你们拍照，你愿意吗？
>
> 答：（自豪）愿意的，我们屯"抬汪公"有名，有很多学者啊，游客啊，别的屯的人啊，都来的。
>
> 问：你们一直都按照这种队形来吗？有随着游客要求而改变吗？
>
> 答：……（不理，经追问）传统就一直这样，别的我不知道。[41]

可以窥见，当地老人中的一小部分人已经逐渐接受并认可了旅游文化的改变，并以此为豪，而有些老人则不为所动，还有些老人则面露不耐或沉郁不乐。此时的吉昌屯浮世绘众生相，恰恰也折射出当地遗产保有者对于旅游文化侵入的反应。

接下来，当地长者们恭请汪公入舆。从"抬汪公"的队伍次序看，仪仗队分别由龙凤彩旗、大头娃娃、地戏队、腰鼓队、"汪公"、村中长老、彩船队、彩车队、舞狮队、秧歌队组成，地戏队所处位置非常靠前，紧跟在民间象征"驱鬼"的大头娃娃队列后面。地戏队员身着戏装、头戴面具，此时的身份已经神圣化，一定程度上显示了地戏在"抬汪公"习俗中发挥着关键作用。

"汪公"每走到一户农家门前，随着众村老一声"高升！"，轿子就停下。每家家门前都放一张小方桌，桌上燃着香烛，摆着各类果品；房梁上高悬着数米的鞭炮，以候"汪公"经过时赐福。"汪公"的轿舆就在缓慢的挪动中不断被"高升！"，一直到村口的学校，将"汪公"置于"神台"之上，称"出寨"。

"汪公"巡游到此，需要回转歇脚，再行"入寨"，即在仪仗队的护卫下，尽可能地穿过村中每一条小街小巷，施福于众村民后才荣返本庙，回归神位。汪公庙与学校相距其实不足五百米，但"汪公"接受各家的祈祷祝福却要费三四个小时的时间，一直持续到傍晚才宣告结束，足见"抬汪公"仪式对村民影响之深。

吉昌屯自发的地戏表演就在"汪公""出寨"仪式结束后进行。"汪公"被置于"神台"后，地戏队伍继续向前行至村外开阔地，地戏表演就此开始。经过了一系列"抬汪公"仪式和周边集市热闹气氛的渲染，这时的地戏气氛极为喜乐。地戏的表演恰如古时，在平地上，众人围成一圈，地戏队员将脸子（即面具）戴在头顶，连跳几场地戏。值得一提的是，这里的地戏表演居然出现了女子地戏队，这与原来地戏仅能由男性参与的传统相比有了极大的改变。其中，地戏队员不足是主要原因。

吉昌屯的地戏在屯堡文化的土壤中孕育，本具有强烈的军事和神圣色彩，而在当代的特定环境里又扮演了娱乐的功能。"抬汪公"仪式侧面折射了地戏生存和发展的社会环境。每年正月十八，十里八乡的屯堡村寨的村民都会涌到吉昌观看、赶场、祭拜、祝祷。因为汪公信仰的长盛不衰，村委会领导和村中老人将旅游开发视为村里的必要出路，地戏的"改造"对于当地人来说势在必行。现代社会及文化的诸规则对于吉昌地戏来说是前所未有的冲击，地戏生存的土壤已经遭到破坏。然而，即使借助正月"抬汪公"活动的浩大声势，即使地戏表演已经可以由女性参与，并出现了媚俗色彩，吉昌屯的地戏表演依然无法得到长久关注，村妇女主任兼计生委员胡艳珍抱怨："这附近的地戏都不如我们吉昌屯，天龙屯堡的地戏表演是我们吉昌屯的人去跳的，我们比起云山那些一点都不差。"她还不止一次向我们表达这样的愿望："平时没人来吉昌屯看地戏，请邀请你们的朋友来我们这里观看地戏，靠着地戏研究者（或关注者）带来的旅游团体，地戏队才偶尔有些收入。地戏队都是老人，跳不动，年轻人没钱也不来跳，现在基本都跳不下去。"[42] 某种意义上，吉昌屯是被隔离于旅游经典线路之外的。举步维艰的吉昌屯地戏队效仿已商业化的屯堡，改良地戏，组建女子地戏队，积极向外来者有偿表演，这种转变过程甚至可以说是自发的，是在市场经济与旅游开发背景下村民自身做出的选择。在这里，"集体记忆"

已经出现了人为变更，一些在老一辈中流传的地戏"禁忌"也被逐渐遗忘。

2. 天龙与苗岭：屯堡开发的典型案例

在经过程序化运作的"屯堡文化"旅游村中，地戏被作为文化标签进行展演。天龙屯堡、苗岭屯堡等都是地方与资本联合"打造"的屯堡文化旅游的典型线路。天龙屯堡古镇位于平坝县，是安顺市营建的除黄果树之外的第二张文化旅游名片，每日都会有地戏表演。然而，这里的地戏表演人员却很少是天龙本地人，反而多是来自周边各屯堡，来自上述吉昌屯的就有四人之多，连吉昌屯唯一的地戏传承人——胡德全都曾于 2011 年在天龙屯堡供职表演。天龙屯堡的大多数古镇风貌都为后期打造。针对观看地戏表演的游客，笔者在这里进行了 150 个样本容量的随机抽样问卷调查，收回有效问卷 128 份（图 3—图 6）。

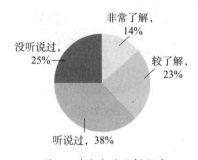

图 3　对地戏的了解程度

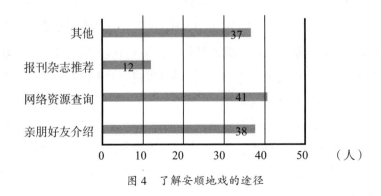

图 4　了解安顺地戏的途径

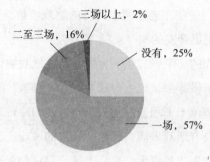

图 5 观看地戏表演的次数

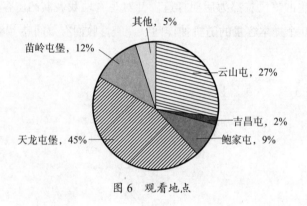

图 6 观看地点

从对地戏的了解程度（图 3）与了解途径（图 4）看，有 75% 的游客对地戏有着或多或少的了解，其中大部分人的了解途径为网络资源查询和亲朋好友介绍。大多数游客对地戏还是有一定兴趣的，但也有游客在观看表演时会窃窃私语："他们到底在唱什么啊？""这是哪一出戏？"地戏的唱词难懂，加上唱腔婉转，很难使游客理解，甚至有游客似乎有些不耐烦而中途离去。大多数游客虽坚持看到了最后，但对于讲述的内容、地戏表演中的人物对应关系等都一知半解。从观看次数（图 5）和观看地点（图 6）来看，57% 的游客仅观看过一场地戏，观看过三场以上的游客仅占 2%，绝大多数游客都是在天龙屯堡、苗岭屯堡、云山类旅游区沿线"走马观花"地观看的地戏表演，并没有接触过受旅游文化较少侵蚀的原生地戏。在这些景区，地戏褪去了神圣的外衣，凸显了表演的功利性质。

苗岭屯堡是人为地构建"历史"的又一案例。2015年,某开发商在招商广告中,打出"苗岭屯堡古镇"的旗号进行引资。不知情者或许会先入为主地认为这是一处葆有屯堡文化的古镇,但实地调查时,经两位在苗岭屯堡正门外布置花草的村民透露:"苗寨屯堡文化区原址名二炮村(音),开发商将(其)拆毁,推平了村落,在对面建造一座公寓供原村民居住,又原地新建了这座古镇文化区。"[43]不难看出,"4A级旅游景区"苗岭屯堡是一个完全由开发商建构的"古镇",原有的古村落早已被拆毁。虽然这种假借文化遗产之名粗制滥造的地产项目屡见不鲜,但如此"编造"也令人吃惊。原始的屯堡村落村容破旧,基础实施无法满足开发商的设计思路和需求,于是整村被夷为平地,所谓的"改造"实质上是"新造","地戏"之"地"都荡然无存,"戏"自然也变了味道。

3. 蔡官屯:曾经的辉煌难以为继

蔡官屯属于明星村,"蔡官地戏"在20世纪极为出名,曾多次赴国外演出,享誉海内外,所获荣誉累累,并建有专门的地戏博物馆。21世纪以来,地戏博物馆院内杂草丛生,展品蒙尘,展厅朽败,地戏表演者也是青黄不接。据蔡官屯村主任封基洪统计:2015年,人口为1200余人的蔡官屯约400余人在外打工,而地戏班子中的20余人就在这400人之列,仅剩封忠刚等五位老人留在班底。地戏班子负责人封忠刚表示:"几个老人在家,凑一台戏主角都不够,没法唱!"[44]地戏表演队的队员很难凑到一起,造成了地戏表演者青黄不接的现状。

即使是作为旅游类遗产展演的地戏,其发展态势也并不乐观。在苗岭屯堡、天龙屯堡这样的文化旅游景区,游客对于地戏的观赏停留在走马观花式的"看热闹",原因在于对其历史文化背景缺乏足够的了解,而地戏晦涩难懂的唱词又设置了重重障碍。而蔡官屯,作为一个"过气"的地戏屯堡,纵然拥有"赴外演出""领导人题词""地戏博物馆"等光环加持,也改变不了表演者断层的命运。传统的屯堡村落在"遗产化"实践中,似乎只有通过旅游开发、改造改良来与经济利益挂钩方能赢得观众,而这一过程中的地戏文化,也在不断地重构与变迁。

(二)地戏的历时性变迁

事实上,"遗产化"的过程早在20世纪七八十年代就已经逐渐开始。当时改革开放的浪潮，带来了大量的国内外人口流动，促进了旅游业发展，这为地戏的变迁提供了契机。至 1992 年，我国正式实行社会主义市场经济制度，地戏的命运再次出现转折。2006 年，地戏被列入国家级"非遗"名录，得到了抢救性的保护。近 70 年来的地戏变化总结如表 1。

表 1　地戏的历时性变迁

	1949 年新中国成立前	1949—1965 年	1966—1976 年	1977—1991 年	1992—2006 年	2006 年以来
演出时间	中元节期间与农历新年（从正月初二开始跳半个月至一个月）	基本未变化	—	农历新年	农历新年；或者干脆不跳	农历新年；或者任意时间，"给钱就跳"
演出地点	村中平整地带，就地围场，不设戏台	基本未变化	—	许多地戏搬上了舞台	平地及舞台	平地及舞台
演出历时	一个多月	长时有一个多月，短时十几天	—	半个月	半个月	依报酬定，一般为三五天，吉昌屯是正月十八一天几个小时
单位	以村寨为单位，一个村寨就有一堂戏，也有跳两或三堂的（如吉昌屯）	基本未变化，有少数村寨地戏数量增多	—	多数一屯一堂，少量无，1982 年统计共 141 堂	2003 年统计共 300 堂地戏，一村一至三堂	地戏展示点里可以点戏，其他普通屯堡一至三堂
演员数量	二三十人	二三十人	—	二三十人	十几人	十几人
演员性别	男	男	—	男	男	有男有女有儿童

续表

	1949 年新中国成立前	1949—1965 年	1966—1976 年	1977—1991 年	1992—2006 年	2006 年以来
面具	从制作到使用及跳地戏的完整过程有一整套严格的仪式，制作者皆是男性。	基本未变化	焚烧	重新制作，有所改变	基本未变化	基本未变化
剧本	十余本一堂，较全面	基本未变化	焚烧	极少，一村几本	较少	十余本，天龙等地更多
服装	裙子、背包、顶帕、披肩以及许多的挂饰	基本未变化	焚烧	重新制作，有所改变	基本未变化	男子无变化，女子平时穿凤阳汉装。都有顶帕和背包
声腔	无特别声腔	无特别声腔	—	无特别声腔	学者指为弋阳腔	弋阳腔
演出程序	开箱—参庙—开财门—扫开场—下将—设朝—跳神—扫收场—封箱	基本未变化，参庙仪式有所简化	—	趋于简化	趋于简化	开脸—祭祀—跳神—封脸
剧目	关于征战的故事，历史演义类的武戏，无文戏	基本未变化	—	基本未变化	基本未变化	基本未变化
乐器	大锣大鼓	基本未变化	没收	基本未变化	基本未变化	基本未变化
传承关系	家族传承；传男不传女；师徒有保留	基本未变化	—	师徒传承及家族传承皆有	师徒传承为主，家族传承为辅	主要是师徒传承，出师快，基本功不扎实

续表

	1949 年新中国成立前	1949—1965 年	1966—1976 年	1977—1991 年	1992—2006 年	2006 年以来
功能	"娱神", "请神驱鬼"、请求护佑, 具有强烈的军事和神圣色彩, "神性"为最主要性质	自娱。神性减弱, 娱乐性增强, 祈祷丰收功能依然保留	封建迷信破除	由自娱向"娱人"改变	表演、自娱、祈祷丰收、"娱人"	表演、"娱人"

(1) 1949 年新中国成立前

1949 年新中国成立前, 地戏基本处在一个较为安静、平顺的传承环境下。地戏忠君爱国、祈求丰收的功能始终存在, 并保留着它的"神性"。当时地戏又叫作"跳神"。直到现今, 老一辈地戏表演者依然称其为"跳神"。摘下面具, 他们是人; 戴上面具, 他们是"神"。地戏具有强烈的宗教色彩, 是当地屯堡"请神驱鬼"、请求护佑的重要媒介。它作为一种仪式, 具有神圣的性质。地戏一般以村寨为单位, 一个村寨跳一部书, 演一堂戏, 也有能跳两三堂戏的大村寨 (如吉昌屯, 就有"征东""征西"两堂地戏队)。一堂戏一般有演员二三十人, 皆为男性, 由被称为"神头"的负责人指导全书的排演, 演员一般来自村中大姓。当地人把地戏所敬之神称为"家族神", 而戏中的主要角色甚至还有家族传承关系。演出集中于中元节与农历新年。中元节逢稻米扬花, 地戏被称为"跳米花神", 兼具祈求丰收和祭祀祖先的功能; 正月"鸣锣击鼓, 以唱神歌"(《续修安顺府志》), 从正月初二开始, 跳半个月至一个月, 用以"敬神祭祀, 驱邪纳吉"。地戏演出时, "跳神者首蒙青巾, 腰围战裙, 戴假面具于额前, 手执戈矛刀戟之属, 随口歌唱, 应声而舞"(《续修安顺府志》), 内容都是征战故事。演员皆戴面具, 面具又称为"脸子", 以丁木或杨木刻成。面具从制作到使用以及跳地戏的完整过程都有一整套严格的仪式, 包括开光和祭祀。而面具的制作者也皆是男性。在这一时期, 地戏结构内的各项要素——演员、道具、程序、时间、演出目的等, 都表现出神圣的仪式性质。

（2）1949—1965 年

新中国成立后，破除迷信、消灭封建流毒和残余的"社会改造"运动深入乡村社会生活，"跳神"也在清理、改造之列。具体表现为名称上，"跳神"被改为"地戏"；形式与内容上也有较大变化，地戏的"神性"开始消失，村民逐渐认识到了迷信行为，地戏的神圣化土壤被根本动摇；功能上，由"娱神"转变为自娱，而祈求丰收、祖灵护佑的功能则得到了部分保留。仪式过程、面具制作、演员等因素都较为完整地继承了 1949 年前的传统。耕读传家的传统使得地戏的文化使命依然存在，只不过逐渐向"娱乐表演化"演进。整体社会经济以及风俗的变迁，也全面影响着地戏的呈现。一位吉昌屯地戏老人在访谈中说："经常会有外村的人请我们过去跳地戏，但跳不长，少了就十几天，不像以前一跳好长时间。"[45] 可见，地戏表演的时间被缩短。同时，新中国成立后的小幅度人口流动以及人民生活的变化，使得在安顺地域范围内，甚至出现了新的地戏类型。

（3）1966—1976 年

这一时期，地戏因被视为"封资修""迷信"而遭禁，艺人被批斗，面具和剧本被焚烧，破坏的力度可以说是毁灭性的。多数地戏面具在"破四旧"时被烧毁，制作精美且成套的面具基本不剩，反而是一些残缺不堪的"废品"得以侥幸存留。地戏剧本多数被毁，只有少部分人冒险藏下了几本。现在看到的本子，是后经多人凭记忆恢复和整合而来的。有被采访的老人表示："那时候查得很严，多数人主动把剧本面具烧了，服装烧了或改成别的。只有少部分人想办法将其保留，有的把它藏进棺材，有的藏进墙的夹缝，"文革"后再把它们拿出来，不过保留下来的只是很少的一部分。"[46] 这十年，地戏活动基本停止，几乎形成断层。少数外地的美术工作者为了采风或批判之用，收集了部分地戏面具。

（4）1977—1991 年

"文革"后的社会重建中，地戏成为当地文化复原与建设的一部分。老一辈的地戏艺人有的仍在世，面具、服装与剧本逐渐被复原——说是复原，其实不免加入了一定的创新元素。除少数老人冒险藏下的几本剧本外，地戏面具几乎一面不剩，大部分都是重新雕刻的。一方面，靠记忆复原的剧本总有出入，正如孔壁出书导致的古今文经之争一般，"文革"后的复原导致各屯堡村寨争相认为自己保留下来的才是最正统的地戏仪式。另一方面，改革开放极大地解放了人们的思想，开启了"地戏—经济"转换链的新思路。因此，围绕地戏的正统性（这与经济利益、村寨荣耀挂钩）的"争吵"层出不穷。在改革开放的指引下，地戏再度辉煌，蔡官屯的地戏甚至走出屯堡，走向世界。蔡官屯的地戏繁荣及其所带来的利益（包括文化、经济、名誉方面）引来了周边各屯堡的纷纷瞩目，周边屯堡村寨也开始积极操练地戏，创新发展，最大的变化是各屯堡的地戏队伍从自娱转向"娱人"功能，目的大多是表演。

（5）1992—2006 年

蔡官屯的辉煌场面并未持续太久。全国范围内推行社会主义市场经济制度以来，人口流动性大幅度加强，即使跳地戏能带来经济效益与屯堡荣耀，但这时有时无、频率不定、报酬不丰的地戏演出，远远比不上外出打工的经济效益，因此出现了老人跳不动，能跳动的却都出去打工了的现象。这对地戏的发展来说并不乐观。此时，地戏演员以老人为主，年轻人极少参与。由于学地戏最难的部分是学动作，全部学会要一两年，需要有固定的师徒传承。除去外出打工的年轻人，留守村庄的老人为了继续传承地戏，不得不做出相应的改变：农历七月的地戏表演取消；原来要跳一个多月的地戏改为仅跳其中的一些章节，持续时间约为半个月，每天五个小时。旅游效益的目标被加诸地戏之上，但由于知名度并不高，旅游发展并不顺利。这个阶段似乎属于某种"过渡期"或者说是"遗产化"的预备阶段。

（6）2006 年以来

2006 年，地戏被列入了第一批国家非物质文化遗产名录，这为地戏的发展打了一剂强心针。地戏在这日趋现代化的环境里，发挥的主要是娱乐的功能。列入"非遗"名录后，经历了国家一系列"遗产化"的运作——包括传承人的认定、遗产的保护、展示点与传习所的设置、资金的支持等，屯堡的诸多村落走向了不同的道路。有的屯堡已不再跳地戏，有的中断后又重跳。随着社会的进步和女子地位的提高，女子也组建了地戏队。"原来女子连地戏面具都是摸不得的，现在倡导男女平等，男子都外出打工，女子也可以跳地戏。"[47] 女子的演出时穿的衣服，与男子的不同。男子的服装有裙子、背包、顶帕、披肩以及许多的挂饰；女子的服装是平时穿的大袖子（即凤阳汉装），也有顶帕和背包。此时还出现了"少儿地戏队"，倡导"地戏进学校"，与传统的禁忌与规定相去甚远，地戏的禁忌与内涵已逐渐变迁。

地戏的仪式也在简化，仅存开脸与封脸步骤，即用帕子沾酒来给脸子开光，同时还要用刀头（猪肉的一部分）等祭祀、放炮。地戏结束时，村中各户准备香纸祭拜。由于社会的发展，现在是大家一同学习地戏，不像以前师徒传承一教一，时间大为缩短，有些村子教唱仅用五天，与原来反差巨大。同时，地戏演出的时间不再固定。蔡官屯地戏负责人表示："有时候是因为上级政府检查，或是安顺举行地戏比赛才操练的。"[48]在吉昌屯，除了正月十八的"抬汪公"仪式后的地戏展演，剩下的日子就是"给钱就跳"。但即使是纯功利性的地戏展演，一场表演的收益均摊到每人仅为几十元钱，并不丰厚。正是如此，即使地戏已经被列入"非遗"名录，即使"吉昌屯们"偶有游客到访，即使地戏已为迎合游客做了相应的改变，凡此种种依然无法挽留住外出打工者的脚步。"吉昌屯们"已经陷入了尴尬的境地，女子地戏与少儿地戏的出现也无力挽救颓势。地戏于他们仿如鸡肋，弃之可惜，不弃又苦于无人演、无人看、无人供养。两相对比之下，向天龙屯堡等旅游区靠近是必然趋势。

（三）"遗产"的庸俗化与价值缺失

"遗产化"实践中，庸俗化与价值缺失是密切相关的。在前述地戏的历时性变迁中，多种因素的共同作用使地戏走到了今天。20世纪90年代以后，特别是2006年地戏列入"非遗"名录之后，金字招牌成为被操弄的对象。吉昌屯就是一个典型，村民为搞旅游，以组建女子地戏队、策划少儿地戏队等新奇、出格的举动来博取眼球。这已经走向了"遗产"的反面。

1. 女子与地戏队少儿地戏队的困窘

地戏已经被列入国家非物质文化遗产名录，但如何传承？如何发展？基本上是左右摇摆不定。商业化、表演化是否是唯一的出路？是否还能够将地戏完整地归还给民间？一个有趣的现象是出现了女子地戏队。以前，地戏的演员全部都是男性，妇女不能参加，也不能随意触摸面具。这和传统的神灵观念有关，认为妇女属阴性，会亵渎神灵。20世纪90年代以后，安顺各屯堡先后出现了一些女子地戏队。一方面是由于社会观念改变，开始允许妇女学习地戏。

另一方面还有一个非常现实的原因，那就是男人们外出打工，村里的妇女们相对较清闲，因此，村中老人开始教妇女们跳地戏。

从某个角度来看，女子地戏队的出现本身就伴随着商业化和表演化的进程，似乎从一开始就失去了地戏的根基。以吉昌屯为例，一出地戏的剧本大概有十几册，学习完整本地戏需要很长的时间。而妇女们一般都是为表演而专门学习一个片段，大部分妇女也并不清楚完整的故事情节。地戏的完整性在这里消失了，变成了一种和舞蹈相似的表演。这也是地戏发展中一个尴尬的地方。女子地戏队的出现看似是地戏发展中的进步，但同时它的传统意义也正在消失，尚不论女子地戏在发展过程中也遇到了和男子地戏一样的资金和人员困境，其发展前景同样堪忧。同时，访谈中村中人采取的"提倡男女平等"论调也值得玩味。在采访"征西"地戏队下属女子地戏队队长胡贵娥时，曾经发生了这样一件有意思的事：

一次，一组访谈人在堂屋采访胡贵娥，另一组在院内采访胡贵娥的小舅子——"征西"地戏队县级地戏传承人胡德全。采访胡贵娥的成员询问是否可以现场表演一段地戏，胡贵娥答："稍等一下，我口渴，出去喝口水。"说完走至院内，问在院内接受采访的胡德全："他们让我表演一段，我可以表演吗？"胡德全回答说："可以表演一小段。"胡贵娥才走回堂屋开始表演。这映射出一个事实——女子地位并不高，哪怕是作为嫂子的长辈，大小事还需询问家中男性。在对胡德全进行访谈时，他对于采访女子地戏队队员很是不理解："一个女人家，你问她干什么？她什么都不知道。你问我吧。"经再三请求，他才勉强请胡贵娥出来接受采访。无独有偶，在采访女子地戏队另一位队员时也遭到了拒绝，后来勉强答应，但要求其丈夫必须在旁陪同，每回答一个问题，女队员都要望望丈夫。[49] 不仅如此，在针对男性的采访中，他们也不止一次表露过对女子跳地戏的不屑，认为"她们就只会跳，教她们几个简单的动作就行。不需要让她们懂"[50]。可见，地戏文化依然牢牢保留在男性手中，女性更多意义上是作为一个"展演工具"而存在。

少儿地戏队也是同样如此。传承人胡德全告诉我们，他希望能够建立一个少儿地戏队，让地戏走进学校。但访谈发现，他的目的似乎是想通过学校这个方式选拔一批有潜力的小孩子组成地戏队来演出，原因在于外国游客更喜欢看到孩子表演地戏。我们认为，传承人组建少儿地戏队，一部分原因在于作为传承人需要有所行动（访谈得知，政府每年会考察传承人的所作所为，传承人必须带徒弟，不合格会被剥夺传承人资格，但胡德全截至 2015 年 8 月并没有带任何徒弟）；另外也是为了充实地戏队表演人数，和女子地戏队相似，都是作为表演之用。当被问到"让孩子过早接触地戏表演的经济活动是否恰当"时，传承人回答："我不会让他们接触到钱，而会给他们买东西。"[51]然而，传承人对于和家长沟通、表演收入的具体分配等诸多问题并未给出相关规划或保障，这不禁令人怀疑。

女子地戏队与少儿地戏队的创立，一方面，打破了女性不可接触地戏的禁忌，另一方面，又是一个纯为展演而产生的工具。安顺最年轻的市级地戏传承人刘洋表示："孩子懂什么呢？七八岁的样子，什么都记不住，教他们跳地戏也是白教，他们家长也不同意他们将来干这个，干这个哪能吃得饱饭呢！？"[52]他认为这种"创造"只是一个地戏博取眼球的噱头。而在这一过程中，关于地戏的集体记忆早已改变，人们再也不会守着传统禁忌条陈，而是普遍默认了这样的事实，甚至还会当作发展的范本来积极宣传。

2. 遗产话语权及商业化建构

遗产的话语权，即指决定或控制遗产内涵及外延、开发与保护模式的权力。地戏仪式源于屯堡文化深厚的历史渊源，承载着屯堡族群历史的社会记忆方式。地戏展演的内容源于屯堡人对自身特殊身份的认同与强调，在长时期的历史积淀中，对历史叙事的逐渐强化，最终形成了屯堡人的集体记忆，成为屯堡间的情感纽带。这种认同不仅造就了屯堡人心理上的优越感，更强化了屯堡祖先身上肩负着的国家使命。屯堡人把他们祖先身上蕴含的国家符号，沉淀为他们内心深处的"屯堡历史记忆"。

然而，关于屯堡文化与地戏的话语权被逐渐转移到了专家学者手中，人为"创造"屡见不鲜。随着"多元文化""文化多样性"的新国家话语出现，屯堡被看作是一个难得的无损的汉族之"根"，这种历史文化赋予了地戏一种悠远神秘的过往。如果这种"过往"没有证据，索性就"创造"证据。比如屯堡和地戏"弋阳"唱腔。传承人刘洋表示："屯堡文化是省戏剧学院、省政协的专家来后，看这里屯军堡子会集，遂定名屯堡文化。过去谁知道它是屯堡呢？"[53]

在天龙屯堡，一位负责人表示："现在的有的东西是人们包装的，屯堡人以前哪个叫屯堡人？都是后来叫的。"[54] 在吉昌屯问询地戏老人"屯堡"和"弋阳腔"源自何处时，老人也只能表示："不知道，说是就是了。"[55] 出于"和谐"与"经济利益"的考虑，安顺附近的所有农村地区都被视作屯堡。据卢百可的研究，云山屯和本寨这样既非明朝遗留也不属屯堡村寨的村落也被构建为明朝遗留，旅游的利益是原因之一。两村寨凭借其引人注目的清朝、民国商人修建的建筑和优美的环境傲立一方，它们最终比屯堡更像屯堡。[56] 实地调研中，我们也切身体会到了这种话语权转移的过程。当我们询问吉昌屯"征西"地戏队打鼓老人关于地戏的相关说法时，他表示需要联系安顺市的专家将这一切解释给我们听。在这种情况下，地戏队的重要成员认为专家的专业知识和权威性优过作为表演者的他们。人为地建构也有诸多案例，如吉昌屯想利用村寨附近的"大山上"故城墙作为旅游资源，但"大山上"这名字没有充分反映多姿多彩的屯堡文化，显得太黯淡太普通，因此被改为了"屯军山"，恰好契合"屯堡"主题，遂成为吉昌屯现今一处被津津乐道的"古迹"。事实上，这些城墙本身的故事很可能并不逊色于"屯堡"文化，但没有人关心这些，将其作为"屯堡"文化的一部分是村民眼中对其最好的解释。

　　学者对于屯堡集体记忆的影响有时候是变革性的，如"屯堡""弋阳腔"与地戏相关文化的认定。这当然在客观上提升了地戏的知名度。美国学者卢百可在吉昌屯调研并且完成了他的博士论文，深入分析了吉昌屯文化的建构过程，并带来了大量的国内外参观者与媒体对吉昌屯的关注。村委会成员胡艳珍表示："卢教授和周经理（卢百可先生的朋友）对村里帮助很大。每年村中90%的游客都是他们带来的，给村里带来了很大的经济利益。"[57] 而关于如何挖掘本地资源的问题，村民和旅游公司也更倚重屯堡研究者的看法。地方"文史工作者"的剩余价值被反复挖掘，在涉及资源竞争诸如"起源"与"命名"的工作时，前述对安顺地戏有研究的学者们受到空前重视，安顺学院也很快成立了"安顺地戏文化研究中心"和"屯堡文化研究中心"，将地戏、屯堡打造成为两个互为关联的"文化地标"。而地戏的传承主体——屯堡村民却因为缺乏这些"知识"，无法参与到历史和文化的脉络中去定位自身与自身的文化，因而在新一轮的遗产"标准化"制造过程中，成了不能充分参与、无法掌握话语权的社群。

3. 传承人的认定与争议

2006年后，认定的第一批国家级地戏传承人为顾之炎、詹学彦。按照工作程序，国家级传承人应从省级传承人中选拔，省级传承人则从市级传承人中选拔，但第一轮的国家级、省级以及市级传承人几乎是在同一个时间段里进行的，有的省在上报完国家级传承人后，才公布省级传承人名单，贵州就属于这种情况。贵州公布的省级地戏传承人为胡永福、叶守兴、王明元、陈先艾，数量并不少，但名单公布后地方却"炸开了锅"。传承人享有政府补贴、市场认可的实际收益及知名度，因此村民间对于传承人身份与其本身地戏表演及传播水平是否相配产生了怀疑，由此偶尔还会引发矛盾。同时，拥有地戏的村落多，而传承人的数量却有限，A村落的传承人（无论哪一个级别）无法代表B村，且仍有些村寨尚无传承人，那么无传承人的村寨如何维持地戏？这个问题至今没有解决。在采访安顺市文化局前局长帅学剑先生时，帅先生也对此表示了担忧[58]。

当然，在人们对地戏普遍失去兴趣的时代，仍然有人在痴迷着地戏。现在银行工作的刘洋先生是安顺市最年轻的市级地戏传承人。他从小痴迷地戏，地戏几乎是他的精神支柱。然而，他对地戏的发展持悲观的态度，认为地戏的时代已经过去，其消失是现代化发展的必然；地戏商业化道路也不被其看好，因为那样就失去了地戏本身的意义。他每年春节会自己出资在村中连续承包几次地戏演出，表演给喜欢地戏的人们观看。他已经学会了接受现状，但他仍会是坚持到最后的那个人。刘洋的经历、想法与困惑，恰好反映了地戏的得失与未来的黯淡。

4. 政府、民间协会与旅游公司

政府在地戏发展中的作用有些尴尬。政府支持地戏的发展并将其作为旅游宣传的手段，但涉及资金问题时，政府却心有余而力不足。如蔡官屯的地戏博物馆经历了20世纪的辉煌后，似乎被人们遗忘了，后来几乎没有被修缮过，平时大门紧锁，里面已经破旧不堪，文物蒙尘。村副支书表示，向政府申请的全面修缮申请也还未批下，不禁令人唏嘘。吉昌屯村委会成员认为，地戏发展必须依靠政府的引导力量和资金支持，民间自下而上的力量仍显微弱。然而，安顺市文化局"非遗"司表示，政府很难投入大笔资金专门对地戏进行保护，在贵州，城市建设是政府关注的更重要的方面。文化部门采取的保护措施，如不定期举办的地戏比赛能够调动村民跳地戏的积极性，但起到的也仅是暂时性的作用，地戏比赛本身也受到了资金不足的困扰，资金情况捉襟见肘。

民间协会与旅游公司在地戏发展中也发挥了重要影响，经常联手举办地戏比赛，或进行旅游开发项目。2015 年贵州省地戏比赛的负责人梁兴智先生认为，地戏的持续发展需要依赖于将其打造成具全国影响力的专业品牌剧种，这次大型地戏比赛也正是他所做的一次尝试。他的目的是将地戏推出贵州，推向全国，因此必须结合社会的变迁对地戏进行改革和创新，上文提到的天龙屯堡和苗岭屯堡就是典型案例。然而，我们不禁疑惑：专业舞台化戏剧是否还能葆有凝结在地戏身上的文化内涵？地戏脱离了屯堡的特定环境，还是地戏吗？答案显然是否定的。旅游公司的作为更有"地戏搭台，经济唱戏"的意味。恰如亚历山德罗·阿波斯托拉基斯所提出的，原真性是遗产旅游的核心要素，在旅游中发挥着重要作用，可见，真实性缺失对于遗产旅游而言也是毁灭性的。旅游公司对地戏的改造和展演正如艾利森·麦金托什（Alison J. McIntosh）、理查德·普伦蒂斯（Richard C. Prentice）、戈登·韦特（Gordon Waitt）对游客将历史的商业模式视为遗产这一现象的担忧一般[59]，将地戏遗产从其生长环境中剥离，迎合旅游的偏好打造成盆景式的展演活动，从地戏的本质来讲，已是对于其遗产真实性的毁灭性打击。

四、遗产化与真实性的批判反思

（一）传承主体的置换与遗产的变异

当今，人们往往更加强调非物质文化遗产的现实价值及其实践性，伴随着的就是"保护""开发""管理"等概念的逐渐流行，对于遗产的旅游开发和责任也都让渡给了代表公共权力的地方政府和国家。那么在文化再生产中的文化主体性地位体现在哪里？地戏"遗产化"的过程中，实则已经存在了一个主体置换的过程，即，保护传承主体由遗产所有者转移到了国家（政府）层面。地戏作为非物质文化遗产是国家格局下的对地方特殊性和多样性的保护，但是它之所以成为"非遗",是因为它有面向乡土社会的一面,它面向社会的时候是"灵验"的。但是国家把它当作"非遗"去运作的时候,并不管它是不是"灵验",或者其文化内涵是否还存在,只管它形式上的完整与否。诚如费孝通先生在《乡土中国》中阐述的那样,中国乡土社会的单位是村落,那是一个"面对面的社群",也是地方的知识体系和文化的成就之所。[60] 而在进行旅游开发的屯堡,其原先的乡土生态就已遭受考验,"地方族群意识和家园认同感呈现空前的迷惘,传统的生产和生活方式发生巨大的社会变迁"[61]。在"遗产化"浪潮中,以遗产作为主题的地戏村落或古镇在旅游开发中获取了一种格外重要的能力,这种能力直接使其拥有了开发、获利的资源,正如苗岭屯堡、天龙屯堡这些典型案例一样。这些作为遗产旅游目的地的地方,一方面为迎合游客的目光,不同程度地出现了"博物馆化"的结果;另一方面,也与生存其中的居民产生了不同程度的疏离,置换了传承的主体,使得当地居民产生了强烈的非地方感。

屯堡文化被"发现"后,其逐渐被贴上了孤立而特殊化的标签,如"六百年明朝遗风""戏剧活化石",屯堡村落骤然间获得了旅游开发的巨大潜力。在全球化和大众旅游的背景下,地戏遗产不可避免地遇到了"遗产化"问题,"地戏"脱离了它所依附的土壤,成为屯堡的一个品牌或标签。为满足旅游经济开发的需要,传统的仪式场所、家族宅院、信仰空间被肢解为可重新配置的资源。对经济的追求,已经超越了"对传统屯田农耕文化所生成的价值观和意义的传承"的遗产保护理念。诚如埃里克·霍布斯鲍姆(Eric Hobsbawm)所指出的,传统被"发现"的过程其实也是一个被"发明"的过程。[62] 地戏的"遗产化"更多地表现为一个再组合、再建构或者再塑造的过程。正如吴晓萍教授所指出的:"政府官员、专家学者、开发商以及当地农民精英等都是塑造的主体。贯穿这一过程的核心就是把文化资本化,以促进地方经济的发展。"[63] 伴随着旅游而来的开发成为屯堡文化的"再地方化"(re-localization)[64],虽然"乡土社会"的地理边界犹在,但是随着各种理念、传媒、游客的进入,遗产的原生性自我表达已经被淡化和自我淡出,甚至被外来的管理者和资本运营者所取代。文化遗产保护和开发实践似乎更偏向于认为遗产的附加值(如经济效益)比历史和过去本身更为重要。我们如此强调屯堡地戏的独特文化,是因为地戏是基于那个特殊的文化土壤而产生的，地戏表演时所具有的灵验性也只有在那个文化土壤的某个具体时间点才会被文化主体所认同。然而，经历了"遗产化"实践的保护与开发后，屯堡村落成了观赏的景区，原先由乡土纽带连贯起来的地方，逐渐变成了被剥离原生纽带的"非地方"（no-place）。

迈克尔·迪·焦维内（Michael Di Giovine）提出，遗产地从理论上来说应该是独特的，有自己特有的地方文化叙述，能表达地方的独特历史记忆和多元的文化景观。然而，当文化成为"遗产"时，当地的性质和行动方式便发生了改变，反而成了一个"被制造的地方"（made place）。遗产通过遗产的名录认定以后，便与其他的文化遗产并置一堂，形成了一个特殊的"世界秩序"，不同的地方开始分享共同的身份、特殊性、行动方案，并且互相学习，超越传统的边界理念，形成了一种所谓的"世界遗产景观"（world heritage-scape）[65]。实际上，这是一种地方营造（place-making），按照安东尼·吉登斯（Anthony Giddens）的说法，即使用"脱域"（disembedding）[66]的方法，将社会关系从地方语境中抽离出来，打破时空的限度进行了重新的建构。

"遗产体系"是为了珍视遗产的地方独特性和文化传统意义而进行的遴选方案，但却背离地成为地方制造和现代化的手段。就像联合国教科文组织用"遗产"来倡导地方价值，却导致地方变成被制造的新世界体系的一个均质性的结点[67]。为了满足现代人的需求，飞速蹿升的旅游地也在飞速地解构、碎片化、同质化，将地方独特的历史、遗产用现代化的手段包装起来，用其形而去其实，将有意义的地方变成了脱离地方意义的"非地方"。而这种"遗产化"的过程，其实就是将地戏本身解构再重构的过程，是将地戏从其托生土壤中剥离的过程，是一种"遗产制造"的过程。而人们最初的期望，则是将其完整、真实地记录和保护下来，但事与愿违，在旅游时代被作为商品而过度开发的地戏遗产，在急功近利的开发过程中，产生了诸多新情况和新困境。这种恶性的开发，一定程度上破坏了地戏遗产的真实性。这是"遗产化"过程中一个悲哀的事实。

（二）内涵变异论及真实性思考

然而，"真实性"就意味着遗产本身是一成不变的吗？就意味着保留所有的"旧"的元素吗？必然不是。没有一成不变的事物，非物质文化遗产更是如此。它作为一种无形的、活态的遗产，是时时刻刻处于变化之中的。而安顺地戏的宣传语类似 "活化石" "回到六百年前" 等等，难道不是对遗产本身变迁的一种抹灭吗？从地戏的 "遗产化" 变迁过程看，地戏原是屯堡传统社会中保一方平安的 "娱神" 活动，只在每年的春节和中元节才举行仪式，但是现在变成只要客人有需求就可以展演，开箱、封箱仪式也被去除。神圣的仪式由 "娱神" 的节庆礼仪变成了 "娱人" 的纯商业性质的展演。这种商业性质的展演就忽略了地戏本身所承载着的集体历史记忆的文化内涵，而使得这种文化的形式变成了一种空的符号，它的表演意义早就改变了，只是文化建构者自身的文化观的投影。

　　针对有学者提出的 "屯堡人正在自己消解着那些弥足珍贵的文化传统，将原本神圣的仪式、原本美好的历史性记忆带入了世俗的泥淖"[68] 的看法，我们不禁要思考：我们对非物质文化遗产的保护，究竟是在完整地保留其形式，还是在保护贯穿其始终的一种集体记忆？地戏遗产的真实性，究竟有没有在 "遗产化" 的过程中湮灭？劳拉简·史密斯（Laurajane Smith）提出遗产产生的真正意义并不在于遗产物本身，而是在于其身上所体现和传递的族群的 "记忆与知识" 及其所具有的 "应用、重塑和再创那些记忆与知识" 的能力，这不仅使人们能够理解我们是谁，并且更重要的是使人们意识到自己 "想成为谁"。[69] 同样的，对地戏而言，除去那些被迫的、急功近利的变迁外，其他的 "遗产化" 过程是被遗产传承人所默许，甚至是支持推进的。这种自发自觉的选择，我们又有什么权力指责呢？遗产的传承主体所接受的变迁和记忆重构，对于遗产本身的改造，似乎也成了合情合理的存在。彭兆荣认为，文化传承在具体的实践中主要遵循自主、自觉、自动原则[70]，被传承主体以自觉的方式所认同的文化对象和形式，他人无权置喙。

　　文化始终是和社会背景相契合的，在不断流动、变化，地戏文化中某些元素的变迁是极其正常的现象。文化遗产有属于自己的 "生命史"，传承必然存在改造，遗产本身的建构就是随着时代的改变而进行的。在古代，为了区分自我与周边的少数民族，体现自己存在的价值和优越感以绵延自己的族群，屯堡社会的人们就通过地戏不断地强化和建构了自己的集体历史记忆。在现代，地戏也随着现代化经济的冲击而进行着自我的抢救和保护。或许有诸多的问题和难以解决的尴尬，但是这也是社会历史背景所决定的，绝不能归于人为的错误举动，也不应一味强调现代化的再地方化对传统文化的改变。因为我们是站在现在的立场上去思考传统的文化问题。汤因比在"历史、科学和虚构"的名下讨论过以三种方法来观察和表现研究对象：一是"考核和记录'事实'"；二是"通过已确立了的事实的比较研究来阐明一些一般的'法则'"；三是"通过'虚构'的形式把事实来一次艺术的再创造"。[71] 我们认为，就屯堡人群而论，历史遗产的"真实性"表现为这个民族或是族群对特定历史事件的记忆和选择。

人类学家萨林斯（Marshall Sahlins）在《历史的隐喻与神话的现实》（*Historical Metaphors and Mythical Realities*）中以夏威夷土著神话与库克船长的历史事件的结构关系为例打破了"想象和事实""神话和现实"之间貌离神合的认知界限，在神话与现实、主观与客观、分类与整合的内部关系结构中再生产出超越简单追求"历史事实"的"诗性逻辑"（poetic logic）[72]，以这样的逻辑去看待地戏的"遗产化"，我们甚至可以得到这样的认识：无论人们对安顺地戏"遗产化"后的真实性存疑多少，当屯堡人参加地戏演出时，都不影响人们对地戏"灵验性"的相信。

地戏若要"不死"，必然经过"遗产化"的重构。我们尊重它的生命力和活态。在今天全球化及经济一体化的历史语境中，遗产本身的内容难免会产生一定程度的改变，因此，地戏遗产需要进行重新的阐释、认知。纵览全文，即使承认了"非遗"活态发展的可能，但仍需要注意一个前提，即保护非物质文化遗产的整体性、地方性、原生纽带性是应对变化、延续遗产生命的不变之本。首先是文化遗产的地方性。遗产具有它的整体性和归属性，安顺地戏的归属性表达是对于屯堡当地地方仪式"空间"的认知，其认知的范围就是当地。地戏应该先是一个地理的概念，再是一种"文化地图"的概念。它呈现了当地人的精神和文化，蕴含了他们的记忆、愿望、焦虑和诉说。其次是文化遗产首要表达的是一种原生的纽带（primordial tie）。地戏是属于屯堡这一特殊人群的。这个人群共同体的内部形成了一个相互联系的纽带。中国乡民社会的地方性遗产，其边界可以借用费孝通的"大家庭—社群"来设定。而当一个遗产地成为旅游景区、景点的时候，这种地方性的内部整体性、以家族和地方社群为连接的纽带却往往会遭到破坏。[73] 我们并非认为遗产地不能开发为旅游景区，而是认为开发的过程中往往忽略继而破坏了遗产得以生存的地方纽带。这正是我们在天龙屯堡、苗岭屯堡看到的现象。

　　因此，在"遗产化"实践中，以地戏为代表的非物质文化遗产，凝结着文化传承主体的集体记忆、情感的变迁与新时空背景下的不断选择，本质上是活态传承的。"遗产—旅游—消费—管理"博弈之间如何取得平衡，最关键的还是人的主体性，而这个主体只能是具有文化自觉的村民。这一点显然是缺失的，于是类似屯堡地戏这样的遗产项目，并不是简单地保留其形式的完整性和"旧文化"的完全复制，而是尊重、保护其不断延续、创新、发展的生命力和原生纽带，将话语权还给地戏主体。

注　释

[1] 彭兆荣：《以屯堡文化及地戏为例论文化遗产传承中的生养制度》，载李建军编著：《屯堡文化研究》，北京：社会科学文献出版社，2012 年，第 357 页。

[2] 安顺市文化局：《图像人类学视野中的贵州安顺屯堡》，贵州：贵州人民出版社，2002 年，第 223 页。

[3] 中华人民共和国文化部官网，《第一批国家非物质文化遗产名录推荐项目名单公示》，http://wcm.mcprc.gov.cn/pub/whsc/sy/yw/ywzhyw/201105/t20110520_94254.htm，2014 年 11 月 14 日访问。

[4] 刘祖宪主修：《道光安平县志》卷五《风土志》，贵州：贵州人民出版社，2006 年影印本。

[5] 吴晓萍：《现代化背景下贵州高原屯堡后裔与当地少数民族关系的演变研究》，成都：西南交通大学出版社，2014 年，第 55 页。

[6] 安顺市文化局：《图像人类学视野中的贵州安顺屯堡》，第 197 页。

[7] 何平：《贵州安顺地戏》，《戏剧艺术》，1983 年第 3 期，第 105—108 页；徐新建：《安顺"地戏"与傩文化研究》，《贵州社会科学》，1989 年第 8 期；陈玉平、伍强力：《马路乡燕旗村地戏调查》，《民俗研究》，1998 年第 2 期；庹修明：《屯堡地戏的文化变迁与保护开发》，《文化遗产》，2009 年第 1 期，第 30—37 页；王秋桂、沈福馨：《贵州安顺地戏调查报告集》，财团法人施合郑民俗文化基金会，1994 年。

[8] 罗屿：《安顺屯堡地戏亟待正名，"戏剧活化石"600 年后遭遇尴尬》，《小康》，2001 年第 11 期，第 97 页。

[9] 艾哈迈德·斯昆惕：《非物质文化遗产及其遗产化反思》，马千里译，《民族文学研究》，2017 年第 35 卷第 4 期，第 55—62 页。

[10] Mimi Li, Bihu Wu, Liping Cai, "Tourism Development of World Heritage Sites in China: A Geographic Perspective," *Tourism Management*, vol. 29, 2008, pp. 308–319.

[11] Jan van der Borg, Paolo Costa, Giuseppe Gotti, "Tourism in European Heritage Cities," *Annals of Tourism Research*, vol. 23, no. 2, 1996, pp. 306–321.

[12] Antonio Paolo Russo, "The 'Vicious Circle' of Tourism Development in Heritage Cities," *Annals of Tourism Research*, vol. 29, no.1, 2002, pp.165–182.

[13] 联合国教科文组织世界遗产中心、国际古迹遗址理事会、国际文物保护与修复研究中心、中国国家文物局：《国际文化遗产保护文件选编》，北京：文物出版社，2007年。

[14] 拉尔森、恩纳尔等编写组：《关于世界遗产公约中真实性的奈良会议》(Larsen, Knut Einar, *Conference de Nara l'authenticite dans le cadre de la Convention du Patrimoine Mondial*)，联合国教科文组织世界遗产中心学报、日本文化部、国际文物保护与修复研究中心、国际古迹遗址理事会，1994年。

[15]《真实性与检测，1995年10月17—22日》，捷克共和国契斯基库伦隆，欧洲国际古迹遗址理事会大会，1995年。

[16]《泛美洲联盟关于文化遗产保护和管理中真实性的座谈会》，国际古迹遗址理事会，美国得克萨斯州圣安东尼盖蒂保护研究所，1996年。

[17] 萨乌马-福雷罗，加利亚编辑：《非洲文化背景下遗产保护的真实性和完整性：大津巴布韦专家会议》，2000年5月26—29日，巴黎联合国教科文组织世界遗产中心，2001年。

[18] 联合国教科文组织：《保护世界文化和自然遗产公约》(*Convention Concerning the Protection of the World Cultural and Natural Heritage*)，联合国教科文组织第十七届会议，1972年。

[19] 保护世界文化和自然遗产的政府间委员会：《实施〈保护世界文化和自然遗产公约〉操作指南》第81、836条，联合国教科文组织世界遗产中心，2005年。

[20]《关于文化遗产相关真实性和历史重建问题的里加宪章》，联合国教科文组织世界遗产中心拉脱维亚委员会、国际文化遗产保护与修复研究中心，2000年。

[21] 因切尔蒂·梅迪奇，埃莱娜等：《关于文化遗产相关真实性和历史重建问题的会议总结报告》，巴黎联合国教科文组织世界遗产中心、罗马国际遗产理事会，2001年。

[22] Alexandros Apostolakis, "The Convergence Process in Heritage Tourism," *Annals of Tourism Research*, vol. 30, no. 4, 2003, pp. 795–812.

[23] Deepak Chhabra, Robert Healy, Erin Sills, "Staged Authenticity and Heritage Tourism," *Annals of Tourism Research*, vol. 30, no. 3, 2003, pp. 702–719.

[24] 徐嵩龄：《遗产原真性·旅游者价值观偏好·遗产旅游原真性》，《旅游学刊》，2008年第4期。

[25] 张成渝：《国内外世界遗产原真性与完整性研究综述》，《东南文化》，2010年第4期，第30—37页。

[26] 张朝枝、马凌、王晓晓：《符号化的"原真"与遗产地商业化》，《旅游科学》，2008年第8期。

[27] 张定贵：《原生态的"言旨话"与屯堡人的历史记忆》，第九届人类学高级论坛暨首届原生态民族文化高峰论坛论文，2010年，第253—254页。

[28] 王明珂：《历史事实、历史记忆与历史心性》，《历史研究》，2001年第5期。

[29] 卢百可：《屯堡人：起源、记忆、生存在中国的边疆》，中央民族大学博士学位论文，2010年，第1页。

[30] 葛荣玲：《祖说与族说：边陲汉人亚群体集团的身份界说与认同形塑》，《中央民族大学学报》，2014年第4期。

[31] 史利平、柳翔浩：《论屯堡记忆与屯堡人构建》，《中央民族大学学报》，2013年第6期。

[32] 朱伟华：《汉民族的特殊族群》，《中华遗产》，2007年第4期。

[33] 黄淑娉、龚佩华：《文化人类学理论方法研究》，广州：广东高等教育出版社，1996年，第212页。

[34] 骆建建、马海逶：《斯图尔德及其文化生态学理论》，《文山师范高等专科学校学报》，2005年第2期。

[35] 汤因比：《文明经受着考验》，沈辉等译，杭州：浙江人民出版社，1988年。

[36] Pierre Bourdieu, *Outline of a Theory of Practice*. Cambridge: Cambridge University Press,1977, pp.16–18.

[37] 周丽洁：《非物质文化遗产与文化重构：以发展旅游背景下的湘西地区为例》，《求索》，2010

年第 4 期。

[38] 龙运荣:《近十年来我国少数民族非物质文化遗产研究评述》,《贵州师范大学学报》,2012 年
　　　第 1 期。

[39] 赵杨:《近年来我国民族文化资源保护问题研究综述》,《中南民族大学学报》,2005 年第 2 期。

[40] 地图依据谷歌原图制作,来源 http://www.google.cn/maps/place/106.1445046,14z/。

[41] 访谈时间:2015 年 3 月 8 日;访谈地点:贵州省安顺市吉昌屯汪公庙内;采访者:张一丹;
　　　受访者:汪公仪仗队老人。

[42] 访谈时间:2015 年 3 月 7 日;访谈地点:贵州省安顺市吉昌屯胡艳珍家中;采访者:张一丹;
　　　受访者:胡艳珍。

[43] 访谈时间:2015 年 3 月 9 日;访谈地点:贵州省安顺市苗岭屯堡;采访者:张一丹;受访者:
　　　二炮村村民。

[44] 访谈时间:2015 年 9 月 2 日;访谈地点:贵州省安顺市蔡官屯村委会;采访者:张一丹;受
　　　访者:封忠刚。

[45] 访谈时间:2015 年 8 月 27 日;访谈地点:贵州省安顺市吉昌屯;采访者:张一丹、邹思媛、
　　　郭郑瑞、许禄;受访者:田忠。

[46] 访谈时间:2015 年 8 月 27 日;访谈地点:贵州省安顺市吉昌屯;采访者:张一丹、邹思媛、
　　　郭郑瑞、许禄;受访者:田忠。

[47] 访谈时间:2015 年 8 月 28 日;访谈地点:贵州省安顺市吉昌屯胡俊华家中;采访者:张一丹、
　　　邹思媛、郭郑瑞、许禄;受访者:胡俊华。

[48] 访谈时间:2015 年 9 月 2 日;访谈地点:贵州省安顺市蔡官屯村委会;采访者:张一丹;受
　　　访者:封忠刚。

[49] 访谈时间:2015 年 8 月 27 日;访谈地点:贵州省安顺市吉昌屯;采访者:张一丹、邹思媛、
　　　郭郑瑞、许禄;受访者:田忠。

[50] 访谈时间:2015 年 8 月 28 日;访谈地点:贵州省安顺市吉昌屯胡俊华家中;采访者:张一丹、
　　　邹思媛、郭郑瑞、许禄;受访者:胡俊华。

[51] 访谈时间:2015 年 8 月 28 日;访谈地点:贵州省安顺市吉昌屯胡德全家中;采访者:张一丹、
　　　邹思媛、郭郑瑞、许禄;受访者:胡德全。

[52] 访谈时间:2015 年 8 月 27 日;访谈地点:贵州省安顺市吉昌屯;采访者:张一丹、邹思媛、
　　　郭郑瑞、许禄;受访者:田忠。

[53] 访谈时间:2015 年 9 月 1 日;访谈地点:贵州省安顺市;采访者:张一丹、邹思媛、郭郑瑞、
　　　许禄、赵一;受访者:刘洋。

[54] 访谈时间:2015 年 3 月 9 日;访谈地点:贵州省安顺市天龙屯堡;采访者:张一丹、邹思媛、
　　　郭郑瑞、许禄、赵一;受访者:天龙屯堡某工作人员。

[55] 访谈时间:2015 年 8 月 27 日;访谈地点:贵州省安顺市吉昌屯;采访者:张一丹、邹思媛、
　　　郭郑瑞、许禄;受访者:田忠。

[56] 访谈时间:2015 年 8 月 29 日;访谈地点:贵州省安顺市吉昌屯女子地戏队队员家中;采访者:
　　　郭郑瑞、许禄;受访者:女子地戏队队员。

[57] 访谈时间:2015 年 3 月 7 日;访谈地点:贵州省安顺市吉昌屯胡艳珍家中;采访者:张一丹;
　　　受访者:胡艳珍。

[58] 访谈时间:2015 年 8 月 28 日;访谈地点:贵州省安顺市吉昌屯胡德全家中;采访者:张一丹、
　　　邹思媛、郭郑瑞、许禄;受访者:胡德全、胡贵娥。

[59] 访谈时间:2015 年 8 月 28 日;访谈地点:贵州省安顺市吉昌屯胡德全家中;采访者:张一丹、
　　　邹思媛、郭郑瑞、许禄;受访者:胡德全、胡贵娥。

[60] 访谈时间:2015 年 9 月 1 日;访谈地点:贵州省安顺市;采访者:张一丹、邹思媛、郭郑瑞、

许禄、赵一；受访者：刘洋。

[61] 访谈时间：2015 年 8 月 28 日；访谈地点：贵州省安顺市吉昌屯胡德全家中；采访者：张一丹、邹思媛、郭郑瑞、许禄；受访者：胡德全、胡贵娥。

[62] 访谈时间：2015 年 8 月 28 日；访谈地点：贵州省安顺市吉昌屯石主任家中；采访者：张一丹、邹思媛、郭郑瑞、许禄；受访者：石主任。

[63] 访谈时间：2015 年 8 月 28 日；访谈地点：贵州省安顺市吉昌屯石主任家中；采访者：张一丹、邹思媛、郭郑瑞、许禄；受访者：石主任。

[64] 彭兆荣：《人类遗产与家园生态》，《思想战线》，2005 年第 6 期。

[65] 访谈时间：2015 年 8 月 28 日；访谈地点：贵州省安顺市吉昌屯石主任家中；采访者：张一丹、邹思媛、郭郑瑞、许禄；受访者：石主任。

[66] 访谈时间：2015 年 9 月 1 日；访谈地点：贵州省安顺市帅学剑家中；采访者：张一丹、邹思媛、郭郑瑞、许禄、赵一；受访者：帅学剑。

[67] Alism J. McIntosh and Richard C. Prentice, "Affirming Authenticity: Consuming Cultural Heritage," *Annals of Tourism Research*, 1999, vol. 26, no. 3, pp. 589–612. Gordon Waitt, "Consuming Heritage: Perceived Historical Authenticity," *Annals of Tourism Research*, 2000, vol. 27, no. 4, pp. 835–862.

[68] 卢百可：《屯堡人：起源、记忆、生存在中国的边疆》，第 1 页。

[69] 彭兆荣：《人类遗产与家园生态》，《思想战线》，2005 年第 6 期。

[70] 埃里克·霍布斯鲍姆、特伦斯·兰格：《传统的发明》，顾航、庞冠群译，南京：译林出版社，2004 年。

[71] 吴晓萍：《屯堡重塑》，贵州：贵州民族出版社，2007 年，第 8 页。

[72] 彭兆荣、李青霞：《论遗产的原生形态与文化地图》，《文艺研究》，2007 年第 2 期。

[73] Michael A. Di Giovine , *The Heritage-scape , UNOSCO, World Heritage, and Tourism*, Lanham: Lexington Books, 2009, p. 70.

[74] Anthony Giddens, *The Consequences of Modernity*, Stanford: Stanford University Press, 1990, p. 21.

[75] 葛荣玲：《景观的生产：一个西南屯堡村落旅游开发的十年》，北京：北京大学出版社，2014 年，第 214 页。

[76] 汤欣烨、龚霓：《操守与变迁——贵州安顺地区"屯堡人"文化及文化嬗变表征的人类学考察》，《贵州民族学院学报》，2009 年第 6 期。

[77] Laurajane Smith , *Uses of Heritage*, London & New York : Routledge, 2006, p. 17.

[78] 彭兆荣：《以屯堡文化及地戏为例论文化遗产传承中的生养制度》，载李建军编著：《屯堡文化研究》，第 357 页。

[79] 汤因比：《历史研究》，曹未风等译，上海：上海人民出版社，1986 年，第 54 页。

[80] Marshall Sahlins, *Historical Metaphors and Mythical Realities*, Ann Arbor: The University of Michigan Press, 1981, pp. 10–11.

[81] 彭兆荣、林雅嫦：《遗产的解释》，《贵州社会科学》，2008 年第 2 期。

传统大家族建筑空间的一次实质性形变
——以仙居县高迁村慎德堂为例

庞乾奎 *

摘要： 近年来，传统村落保护已经成为热潮。保护对象之所以需要保护是因为其处于衰退状态，了解它们衰退的原因才能从根本上解决问题。本文运用公众史学"在场的历史学"研究方法，通过对仙居县高迁村慎德堂进行历史分析与现场调研，认为随着政治、经济等因素影响，社会结构的小户化所导致的传统建筑空间的"实质碎片化"，是传统建筑空间的一次重要衰退和形变。这为传统建筑保护规划提供了新视角。

关键词： 仙居高迁；传统建筑；慎德堂；"在场的历史学"；空间形变

引　言

仙居传统村落高迁村，以"高迁十三堂"闻名遐迩。所谓"高迁十三堂"，是指高迁村有着十三座台州传统民居"三透九门堂"。而"三透九门堂"原本意指建筑有三进门堂，每进厅堂有正门、东西两厢旁门共三门，三进则为九门。后又随着历史发展，"三透九门堂"又延伸为指门多、透气性强的建筑形式。"三透九门堂"建筑形制在仙居被人们广泛采用，成为当地人积极适应自然的象征。

"高迁十三堂"的建造者是吴氏家族。关于高迁吴氏起源，据《吴氏宗谱》记载："高迁村祖根无锡梅村，源于五代（梁）银青光禄大夫吴全智。高迁古村

---

* 庞乾奎：浙江工业大学之江学院，高级工程师，国家注册城市规划师。

由外来的达官显贵吴氏、元末怀远将军吴熟（公元 1326—1378 年）及其子孙后代于公元 1350—1900 年间相继开拓建造而成。"[1] 吴氏选址营建于高迁，命名为"高迁"，寓意"步步高升"，从此子孙在此繁衍生息。吴氏迁入高迁后，耕读传家，注重对子孙的教育，培养出诸如载入《明史》的名臣吴时来等。

在高迁十三堂传统建筑群中，慎德堂为其重要代表。慎德堂古朴典雅，文化气息浓厚。在慎德堂的正堂上悬着以官衔为名的"中书第"牌匾，匾的左边写着"龙飞光绪三十四岁次戊申端月吉旦 吴绍言"，匾的右边写着"钦命浙江等承宣布政使司"。也就是说，慎德堂家族的吴绍言曾被任命为浙江承宣布政使司。这也是慎德堂曾经辉煌的见证。

笔者通过对现慎德堂的产权继承人之一吴建访谈得知，慎德堂现在仅住着三位老人，其他人大多搬了出去，但其产权归属至少涉及二三十人。这整体单一的建筑空间是如何与众多产权的社会结构产生对应关系的，颇值得考究。

一、慎德堂传统空间形态概述

布罗代尔在总结法兰西乡村社会形态时，将其划分为：胞核型家庭、专制型家庭和宗法制家庭。[2] 中国传统乡村社会形态与最后者最为符合，是以家族为单位的宗法制村落，构成了"家族—房头"的宗族村落。这一社会形态直接导致了四合院等传统建筑的空间形态，在仙居则表现为三透九门堂的建筑类型。

慎德堂是典型的三透九门堂建筑类型，属三进二明堂的前厅带后堂、天井的格局，由入口、前院、正堂、中院、后堂、后院构成（如图 1）。这种封闭内向的建筑类型，适应了小一统的家族制生产生活需要，并形成了以家族为主体的传统村落社会形态和规模化传统建筑产权结构。

慎德堂分前后三进，第一进为门厅，大门内为前院，天井左右为东西厢房，过天井为二进正堂（厅），穿过正堂两侧游廊可至中院，过中院为三进后堂，再过游廊为后院。西厢房外侧另有南北天井各一。从总体布局来看，慎德堂采用的是官式建筑形制，整体格局中轴对称，西北侧加以辅房堆放杂物等。前厅为客厅，用以接待客人的到来；正堂用以会客，属主人家居生活公共空间；

后堂为主人家居生活私密空间；后院则为主人休闲花园。此外，两横两纵式游廊将正堂、后堂、东西厢房、西偏房等贯连在一起，形成三进四合院中轴对称布局的"三透九门堂"格局。

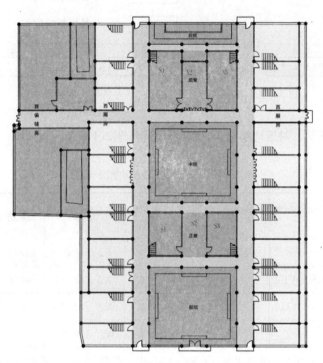

图 1　慎德堂一层平面图。图片来源：作者自绘

　　在装饰上，慎德堂相对朴素简洁，建筑柱头、梁端、枋底等大木构件为装饰重点，斗拱、雀替、栱板等处雕刻也较多。整体而言，木雕装饰题材种类丰富多彩、线条流畅、雕花细致、工艺精湛；石雕以柱础、门框、窗户、檐头、马头墙等为重点，雕饰精美但简洁朴素。

　　慎德堂的空间布局及细部设计注重的"不是静态的对象、实体、外貌，而是对象的内在功能、结构、关系，而这种功能、结构、关系，归根到底又来自和被决定于动态的生命"[3]。慎德堂在空间布局上，不仅将主人的社会活动空间与私密空间合理地划分开来，而且继承了儒家尊卑有序、"左为上，左为贵"的传统，左边为长子居住。据吴建讲述，慎德堂由吴氏第 30 代吴树凤和第 31

代吴熙河建造而成，在他们过世后，由他们的后代吴培桓、吴培亨、吴培根三人居住。（人物关系见图 2）

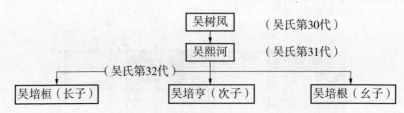

图 2　吴氏族谱 -1。资料来源：作者根据吴氏家谱自绘

根据采访，对慎德堂第 32 代分房情况整理如下表 1：

表 1　慎德堂第 32 代分房情况一览表

序号	房号	房主	面积 / m²	序号	房号	房主	面积 / m²
1	E1—E11	吴培桓	321	4	S2（前堂）	公用	30
2	N1,N2,W1'	吴培亨	140	5	N2（后堂）	公用	30
3	W1—W11	吴培根	322	6	W2'（茅房）	公用	25
				7	W3'（堆柴）	公用	96

注：采访人：吴建，联系电话：139XXXX0491。慎德堂一层建筑面积合计为 954 平方米，两层合计总建筑面积为 1542 平方米，占地 1292 平方米。吴培桓为大房，吴培亨为二房，吴培根为三房。

由表 1 可知，吴氏第 32 代"培"字辈的长子吴培桓居于东部，次子吴培亨居于中部，幺子吴培根居于西部。

慎德堂在吴氏第 32 代时有三户居住，由三个核心家庭（核心家庭指一对夫妇及其未婚子女）组成一个大家庭，共同占据了慎德堂的建筑空间。他们在慎德堂的建筑空间里度过自己的一生，接着由下一代继承。吴氏家族的族长依据继承制度，将慎德堂的私有居住空间分配给族人。值得注意的是，"住房作为最重要的财产是如何传承的。在古代中国，财产的最小单位是家庭，原则上不承认私人财产。一个成年男子只有等到婚娶组建家庭并分户立证，才有资格获取财产"[4]。所以，慎德堂此时的产权并不属于居住其中的这些人，而是掌握在族长手中。

二、慎德堂社会结构小户化

中国的族权体系由商周至春秋时期的宗法制转变为魏晋至唐朝的世代大族制，宋代以后，转变为族权制，族长对家族有控制权。在中国的族权体系下，族长或家长对家族内的财产拥有支配权，作为家庭成员的其他人则没有任何的财产权。

近代以后，封建族权制度走向衰落。"民国政府订立的资产阶级性质的法律体现了民主、自由、平等的原则，废除了封建家长的特权。一些开风气之先的家族顺应时代的精神，开始仿照西方的民主政体对封建家族制度进行改良。"[5]高迁村虽然远离政治中心，但是亦不可避免地受到当时解放思潮的影响，慎德堂是否出现产权归个人所有的情况，还需进一步论证。

进入现当代之后，尽管宗族制仍保留着统一的村口空间形式，但村落组织已经演化为以有独立产权的核心家庭为主的社会形态。慎德堂的社会结构很好地说明了这一演化趋势。

自吴树凤、吴熙河创建慎德堂直至新中国成立前，其后人一直以大家庭形式聚居于慎德堂，产权归属于吴氏族长。但新中国成立后，在慎德堂的建筑空间内，大家庭逐渐分化为小家庭。据访谈口述，慎德堂在当代至少已经分化为16户，见表2：

表2　慎德堂现今（第42代）产权情况表

序号	房号	房主	面积/m²	序号	房号	房主	面积/m²
1	E1、E2	村集体	65	11	W1、N1	吴志雄	63
2	E3、N3	吴友君	54	12	W2	吴燕山	22

续表

序号	房号	房主	面积/m²	序号	房号	房主	面积/m²
3	E5	吴莱君	30	13	W3	吴焕明	16
4	E4，E6	朱炳年	54	14	W4—W6	吴相路	86
5	E7	郑彭年	25	15	W7，S1	吴素花	49
6	E8，E9，S3	吴秀珍	73	16	W8	吴林川	25
7	E10	李卫明	28	17	W9—W11	吴焕崇	81
8	E11	吴焕厅	22	18	W1'（猪舍）	公用	80
9	N2（后堂）	公用	30	19	W2'（茅房）	公用	25
10	S2（前堂）	公用	30	20	W3'（堆柴）	公用	96

注：采访人：吴建，联系电话：139XXXX0491。合计一层建筑面积为954平方米。吴建为吴相路幺子，共兄弟姐妹3人，产权未分。人物关系以吴建为中心，吴建与吴林川、吴焕崇、吴锡可为吴氏第32代三房吴培根祖后裔。吴素花为吴建大伯女儿。

根据表2可以看出，慎德堂现在的产权情况较为复杂。不只现今与吴建同一辈分的吴友君、吴燕山、吴莱君、吴秀珍有产权，吴建的下一辈或者上一辈，吴志雄、吴焕明也有产权，吴建的父亲也在现今的产权人之列。而吴林川、吴建、吴焕崇、吴锡可暂时没有产权。见图3：

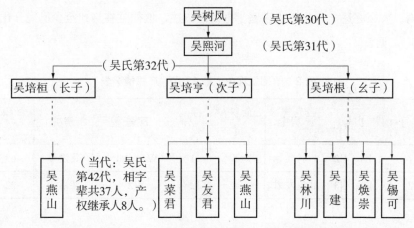

图3　吴氏族谱-2。资料来源：作者根据吴氏家谱自绘

　　值得注意的是，在宗族制家庭到核心家庭的演化过程中，产权转移并非通过单一的继承途径实现的，房产也会通过转赠、1952 年的土地改革等形式转移到外姓人手中，见表 3。这些外姓人家的进入进一步对吴氏的传统宗族生活进行了分解。

表 3　外姓人进入慎德堂的情况

外姓人名	进入慎德堂的情况
李卫明	李卫明的父亲李金花是抗日战争时期的游击队队长，山区徐山人，曾就读于黄埔军校第五期，于土地改革时期进入慎德堂。
朱炳年	朱炳年的父亲是新中国成立初期全村六个党员之一，于土地改革时期进入慎德堂。
郑彭年	郑彭年，民国时曾居高迁山区，土地改革时期住进慎德堂。

　　通过对吴建的访谈得知，除了吴氏家族的后人，其他进入慎德堂的人也对慎德堂的产权进行了转赠，如朱炳年转业到厦门后让他姑姑的后代管房子，使得慎德堂的产权更为复杂。

　　总结了上述复杂的产权关系后，粗略估计慎德堂产权所有人至少有十六户，如果涉及个人的话，可能多达二三十人。由慎德堂产权的复杂性可知，随着代际分化和小户化的出现，原先宗族制乡绅家庭已经被核心小户家庭所替代。而核心小户家庭的出现，必然使得原有空间被分配给每一户小家庭。

　　上述所展现的仅仅是众多传统建筑空间社会结构演化中的一例，在传统建筑社会空间演化的历史长河中，这样的例子还有很多。土地改革等历史事件也都在改变着传统村落的社会结构形态，这就使得作为物质载体的传统建筑时刻经历着空间组织重构的洗礼。随之而来的是，建筑空间的功能也开始重新建构。宗族制时期一般不具有居住功能的空间，如角房，也开始用于居住；每家每户的建筑空间功能进一步综合化，生活生产功能都被整合进小小的空间中。如图 4：

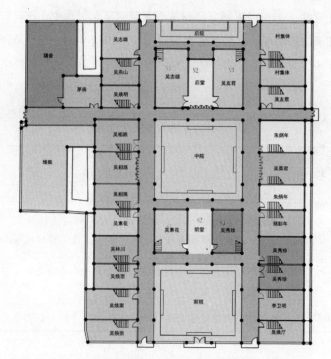

图 4 慎德堂建筑空间使用示意图。图片来源：作者自绘

　　由此可看出，重大的历史事件已经成为慎德堂历史建筑的内在分化动力，这势必影响到表面上仍是整体的慎德堂内部空间的碎片化构成。

三、传统村落的建筑空间碎片化

　　随着近代社会形态从宗族制家庭到核心家庭的进一步演化，慎德堂经历了建筑产权的整体性变迁，整体合一的宗族制家庭产权瓦解为小户化核心家庭产权，从而掏空了慎德堂作为"三透九门堂"传统建筑的内在社会结构。随之而来的影响便是建筑实体空间构成也碎片化为各户私有的以"间"为单位的建筑空间，原先大宅院的门厅、过廊等随之演变为半公共半私有的空间。以慎德堂建筑空间功能使用示意图（图4）为例可以看出，这些物质性建筑空间的碎片化主要表现在三方面：

　　首先，宗族制家庭是将传统建筑作为一个整体进行功能组织的。这时的传统建筑空间构成呈现为以层为单位的竖向空间结构，一层和二层之间系统设置楼梯，布置不同房间的使用功能。尽管房间之间有墙体隔离，但在实质上仍然是统一的，因此其建筑形态是个统一的整体。不同楼层之间、门厅与厢房、厨房与后院、过廊与楼梯、院落与天井及排水系统构成了一个联系内部不同功能空间的有机整体。随着宗族制家庭分化为核心家庭而实现小户化，建筑空间构成呈现为每户所占的以"间"为单位的水平空间结构，每一户会独立考虑一层与二层之间的功能使用和联系通道，因此户与户之间的墙体具有了真正的隔离意义。前者整体的空间形态具有传统性意义（如图5），而后者分化的空间形态具有现代性意义（如图6），由现代建筑多米诺体系的建筑空间构成其本质。

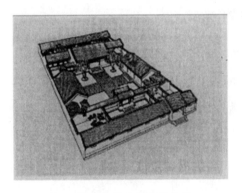

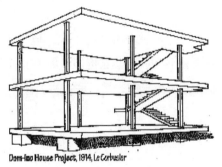

图5　中国传统建筑院落空间。　　　图6　现代建筑多米诺体系。
图片来源:《中国古代建筑史》　　　图片来源:《勒·柯布西耶全集》

　　其次，这种建筑空间的碎片化涉及每个核心家庭内部空间的功能建构。对核心家庭来讲，空间即使不足，也要功能齐全，这就是所谓的"麻雀虽小，五脏俱全"。每一个核心家庭都要求有灶台、卧室、卫生间和交通通道等。因此，每一个核心家庭将在有限的几个"房间"空间内进行功能建构，每家每户都会根据自身要求组织楼梯等功能空间，这体现了核心家庭空间的独立性。图7是对吴莱君家的简单图示。吴莱君家在慎德堂第二进东厢房，内集做饭、用餐、睡眠、存放杂物等功能于一室，这些功能足够满足一户核心家庭的日常生活。

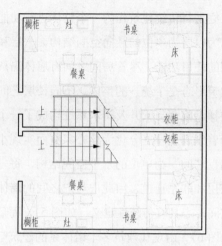

图 7　吴菜君家布局示意图。
图片来源：作者自绘

　　吴秀珍家虽有三处产权，但主居第一进东厢房：一层摆放有灶台、橱柜、餐桌、书桌、床、衣柜等，集中了所有的功能空间；二层堆放杂物，一字形楼梯布置于最里面，用于联系楼上楼下。见图 8：

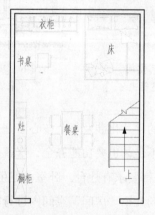

图 8　吴秀珍家布局示意图。
图片来源：作者自绘

　　最后，与整体宅院和私有空间相对应的，是宗族制家庭分化为核心家庭后，出现了半公共半私有的空间。这些公共空间不同于高迁村落的街巷广场等公共空间，厅堂和过道在产权上和重要红白喜事的功能使用上仍然属于合院所有人，在平时管理上谁都可以进入走动，而且夜间也不上锁。这些空间包括用以祭祀祖先的堂屋、屋檐下联系各房间的门厅、过廊、院落、天井等。无论是理论上还是现实中，几乎任何人都可以自由进出这些空间，在产权上仍然归慎德堂产权所有人共有，并不归某一家庭单独所有。因此，社会结构演化后的传统建筑，既具有私有性特征，也具有公共性特征。

由此可见，尽管慎德堂在整体上仍然属于"三透九门堂"的建筑形制，但在经历了从整体宅院到核心家庭空间的碎片化，以及半公共半私有空间出现等过程，实质上已经形变为现代性空间形制，从而呈现出某些特有的现代性特征，其包括：（1）建筑空间功能综合化，要求在有限空间内实现核心家庭的所有功能；（2）建筑空间重组化，在产权界定下以居住功能为主重新组织居住、交通等功能；（3）各种衍生功能的出现，在传统建筑周围搭建厕所、家畜围栏乃至菜园，使得建筑内外部空间进一步细分，同时也向外突破。

因此，尽管慎德堂在建筑形态与形式上仍保留着"三透九门堂"合院的形制，但真正完整意义上的"三透九门堂"的建筑形制已不复存在，其内在空间构成实质上已经碎片化为零星空间。经由小户化产权分割为以"间"为单位的核心家庭后，慎德堂传统性已经大为削弱，其本质也大为不同。分化后的建筑空间本质上具有多米诺体系的现代性，呈现出的合院形态只不过是偶然现象，以"间"为单位的各户之间相互产权独立，并无空间上的实质联系。这正是不久之后出现的独门独户"一字楼"现代乡村建筑类型的前兆，使得建筑空间进一步碎片化。

结　论

慎德堂建筑作为高迁最大的宅院，其形制变迁是传统建筑变迁的缩影。通过分析，可以发现，慎德堂作为物质空间仍然保存完整，而其内在的社会结构实际上已经分化。这一分化顺应着时代的方向，显得波澜不惊。这也是为什么在许多外人眼中慎德堂仍然是俨然完整的"三透九门堂"，但是在慎德堂访谈对象的感知中，这种分化却是实实在在的。宗族制社会形态作为历史记忆只能在这些碎片所折射的微弱光芒中得以重构。

历史记忆会以一种新的面貌重新展现在现实中，正是潜存于物质表面的历史记忆，展现了慎德堂深厚的历史底蕴，也牵制着这座古宅的保护与发展。面对有如此错综复杂的社会关系的慎德堂，是应该原封不动保存，有机更新保护，还是拆除重建？本文认为还是需要回到口述访谈所掌握的资料，回到"核心家庭"代替"宗族制家庭"的社会结构变迁的源头，重新梳理产权关系、新功能需求以及历史记忆传统等内在线索。那么，慎德堂以及众多传统建筑的保护与发展才有现实意义，才会有可操作性。

注　释：

[1] 仙居县高迁村编委会编：《吴氏宗谱》（未公开出版），2002 年。
[2] 费尔南·布罗代尔：《法兰西的特性：空间和历史》，顾良、张泽乾译，北京：商务印书馆，1994 年，第 80 页。
[3] 李泽厚：《美学三书》，天津：天津社会科学院出版社，2003 年，第 258 页。
[4] 胡庆世：《中国文化通史》，杭州：浙江大学出版社，1996 年，第 264 页。
[5] 黄书光：《变迁与转型：中国传统教化的近代命运》，上海：上海教育出版社，2014 年，第 98 页。

《美国国家历史保护法案》50 周年纪念文章系列之二 *

在对过去的浪漫记忆中收获 **

当我还是一个俄克拉何马州的印第安男孩时，每年 4 月 22 日，小学都要放假庆祝"八九年日"，以纪念 1889 年俄州中部开辟为白人定居区。这令我内心挣扎不已。我们这群小学生要奔跑着横穿操场并占领"宅地"，还要小心防范"野蛮的印第安人"。当天接下来的活动中，我们要一起吃"马车午餐"

---

* 本辑选编的纪念文章为六篇短文，第一至五篇由张凯烨（美国布朗大学历史学博士生）翻译，
第六篇由邱雨（公安部边防局杭州边检站参谋）翻译，均由李娜校对。
点评的文章包括：
· Patricia Mooney-Melvin, "Harnessing the Romance of the Past: Preservation, Tourism, and History," *The Public Historian*, vol. 13, no. 2, Spring 1991, pp. 35–48, http://tph.ucpress.edu/content/13/2/35.
· Ellen K. Foppes and Robert M. Utley, "Present at the Creation: Robert M. Utley Recalls the Beginnings of the National Historic Preservation Program," *The Public Historian*, vol. 24, no.2, Spring 2002, pp. 61–81, http://tph.ucpress.edu/content/24/2/61.
· Robert R. Weyeneth, "The Architecture of Racial Segregation: The Challenges of Preserving the Problematical Past," *The Public Historian*, vol. 27, no. 4, Fall 2005, pp.11–24, http://tph.ucpress.edu/content/27/4/11.
· Marvin V. Melosi, "The Fresno Sanitary Landfill in an American Cultural Context," *The Public Historian*, vol.24, no. 3, Summer 2002, pp. 17–35, http://tph.ucpress.edu/content/24/3/17.
· Steven B. Burg, " 'From Troubled Ground to Common Ground': The Locust Grove African-American Cemetery Restoration Project: A Case Study of Service-Learning and Community History," *The Public Historian*, vol. 30, no. 2, Spring 2008, pp. 51–82, http://tph.ucpress.edu/content/30/2/51.
· Nancy Raquel Mirabel, "Geographies of Displacement: Latina/os, Oral History, and the Politics of Gentrification in San Francisco's Mission District," *The Public Historian*, vol.31, no. 2, Spring 2009, pp.7–31, http://tph.ucpress.edu/content/31/2/7
** 发表于 2015 年 4 月 21 日。

（"chuck wagon" lunches），一起唱歌，还要一起跳方形舞蹈。1889 年俄州占地
潮（Oklahoma Land Run of 1889）正式标志着部落领地（tribal reservations）寿
终正寝；然而"reservation"却是一个乔克托语（Choctaw，俄州原住民部族）
单词，意为"红种人（之地）"。我孩提时的这些经历在 20 世纪 50 年代俄州的
无数学校中上演，而这正是我们对过去的浪漫记忆。

　　帕特里夏·穆尼－梅尔文（Patricia Mooney-Melvin）在 1991 年的文章《在
对过去的浪漫记忆中收获：保护、旅游与历史》（"Harnessing the Romance
of the Past: Preservation, Tourism, and History"）[1] 中以一个历史记忆差错
（misremembered history）的案例讨论了另一种对历史的浪漫化记忆。她写道，
有一回一位年长的女士和一个年轻女孩参观了水牛比尔·科迪博物馆（Buffalo
Bill Cody Museum）；但前者在参观中却将科迪误认为西奥多·罗斯福（Theodore
Roosevelt）。这个发生在历史遗址中的故事既突出了参观历史遗址的公众的热
情，也强调了在这些历史遗址中提供准确历史知识的必要性。

这张 1899 年的关于水牛比尔·科迪《狂野西部》的真人秀海
报说明，科迪在其生涯中也通过对过去的浪漫化以取得收获。
图片来源：美国国会图书馆

　　在穆尼－梅尔文撰写此文时，历史遗产旅游还是一个相对年轻的领域，并
且当时关于历史学"专家"（"expert" historian）在多大程度上应参与其中还有许

多深远的问题。穆尼－梅尔文呼吁历史学家"渗透到旅游产业中去"，以改善在导览与解释方面存在的某些问题。这样，就能在景区讲解员负责将相关材料以饶有趣味的方式展示给参观者时，让历史学家确保相关历史知识的准确性。

　　穆尼－梅尔文在意的主要是"在对过去的浪漫记忆中收获"，但我关注的焦点则在于，我们主要"通过对过去的浪漫记忆收获果实"，而实现这一目的的主要方式，就是尽可能多地从名胜古迹中赚取利润。曼达拉研究院（Mandala Research）2009 年的报告指出，文化与历史遗址游客一般比其他游客更多地参与休闲旅行；他们也认为旅游"具有教育意义"，且这方面需花费更多资金，同时旅行的路途也更为遥远。参观历史古迹或历史重演（historical reenactments）在最受欢迎的文化与历史遗址活动中名列榜首。历史遗址经理人与地区组织既然知晓这些信息，就会对利用一处遗址来创收更感兴趣，而非增进人们对它的了解。

　　在穆尼－梅尔文看来，促进历史遗址教育的一种解决方案就是让一名受过相关训练的讲解员在一位历史学家的陪同下向观众讲解。但在今天，一名文化遗址游客往往从智能手机、平板电脑或是其他电子媒介上获取信息，仿佛这些信息就是一位历史学家或训练有素的讲解员告诉他的一样。一位通过电子渠道获取信息的游客只能在缺乏历史语境的情况下了解到区区"史实"的枯燥历史图景，抑或完全无法与"真实的"历史遗址进行互动。历史保护领域在当下的思考则提出，要为文化与历史遗址旅游业"包装"（packaging）多个区域，以促进游客在"值回本儿"的地区消费金钱与时间（尽管他们未必能从景区学到什么）。如果这多个区域的历史知识能够整合成一个强大的信息包，那么这种对地区性或话题性遗产的处理方式就能带来益处。但是，如果信息整合质量太低，它就会演变成遗产知识的杂乱展示。

　　事实上，国家公园管理局（National Park Service）选定了特定的主题，比如"反映美国多元文化的地区"（Places Reflecting America's Diverse Cultures）[2]或是"'美国历史保护'社区"（*Preserve America* Communities）[3]，并以此为基础为游客提供自助游路线建议（self-guided tours）[4]。比如，到巴尔的摩（Baltimore）的游客可以了解四十三处不同景点（forty-three different places of interest）[5]的信息，这样，他们就可能延长在当地的逗留时间并增加消费。如此一来，就会有一位看不见的专家就某一景区展示其历史背景、为该景区背后的多重历史提供一个整体化的认识思路，并帮助游客去理解这些不同的历史故事是如何相互交织的。

可以肯定的是，随着文化与历史遗迹旅游的发展，少数族裔名胜区也会不断被纳入旅游项目，这让我们听到了越来越多不同的声音、故事，向我们讲述了多元的历史。这方面的一个例子就是沃希托河战场国家历史遗址博物馆（Washita Battlefield National Historic Site）[6]；虽然有关沃希托河战役的史料记载丰富，但博物馆向游客展示的是许多印第安人对此事件的个人化阐释。尽管这些声音在人们所知的浩渺历史中只占很小一部分，但它们至少有机会为人所闻，而这在穆尼－梅尔文的时代几乎是不可能的。我们国家日益认识到，美国少数族群是美国历史遗产的组成部分，而我们也会继续增添那些反映与代表了这些少数族群历史遗产的遗址。

沃希托河战场国家历史遗址博物馆（Washita Battlefield National Historic Site）向游客们讲述了一个被卡斯特将军（General Custer）袭击的南沙伊安族（Southern Cheyenne）乡村的故事。图片来源：乔·沃特金斯

《国家历史保护法案》（National Historic Preservation Act）[7] 留下的一份永恒的遗产是，它在美国不同群体所私有或共有的历史遗产的代表性场所，与保

护、尊崇这些场所的当代人之间，建立了牢固的纽带。没有《国家历史保护法案》，许多这类遗址都要被推土机和破碎锤夷为平地，成为该地废物填埋场中不为人知的尘土。虽然互联网让"虚拟旅游"（virtual tourism）变为可能，让人们免受蚊叮日晒，但对我们而言，重要的仍是将人与人的互动与机器智慧相结合，为实地参观的游客创造愉悦的体验。如果游客们能理解那些关于美国历史上重大事件的种种解释，他们应该会感到十分愉快，但至关重要的是，他们在离开时学到的信息充分说明了我们的使命——保护那些代表了我们独特历史的文化标志，保护我们共同遗产的一砖一石——有着何等重大的意义。

注　释

[1] Patricia Mooney-Melvin, "Harnessing the Romance of the Past: Preservation, Tourism, and History," *The Public Historian,* vol. 13, no. 2, Spring 1991, pp. 35–48, http://tph.ucpress.edu/content/13/2/35. 详见本书第 99 页：《在对过去的浪漫记忆中收获：保护、旅游与历史》。

[2] https://www.nps.gov/nr/travel/cultural_diversity/index.html.

[3] https://www.nps.gov/subjects/heritagetravel/preserve-america.htm.

[4] https://www.nps.gov/subjects/heritagetravel/discover-our-shared-heritage.htm.

[5] https://www.nps.gov/nr/travel/baltimore/baltlist.htm.

[6] https://www.nps.gov/waba/index.htm.

[7] http://www.achp.gov/nhpa.pdf.

罗伯特·厄特利：国家历史保护项目之父 *

詹姆斯·A. 格拉斯（James A. Glass）

　　作为一位精明强干的管理者和受人尊敬的历史学家，罗伯特·厄特利（Robert Utley）年仅三十四岁就被美国国家公园管理局局长乔治·哈佐格（George Hartzog）任命为该局首席历史学家。这位新上任的官员在 1964 至 1966 年间把主要精力都花在督导两个团队上，其一是为划分国家公园系统中的历史单元提供解释意见的历史学家团队，其二是为未来的"国家重大历史遗址"（National Historic Landmarks）名录 [1] 编纂专题研究的团队。此外，厄特利也在为启动新的国家历史保护项目而筹建组织团队方面发挥了关键作用。

罗伯特·M. 厄特利于 1967 年担任首席史学家时的半身像。图片来源：罗伯特·M. 厄特利

---

* 发表于 2015 年 7 月 7 日。

2002 年，国家公园管理局的历史学家艾伦·福普斯（Ellen Foppes）为《公众史学家》的"公众史学先驱"系列专刊采访了厄特利（《历经草创时代：罗伯特·厄特利回顾国家历史保护项目的早期岁月》，"Present at the Creation: Robert M. Utley Recalls the Beginnings of the National Historic Preservation Program"）。[2] 我在康奈尔大学写博士论文时也有幸于 1986 年采访厄特利。通过那次访问以及回顾位于华盛顿的国家公园管理局的档案，我深刻理解到，厄特利在酝酿那项立法（按：指《国家历史保护法案》）与推动国家公园管理局采取措施推行联邦与州的协作方面发挥了多么重要的作用。我也获得了另外两份关于厄特利的访谈录音——其一是赫伯特·埃维逊（Herbert Evison）于 1973 年的访谈，其二是理查德·W. 赛勒斯（Richard W. Sellars）与梅洛迪·韦布（Melody Webb）于 1985 年的访谈。在本文中，我将回顾 2000 年的那次访谈（按：应指福普斯 2002 年发表于《公众史学家》的访谈），并根据我本人的采访及 1973 年、1985 年的访谈点评厄特利在制定《国家历史保护法案》（National Historic Preservation Act）[3] 与运作由此应运而生的国家历史保护项目时所做的贡献。

福普斯的访谈强调了厄特利在国家公园管理局任职期间的主要兴趣：为史学家研究国家公园管理局管辖下的文物古迹的历史意义制定相关政策，为每处遗迹设计相关的历史解释，并为妥善保护相关建筑提出建议。

厄特利作为首席史学家做出的影响最深远的贡献与《国家历史保护法案》有关。他在上任伊始就为国家公园管理局撰写草案，建议与美国户外休闲娱乐局（US Bureau of Outdoor Recreation）或联邦市区重建局（Federal Urban Renewal Administration）就指导地方社区开展历史保护工作方面展开合作。在加速推进国家历史保护立法的 1965—1966 年，厄特利与国家公园管理局法务人员撰写了最终成为法案的第一版立法草案。他们把户外休闲娱乐局的整套体系拿来即用，准备为各州提供资金支持，而历史保护立法草案会相应地为各州历史保护制定拨款标准。1966 年，当约翰逊政府的这份议案在国会上提出后，厄特利为国会听证会撰写了简报文章，解释了这个联邦与州的合作计划的运作方式。它将会参照户外休闲娱乐项目，令各州联络官管理拨款并制定各州历史保护计划以指导联邦拨款的使用。

　　该立法草案通过后，乔治·哈佐格参考欧洲相关历史保护单位建立了考古与历史保护署（Office of Archeology and Historic Preservation）。用厄特利的话说，哈佐格就是一位"帝国缔造者"，其致力于在 20 世纪 60 年代美国各地逐渐形成的历史保护运动中扩大国家公园管理局的影响力。厄特利受命担任代理署长并于 1966 年末至 1967 年初督导创立了新的联邦与州协作的历史保护项目。他最重要的行动之一是主持一个由国家公园管理局专家组成的委员会，并带领委员会为新的《国家历史遗址名录》[4] 起草执行标准。厄特利支持以国家公园管理局的两套现行标准为基础去构思《国家历史遗址名录》的标准，即用于评估国家与历史遗址的标准，以及联邦政府在将其名下多余地产转移给州和地方政府前评估其历史意义的相关标准。

　　在欧内斯特·A. 康纳利（Ernest A. Connally）被任命为考古与历史保护署的首任署长后，作为首席历史学家的厄特利便恪尽职守地支持他的这位新任领导。尽管该署的最初职责是实施新法并在各公园指导历史保护项目，但它很快就开始关注其他事务。厄特利参与了一系列旨在教育各州了解《国家历史保护法案》的所谓"新历史保护"（New Preservation）的八个地区性项目。"新历史保护"强调的就是历史居民区、市镇、重大建筑与单独的历史遗迹等的重要性。1972 年，他成为考古与历史保护署署长，并在接下来两年内与康纳利一道向尼克松政府内政部提出吁请，让新的联邦历史保护机构从国家公园管理局中独立出来并关注在国家公园系统外日渐兴盛的历史保护运动。

　　在重新关注国家公园体系内的历史保护项目两年后，厄特利于 1976 年离开该系统并离任历史保护顾问委员会（Advisory Council on Historic Preservation）常务副委员长。该委员会依据《国家历史保护法案》第 106 款 [5] 督导相关的联邦机构。所以，厄特利在职业生涯中一直交替开展两项事业：一是其本人的核心兴趣，即在国家公园系统内展开历史研究；二是指导该系统外新的历史保护项目。无论从哪方面看，厄特利都应被视为《国家历史保护法案》及其带来的联邦与州协作项目的奠基人。

罗伯特·M.厄特利（右三）作为讨论组成员出席1968年的丹佛"新历史保护"会议。国家公园管理局召开了八个地区性会议以解释《国家历史保护法案》及其对历史保护的广泛影响，与会听众则是负责推广该法案的各州联络官员与感兴趣的公众成员。图片来源：国家公园管理局华盛顿办公室

展望未来，厄特利致力创建的项目面临着若干挑战。其一是，在相关拨款于20世纪80年代初急剧缩减后，用以支持各州历史保护局（SHPO）的资金直到最近才回到1980年时的数额，但考虑到通胀因素，这仍显著低于当年的实际水平。因此，促使各州参与国家项目的财政刺激逐年萎缩，而且许多州的历史保护局都因各自近期的减支而更难以履行它们的全部职责。联邦一级的协调机构——国家公园管理局的文化资源团队与历史保护顾问委员会——只是联邦官僚体系内很小的一部分，因此也难以说服历届政府与国会为该项目划拨更多资源。其二是，由国家公园管理局与各州历史保护局管理的历史建筑修缮抵税计划。该计划为全国各市镇的历史建筑带来了数十亿美元的私人投资，但新一届国会也许要消除此计划。历史保护运动中，很少有人会怀疑联邦与州的整个协作项目作为历史保护事业的关键制度的基础的重要性。当此项目跨入其第六个十年之际，历史保护领域的所有分支领域如果还希望它继续繁荣，就应全心全意为强化这个项目做出贡献。

注　释

[1] https://www.nps.gov/nhl/.

[2] Ellen K. Foppes and Robert M. Utley, "Present at the Creation: Robert M. Utley Recalls the Beginnings of the National Historic Preservation Program," *The Public Historian,* vol. 24, no.2, Spring 2002, pp. 61–81, http://tph.ucpress.edu/content/24/2/61.

[3] http://www.achp.gov/nhpa.pdf.

[4] https://www.nps.gov/nr/index.htm.

[5] http://www.achp.gov/about.html; http://www.achp.gov/106summary.html.

历史保护为黑暗的往事点亮一盏明灯 *

戴维·罗滕施泰因（David Rotenstein）

2011 至 2014 年间，佐治亚州迪凯特市（Decatur, Georgia）以清理危房为名拆毁了 200 个建于 1940 年的公屋单元。2013 年，迪凯特市为建设新的公务大楼与警察总部拆毁了两个旧的市属平等学校。在一个中产阶级化的居民区，私营部门将 120 处黑人居所夷为平地，延续着一个世纪以来的一系列大规模拆迁活动。在另一个居民区，一个开发商为建设高档排屋拆毁了一个历史悠久的黑人教堂。属于非裔美国人的标志性建筑在这些年间大规模消失。此前不过两年，迪凯特市刚颁布一份该市辖区内的历史资源调查报告（a citywide historic resources survey），其中对该社区过去与现在的黑人居民只字未提，也未提及与他们相关的、具有历史意义的场所。[1]

罗伯特·韦耶尼斯（Robert Weyeneth）在其 2005 年的一篇名为《种族隔离建筑：保存争议过往所面临的挑战》（"The Architecture of Racial Segregation: The Challenges of Preserving the Problematic Past"）的文章中向读者全景展示了种族化的空间及其在历史上和历史保护中的意义。[2] 韦耶尼斯挖掘了美国南方 1890 至 1960 年的历史，以分析新建筑的设计、建造方式是如何实现他所谓的"白人至上主义的空间策略"的。半个世纪后，这些空间策略在当代迪凯特与其他城市力推中产阶级化与逆转人口流向的城市扩张政策中显而易见。这也导致了大、小城市中人口与景观的再隔离现象。

迪凯特首位黑人城市官员伊丽莎白·威尔逊（Elizabeth Wilson）一针见血地指出了该市种族隔离、市区重建及中产阶级化之间的联系。她在该市生活了

---

* 发表于 2015 年 7 月 28 日。

六十六年，见证了黑人在该市消失的过程，并比较了当前的中产阶级化与 19 世纪的市区重建。"我能感到这种联系的存在，是因为人们都已离开了。"2012 年她这样告诉我。当我开始记录黑人从迪凯特的历史记录中消失的过程时，有些居民开始意识到他们所失去的一切是何等重要。"我在迪凯特工作；当我第一次看见这些被小栅栏围着的建筑被摧毁时，我感到非常震惊。"一位读者在 2013 年的一篇博文的回复中如此点评该市拆毁平等学校的行为。[3]

　　平等学校遍及南方，它是各地预见并逃避法院消除种族隔离的命令以延续种族隔离教育的设施，是种族隔离时期为在南方强行维持种族秩序而设计并建造的多种场所之一。有些具有纪念意义的建筑，是与韦耶尼斯所谓"个人与集体行动的胜利"紧密相连的；但平等学校并非如此，它几乎与美国主流社会对种族隔离的认知并不搭界。这是多方面的原因造成的。韦耶尼斯指出，平等学校这样的场所会迫使人们直面令人不安的过去。"我在谷歌上搜索了一些文章并了解了当年到底发生了什么破事儿，"上文提到的那位读者在博文回复中说，"我找到的那点信息压根就没提到这些建筑的历史意义。"[4]

2013 年三一高中的拆建工程。图片来源：戴维·罗滕施泰因

　　我开始询问一些人，如果有游客到迪凯特观光，他们会带领这些游客去游览哪些与该市黑人历史有关的场所。[5]"啥都不剩了。"一个致力于历史保护的本地黑人居民这样回答道。当市政府在迪凯特的黑人小学、中学旧址所在地

营建的新市政大楼即将竣工时，一位一生都居住于此的黑人女士告诉我，她曾带领家中小辈与朋友参观的地方都已消失殆尽。但她补充说，她会带他们去"三一区（Trinity，按：迪凯特市圣三一教区，Holy Trinity Parish）的新楼那儿（按：指新市政大楼），因为你能走进楼里面看看过去"。对于她和其他迪凯特黑人而言，唯一能够让他们感知黑人历史的场所就是市政府在新市政大楼准备的展览。他们也许能"多少看到一些历史"，但我们永远不能触摸到历史中冷冷的砖石墙面，也无法体会到我们灵魂深处对那些过往漠视到了何种地步。

佐治亚州曼彻斯特市（Manchester）的种族隔离车站。
图片来源：美国国会图书馆

　　韦耶尼斯强调要在阅读关于种族隔离的死板文字之外体验历史上的种族化空间。参观这些历史场所的人包括在种族隔离中幸存下来的日益衰老的长者、他们的后辈亲属，以及只通过艺术品和学术研究感受过种族主义的人。那些由我们从黑暗的历史中保护下来的遗址经过阳光的沐浴和恰当的诠释，能为人们带来独特的教育机会。这些场所提醒我们，种族主义一直是贯穿美国所有社会阶层的一个因素；一旦这些场所从景观中消失，它们也就失去了警醒我们的力量。2014 的若干头条新闻，从迪凯特警方的歧视性种族定性（racial profiling）到密苏里州弗格森市（Ferguson, Missouri）与纽约市警方击杀手无寸铁的黑人，都证明了这一点。韦耶尼斯引用了圣路易斯（Saint Louis）一位男士的话说，每个社区"至少都应保护一个与种族隔离相关的场所，这样做就是要告诉我们，在美国，存在着以种族为界限的两个平行宇宙"。

　　白人至上这种制度是通过种族隔离传递出来的，而种族隔离建筑就是这种制度的物质文化表征。相关"游戏规则"就是通过法律手段强制推行隔离。在《种族隔离建筑》一文发表十年后，韦耶尼斯在 2014 年担任美国公众史学委员会主席时的主席演说（2014 National Council on Public History presidential address）中回顾了该文与他本人的职业生涯。[6] 韦耶尼斯在这篇文章中写道，人们应当拥抱黑暗的往事，拥抱"历史中棘手而充满争议的篇章"。《种族隔离建筑》一文提醒我们，黑暗的往事一直存在，它跨越了 20 世纪的建成环境并存在于当下我们与过去互动的方式中。我想，这就是韦耶尼斯向今天的历史学家与历史保护人士，以及向今后五十年所发出的永恒的信息。

注　释

[1] *Historic Resource Survey Final Report* (City of Decatur, September 1, 2009), http://www.decaturga.com/home/showdocument?id=2105; Thomas F. King, "Blessed Decatur," *CRMPlus*, February 5, 2013, http://crmplus.blogspot.com/2013/02/blessed-decatur.html.

[2] Robert R. Weyeneth, "The Architecture of Racial Segregation: The Challenges of Preserving the Problematical Past," *The Public Historian,* vol. 27, no. 4, Fall 2005, pp. 11–24, http://tph.ucpress.edu/content/27/4/11.

[3] http://likethedew.com/2013/07/03/clinging-to-jim-crow-through-historic-preservation/#comment-951169103.

[4] *Ibid.*

[5] David S. Rotenstein, "Decatur's African American Historic Landscape," *Reflections*, vol. 10, no.3, May 2012, pp. 5–7; Craig Evan Barton, ed., *Sites of Memory: Perspectives on Architecture and Race*, New York: Princeton Architectural Press, 2001; Ned Kaufman, ed., *Place, Race, and Story: Essays on the Past and Future of Historic Preservation*, London and New York: Routledge, 2009; Margaret Ruth Little, "Getting the American Dream for Themselves: Postwar Modern Subdivisions for African Americans in Raleigh, North Carolina," *Buildings & Landscapes: Journal of the Vernacular Architecture Forum*, vol. 19, no. 1, 2012, pp. 73–87; Andrew Wiese, *Places of Their Own: African American Suburbanization in the Twentieth Century, Historical Studies of Urban America*, Chicago: University of Chicago Press, 2004.

[6] Robert R. Weyeneth, "What I've Learned Along the Way: A Public Historian's Intellectual Odyssey," *The Public Historian,* vol. 36, no. 2, 2014, pp. 9–25, http://tph.ucpress.edu/content/36/2/9.

垃圾的历史：作为历史物产的基础设施 *

丽贝卡·多布拉斯科（Rebekah Dobrasko）

在得克萨斯州，一切事物都要比其他地方的大一号，哪怕是基础设施同样如此。该州有超过五万座桥梁，其中约半数至少有五十年桥龄；建筑年龄与此相仿的还有许多历史道路、涵洞、挡土墙、灌溉沟渠、铺路材料、路缘石、路边公园和得克萨斯州交通运输局（Texas Department of Transportation, TxDOT）办公楼。这一切资源常因年久失修或过度使用而被破坏。得州交通运输局的任务是更新和改善道路基础设施，放弃不再适用于当今交通需求的历史材料与设计。这些老旧基础设施值得保护吗？要保护全部抑或只保护一部分？甚至可以说，基础设施值得列入应予以保护的"国家历史遗迹"名录吗？作为得州交通运输局的历史学家，我每天都在处理与作为历史遗产的基础设施有关的问题。

2002年，史学家马丁·梅洛西（Martin Melosi）在刊于《公众史学家》的文章《美国文化语境下的弗雷斯诺卫生垃圾填埋场》（"The Fresno Sanitary Landfill in an American Cultural Context"）[1] 中讨论了保护基础设施的一些问题。弗雷斯诺卫生垃圾填埋场于1937年开放，是加利福尼亚州弗雷斯诺市属的一个固体垃圾、危险品与医疗废物填埋场。该垃圾填埋场于1987年关闭前是全国最大的在营垃圾填埋场。

为使一些"非传统"物产被认可为"国家重大历史遗址"（National Historic Landmarks, NHLs）[2]，梅洛西以"科学技术的扩张"和"环境的转变"为主题提名弗雷斯诺卫生垃圾填埋场为"国家重大历史遗址"。他还以《国家

---

* 发表于2015年10月6日。

历史遗址名录》[3] 的两个分类标准提名该垃圾填埋场。这两项标准是："A. 以社区规划发展及健康、医学为目的的"和"C. 工程学"。弗雷斯诺卫生垃圾填埋场是全美首个使用相关工程技术的垃圾填埋场，并成了全国各城市垃圾填埋场的标准。弗雷斯诺卫生垃圾填埋场采用开挖方法堆放和压实废弃物，然后每天用尘土覆盖以避免鼠患虫害。这是全国首例。由于该垃圾填埋场是美国废弃物管理史上的一个重要转折点，同时保留了高度的历史完整性，因此梅洛西认为它值得列为"国家重大历史遗址"。国家公园管理局于 2001 年 8 月通过该提名。

国家公园管理局在其新闻公告中发布了新的重大历史遗址名录后，一个垃圾填埋场入选的消息立刻引发了报章与博主的轰动。[4] 随后，国家公园管理局迅速撤下名录，并声明此前对弗雷斯诺卫生垃圾填埋场也是美国环境保护署（Environmental Protection Agency, EPA）超级基金（Superfund，美国环境保护署为处理有毒废弃物与清理相关场址而设立的大型基金）支持场所一事并不知情。虽然政治家用此提名批评国家的环保政策，但报章媒体却用它来调侃保护主义者与国家公园管理局。布什总统的批评者以此"国家重大历史遗址"提名抨击该届政府的伪善。西拉俱乐部（Sierra Club，按：成立于 1892 年的美国自然资源保护组织）主席说："联邦政府难道应该在保护弗雷斯诺卫生垃圾填埋场的同时……尝试将（加州）海岸线重新开放给离岸石油钻井平台吗？"媒体指出，其他总统拯救了诸如珍珠港和马丁·路德·金出生地等遗址，而"布什政府又给自己添了一块圣地：弗雷斯诺的垃圾填埋场"。尽管批评如潮，弗雷斯诺市仍以其新的历史遗址而自豪，并为其提名而辩护。《国家重大历史遗址名录》最终重新发布，而弗雷斯诺卫生垃圾填埋场目前名列其中。

从我供职于得州交通运输局的立场出发，我并不支持将基础设施作为历史遗址进行保护，除非哪项设施有国家层面的历史意义。负责监督联邦政府遵守《国家历史保护法案》（NHPA）第 106 款与第 110 款 [5] 的历史保护顾问委员会（ACHP）[6] 已在其日常运作中否决了两项类似提名：国家天然气管道以及州际公路系统。据《国家历史保护法案》第 106 款，联邦机构需评估其相关项目对列入《国家历史遗址名录》或有条件列入名录的物产可能产生的影响。得州交通运输局受联邦公路管理局（Federal Highway Administration）和联邦运输管理局（Federal Transit Administration）资金支持，自然也要服从这一法律条款。

得州米申市（Mission, Texas）联合灌溉区运河。图片来源：得州交通运输局

我不难想象得州交通运输局提出要就其州际公路体系开展工作时，需要处理多少文件事务，要经过怎样的谈判和争论。历史保护顾问委员会认定，州际公路体系中具有国家层面意义的组成部分才值得保护，这一决定尽可能多地减少了要在官僚系统内走的程序，并确保历史保护工作着力于州际公路体系最重要的方面。得州只有六处州际公路资源具有全国性的意义（这些都是以其工程和设计而显得重要的桥梁）。

我在得州交通运输局的同事卡罗琳·纳尔逊（Carolyn Nelson）提出了一种可能的解决方案，那就是更改《国家历史遗址名录》的考虑对象标准，新增考虑对象"H. 基础设施"。《国家历史遗址名录》在其有关历史意义的四个基本分类标准外，还有其所谓的"考虑标准"（criteria considerations）。这些对象是自动排除在《国家历史遗址名录》提名之外的历史物产，比如教堂、墓园及建筑年龄不满五十年的物产。如果一处物产属于考虑对象，它必须具有特殊的历史意义才能脱离不予考虑名单。基础设施在全国各地都很普遍且历经许多变化以保持其运行，因此除非可以证明某基础设施对某一国家级事件、设计与人物有重大历史意义，否则它应被自动剥夺遴选资格。如此说来，弗雷斯诺卫生垃圾填埋场是符合保护标准的一项资源，因为它开创了同类之先河，而且其技术改变了美国处理固体废物的方式。除了具有国家层面的意义外，弗雷斯诺在垃圾填埋场荣登名录前已将其关闭，从而确保不会在该资源上出现继续使用和历史保护之间的冲突。

班克黑德高速公路（Bankhead Highway，约建于 1924 年）得州锡斯科（Texas, Cisco）段。图片来源：丽贝卡·多布拉斯科

《国家历史保护法案》1992 年修正案要求内政部部长和顾问委员会"力求依《国家历史保护法案》保护的历史遗产充分反映我国的历史体验"。基础设施显然属于国家"历史体验"的一部分，但所有的基础设施都可以讲述一个重要的地方故事。随着机构和保护主义者持续将基础设施视为具有历史意义的物产，我们应批判地看待我们处理基础设施的方式，批判地看待那些以使用为目的、随时间推移而改变，并在技术改进时被抛弃的物产。并不是所有的历史遗产都能保存下来。历史保护的下一个五十年应是我们完善和重新定义一处历史遗产的时期，也是我们思考它对公众与保护人士有何意义的时期。未来的保护主义者会为手机信号塔和光纤线路等基础设施而战吗？又或者，历史保护主义者是否应在基础设施问题上转而选择可以替代历史保护的方案，如广泛的记录或是建模？

注　释

[1] Martin V. Melosi, "The Fresno Sanitary Landfill in an American Cultural Context," *The Public*

Historian, vol. 24, no. 3, Summer 2002, pp. 17–35, http://tph.ucpress.edu/content/24/3/17.

[2] https://www.nps.gov/nhl/.

[3] https://www.nps.gov/nr/index.htm.

[4] http://articles.philly.com/2001-08-29/news/25299445_1_fresno-municipal-sanitarylandfill-fresno-site-martin-melosi; http://waste360.com/mag/waste_fresno_landfill_value. 由于此提名出现于 2001 年，目前网络上留下的有关消息已颇为有限。

[5] http://www.achp.gov/nhpa.pdf.

[6] http://www.achp.gov/.

宾夕法尼亚的墓园：历史保护应发挥的作用 *

布伦达·巴雷特（Brenda Barrett）

    洋槐林公墓（Locust Grove Cemetery）是希彭斯堡（Shippensburg）自治镇的非裔美国人墓场，它的传奇故事在宾夕法尼亚州屡见不鲜。史蒂文·伯格（Steven Burg）在其 2008 年的文章《"从争议之地到共识之地"：洋槐林非裔美国人公墓重建项目：一项服务学习与社群历史的个案研究》（"'From Troubled Ground to Common Ground': The Locust Grove African-American Cemetery Restoration Project: A Case Study of Service-Learning and Community History"）[1] 中，讲述了与学生们调查、讲述墓地历史价值并与守墓人共同保护墓地的经历。[2] 洋槐林项目帮助当地社区改变了对此公墓的看法，令他们不再视其为一处问题地产，而是视为一处令人尊敬的历史遗址。尽管洋槐林项目在许多方面都取得了成功，但它也凸显了运用《国家历史遗址名录》[3] 来开展历史保护工作所面临的挑战。

    我要承认，我在这个问题上不是一个中立的旁观者。墓园项目（Hallowed Ground Project）[4] 是一个致力于保护宾夕法尼亚的美国有色人种部队（United States Colored Troops, USCT）陵园并向其致敬的组织。过去几年中我都志愿参加他们的活动。关心非裔美国人墓园的人们面临着特殊的挑战，这在洋槐林及宾夕法尼亚各地类似的墓园项目中皆有表现。

    洋槐树项目之所以立项，是为了延续早前宾夕法尼亚纪念南北战争 150 周年的部分活动。2008 年，该州旅游计划采取了若干创新性策略以吸引新游客。为了突出非裔美国人对国家的贡献，他们赞助了研究工作，以便从国家征兵名

---

* 发表于 2015 年 11 月 6 日。

录中识别曾在有色人种部队服役的退伍军人，同时寻访有色人种部队陵园[5] 作为可能的旅游景点。这项工作确定了四十二个此类陵园，但它们远未达到迎客标准。许多陵园都年久失修，它们所在的地区几乎没有年轻人口，守墓人日渐衰老并且手头资源有限。其他陵园则完全被遗忘和抛弃了。2010 年宾夕法尼亚州选出新任州长后，州政府对美国有色人种陵园项目也完全失去了兴趣。

若要启动一个历史保护项目，第一步几乎无一例外都是要寻求对此物产的历史价值的认可。在宾夕法尼亚州，与在其他大多数州一样，衡量历史意义的黄金标准都是入选《国家历史遗址名录》——由 1966 年《国家历史保护法案》[6] 批准的、认可我国各处有保护价值的历史名胜的官方名录。然而，对于伯格及其学生或是墓园项目的墓地保护工作而言，这就产生了一个问题。实施条例明确规定，墓地"通常"不符合《国家历史遗址名录》的标准，除非它们符合《国家历史遗址名录公报》第 41 卷《评估与登记墓园与葬区》[7] 详细列出的附加标准。

作为洋槐林公墓保护计划的一部分，伯格带领的班级开始确定该处物产是否有资格入选《国家历史遗址名录》。这么做的部分原因在于确认公墓是否可能获得州政府的资金支持。此目标若能实现，将为取得各项拨款以重建公墓拉开序幕。此外，它将为公墓提供保护，使之免受诸如道路拓宽等联邦或州级项目的"侵袭"。好消息是，宾夕法尼亚州的国家历史保护局[8] 确定了洋槐林公墓有资格入选《国家历史遗址名录》。然而，要保证公墓成功入选，则需广泛搜集相关信息。这包括准备一个关于当地非裔美国人社区成长与发展的历史背景介绍，比较宾夕法尼亚州中部其他非裔美国人墓园，以及分析墓园在社区中起到的作用。尽管伯格及其学生能够说服州政府将墓园列为"宾夕法尼亚历史名胜"（Pennsylvania Historical Marker）[9]，但《国家历史遗址名录》提名迄今未有进展。

从伯格的文章与我本人的经验出发，我想具体谈谈评估和选定非裔美国人公墓面临的挑战。这个问题不同于历史保护的资金支持或州旅游项目等一类的不可预测的政治问题，我们作为历史保护从业人员可以为它做一番努力。如果要让《国家历史遗址名录》更包容地收入更多遗址，如果要考察阻碍洋槐林公墓等获得提名的影响因素，有什么时机会比国家历史保护项目五十周年纪念更好呢？州一级与国家一级的保护项目可以为诸如宾夕法尼亚州非裔美国人墓园等公认缺乏关照的社区历史资源做些什么？我有如下建议：

宾夕法尼亚州斯蒂尔顿（Steelton）米德兰德
公墓（Midland Cemetery）的阵亡将士纪念日
纪念仪式。图片来源：布伦达·巴雷特

　　一、认识到这些场所的核心特征与意义。宾夕法尼亚州的四十二个与美国有色人种部队有关的非裔美国人公墓揭示了种族隔离的景观、边缘地区，以及有关爱国主义情怀与退伍老兵的故事。历史上，许多非裔美国人的社区经济资源有限，他们唯一的有形遗存就是墓地。尽管有些墓地已杂草丛生、难以辨识，但它们与本地社区成员在精神信仰、爱国情怀与历史意义方面有着强大的联系。

　　二、为非裔美国人墓园书写一个覆盖全州的历史背景故事。对美国有色人种部队的非裔美国人陵园的初步研究展现了一幅与州政府网站上宾夕法尼亚州墓园史极为不同的历史图景。该网页讲述的历史从殖民地时代的墓园开始，而后径直跳到经过设计的公园式公墓。另一处关于黑人历史的州政府网络资源（编者注：显然，该资源已经下线）提供了丰富的信息但并未涉及墓园或墓葬习俗。为这些墓园编写一个背景性的历史故事将有助于人们认识到我们历史中这一重要组成部分，而不必费时地为单独提名每处墓园提供理由。

三、请求国家公园管理局考虑更新《国家历史遗址名录公报》第 41 卷，令其指导纲要能够反映对非裔美国人墓地的新的理解。《国家历史遗址名录》项目已通过诸如"拉丁裔遗产项目"与"非裔美国人遗产"等举措妥善地处理了多样性问题，其"公报"可以成为一项附加举措。

所有这些步骤都可以令评估这些资源的历史意义更加容易些，并帮助它们通过列入《国家历史遗址名录》而获得一些益处。然后，全宾夕法尼亚州的守墓人可以专注于一些更急迫的问题，包括取得明确的财产权、修复破碎的墓碑与塌陷的墓穴，并为满足这些墓地持续不断的修缮需求争取更多合作伙伴。

注　释

[1] Steven B. Burg, "'From Troubled Ground to Common Ground': The Locust Grove African-American Cemetery Restoration Project: A Case Study of Service-Learning and Community History," *The Public Historian,* vol. 30, no. 2, Spring 2008, pp. 51–82, http://tph.ucpress.edu/content/30/2/51.

[2] Historic Site Report of the Locust Grove Cemetery, http://webspace.ship.edu/jqbao/shipmuseumdoc/Locust%20Grove%20Cemetery%20Site%20Report--final%20draft--12-2007.pdf.

[3] https://www.nps.gov/nr/index.htm.

[4] http://housedivided.dickinson.edu/grandreview/category/hallowed-grounds/.

[5] http://housedivided.dickinson.edu/grandreview/category/us-colored-troops/.

[6] http://www.achp.gov/nhpa.pdf.

[7] https://www.nps.gov/nr/publications/bulletins/nrb41/nrb41_4.htm.

[8] https://www.nps.gov/nr/shpolist.htm.

[9] http://www.phmc.state.pa.us/apps/historical-markers.html

为更好地记录历史而奋斗？ *

萨姆·因佩拉特里切（Sam Imperatrice）

玛丽·里佐（Mary Rizzo）

本篇是我们关于《国家历史保护法案》（NHPA）[1] 的系列文章的最新一篇。本文中，《公众史学家》前任合编者、现任罗格斯大学纽瓦克分校职业实践助理教授玛丽·里佐（采访中简称 MR）就南希·拉克尔·米拉贝尔（Nancy Raquel Mirabel）的文章《人口被迫迁移的地理学：拉丁裔、口述史与旧金山米申区资产阶级化中的政治》（"Geographies of Displacement: Latina/os, Oral History, and the Politics of Gentrification in San Francisco's Mission District"）[2]，采访了萨姆·因佩拉特里切（采访中简称 SI）。因佩拉特里切曾是布鲁克林的社群组织者，并就社区资产阶级化（gentrification）问题开展过相关工作。

MR：感谢你抽空接受我的采访。首先你能和我聊聊你所从事的社群组织工作吗？

SI：在 21 世纪的最初几年，我曾在布鲁克林一个叫作"种族和经济平等家庭联盟"（Families United for Racial and Economic Equality, FUREE）的会员制组织中担任社群组织员和调查员……我们认识到，尚未有人着手处理的一个最大问题是该地区面临的发展压力。许多新的高层公寓建设项目在这里破土动工……我所做的是，尝试将一些利益群体——小企业、其他社群团体、公屋居民——组织起来，然后将他们与更宽泛的邻里与社群问题联系起来。

MR：这样组织集合形形色色的人，看来需要做许多公众史学项目！我们谈谈米拉贝尔的文章吧。你对它有什么总体印象？

---

* 发表于 2015 年 12 月 10 日。

SI：我特别喜欢这篇文章的叙述风格。米拉贝尔回顾了她的生涯历程，一方面是叙述了她的研究有什么意义，另一方面探讨了它的政治潜力和政治局限性。然后她意识到，这个过程是永无止境的。有些人相信，这些市场力量在某个时候会达到平衡，但是自互联网泡沫以来，我们看到的是，即使在严重的经济危机中，市场中这些政策与研究的博弈依旧在进行，并没有实现平衡。这在米拉贝尔 2009 年的反思中也可以看到。这种博弈的确引发了颇为强烈的政策反馈，但迄今为止，我们能够看到的政策反馈仍是十分不足的。

MR：她从来没有真的获得政策方面的响应，尽管这未必是她想要讨论的内容。事实上，她这篇文章收尾收得颇为愤怒，而且有些突兀。

旧金山米申区的房屋。图片来源：https://commons.wikimedia.org/wiki/File:Houses_in_the_Mission_District_of_San_Francisco.jpg. 许可：CC BY 2.0，https://creativecommons.org/licenses/by/2.0/deed.en.

SI：我想她所表达的是，如果我们正在做的只是为了更好地记录历史而奋斗，那她不想和这件事有任何关联。当前正在进行着的，是一种抢救人类学（a salvage anthropology），即抢救性地保护这些社区原有的风貌与历史记忆。从这个意义上说，我们一定要不惜一切代价搜集这些故事，因为这是一个重要的社区，也包含了重要的议题和重要的故事。我们不希望遗失它们。但是，这样的行动能有怎样的政治潜力来真正改变我们所处的这个进程呢？她苦苦思索的是这个问题。最后，她关注到，内河码头一带所有的纪念性建筑都是从遥远的历史里精心挑选出来的。这样，有的人就能略过这一社区近期发生的一些人口被迫迁移事件。然后，他们就可以谈论那些或许能被认为是斗争的事情，比方说河滨一带的工人罢工，但那都是不痛不痒的。

旧金山米申区第18街3543号，旧金山妇女大厦。图片来源：https://en.wikipedia.org/wiki/The_Women%27s_Building. 许可：CC BY SA 3.0, http://creativecommons.org/licenses/by-sa/3.0/legalcode.

MR：（这么说，）她确实触及了公众记忆会起到什么作用的问题。

SI：她在某处谈到，我们为什么不得不放弃构建新的叙事方式。她也提到，这个问题中有一个痛苦的阈限期（liminal period）。在这个阈限期里，原居于某地的人依然留在那里，而他们和新来的人有着不同的记忆。这些行走的孤魂还生活在自己原有的空间里，而新来者不得不假装他们并不存在，这样才能书写自己的故事。这是一种在现有社群之上的殖民。她不希望她的研究只是抓住这些事物，如果是这样，这些研究在某个时候就会变得像码头边上的牌匾一样没有意义。由于我们还没有形成共识，所以她也就没有下最终结论。

MR：文章的主题是一项她所负责的口述史项目。这种公众历史或口述史项目，对于社群组织者有价值吗？

SI：我认为绝对有价值。我们在"种族和经济平等家庭联盟"能获得的资源很有限。我们会试图优先捕捉这些故事，并以建设性的方式进行汇总。我们曾举行过一系列的会议，并在社区语境下描绘记忆地图（memory mapping）和开展密集性研讨。做情景化的研究，时常是因为我们依据当下发生的事情组织相关运动……开展这样的工作，去让人们了解和尊重他们的集体故事，这是弥足珍贵的。问题是随着对这类工作的痴迷而来的。我感觉米拉贝尔的项目似乎不是这样的。但我认为，即便是那些不欢迎真正的良性政策变动的人，也许也能认同资助或批准这类项目。她说他们必须采取非常中立的态度来全面地理解这一带正在发生什么事情。与反对者对话并带给他们安全感，这在组织斗争中是难以实现的……作为一名学术史学家或公众史学家，和作为一名社群组织者，是非常不一样的。

MR：公众史学家和口述史学家如何确保他们的工作能够触及社群组织者和社群成员呢？

SI：说到下层街区资产阶级化，就要说到空间问题。如果你想让某些事物能为人所触及，它们就必须存在于可触及的空间里。互联网可以轻易连接到许多社区，但这仍不能满足全部需求。而且，只有实际的体验才是真正有用的。街区的资产阶级化恰恰打击了我们可以留住历史记忆的地方。说到底，这涉及材料收集的问题。然而我们必须留心地去收集材料，并在收集材料的过程中留心材料被收集后如何鲜活地保存下去的问题。这就超越了简单的抢救人类学。

MR：这一系列的博文是有关《国家历史保护法案》的一部分，也是我们对即将到来的《国家历史保护法案》周年纪念的一种批判性纪念活动。关于历史保护以及它和社区资产阶级化之间的复杂关系，你有什么想法吗？

SI：我还要讨论这个问题吗？（大笑）这个法案，就像当时的其他很多立法措施一样，创造了新的机会，但由于这个社会对弱势群体的压迫是多方面共同作用的，所以哪怕这项法案创造了这些机会，它实质上也没有解决任何问题。作为一种工具，它的使用方法有很多种。你可以利用《国家历史保护法案》让一个居住区的生活成本更加高昂。你也可以用它振兴社区，有机地令其恢复原貌……从具体策略上说它是个好工具，但在战略规划上，它的目标和愿景与大多数涉及社会公正的工作并不一致……在使人们住得起房、尊重人们选择留在他们的社区的选择权方面，我们还需要更强大的法律和真正的投入。这意味着要挑战资本家赚取利润的权利。一些城市并不愿意这样做，但这是必须做的事情。也许，历史保护只是实现这个目标的一种方法。

种族和经济平等家庭联盟的电影海报。图片来源：https://www.flickr.com/photos/fort-greene/8844150638. 许可：CC BY 2.0, https://creativecommons.org/licenses/by/2.0/deed.en.

注　释

[1] http://www.achp.gov/nhpa.pdf.
[2] Nancy Raquel Mirabal, "Geographies of Displacement:Latina/os, Oral History, and the Politics of Gentrificationin San Francisco's Mission District," *The Public Historian,* vol. 31, no. 2, Spring 2009, pp. 7–31, http://tph.ucpress.edu/content/31/2/7.

在对过去的浪漫记忆中收获：保护、旅游与历史 [*]

帕特里夏·穆尼 – 梅尔文（Patricia Mooney–Melvin）

　　帕特里夏·穆尼–梅尔文是芝加哥洛约拉大学公众史学项目主任，研究生项目主任。她于 1981 年创建了阿肯色州立大学小石城分校的公众史学项目，参与了 1986 年美国首届公众史学师资培训的授课。她曾担任美国公众史学委员会主席，是全国妇女历史遗址协会的创始人之一。研究领域包括遗产旅游、历史解读、公众史学教育以及城市景观纪念。

　　该文论述了遗产旅游与历史保护之间的博弈；一方面，参观历史遗址、遗迹能激发公众的历史热情；另一方面，历史的真实性也不可避免地受到挑战。如何准确地解读遗址，如何激发、维系公众对遗址的热情，寻找历史建成环境、历史资源、旅游产业与历史保护之间的动态平衡，均是公众史学家面临的挑战。虽然此文撰写于 1991 年，但对于今天大力发展遗产旅游的中国而言，依然具有重要的借鉴意义。

　　在《西行漫步》（*Foot-loose in the West*）一书中，查尔斯·芬格（Charles J. Finger）描绘了自己同朋友前往科罗拉多州金门大桥的一次旅行。[1] 在这次旅行中，芬格和同伴们怀着虔诚的心情前往"野猫点"（Wild Cat Point）瞻仰野牛比尔·科迪（Buffalo Bill Cody）的墓地以及野牛比尔博物馆。在墓地时，

---

* 原载：Patricia Mooney-Melvin, "Harnessing the Romance of the Past: Preservation, Tourism, and History," *The Public Historian*, vol. 13 no.2, Spring 1991, pp. 35–48. © 1991 by the Regents of the University of California and the National Council on Public History. Published by the University of California Press. 该文由史晓洁（复旦大学信息科学与工程学院助理研究员）翻译，田乐（浙江大学公众史学研究中心）校对。

他们不经意间听到一位老妇人正满腔热情地向一个小姑娘介绍眼前的景物，解释野牛比尔的重要性。然而，可惜的是，这位出于好意的老妇人"记忆力不太好……将野牛比尔与西奥多·罗斯福（Theodore Roosevelt）搞混了。'亲爱的，我记得……他组织过一支代号为"莽骑兵"的军队，所以他们会推选他为总统。他还同许多他称作"白翼"[2]的人一起，打扫过纽约的街道，'在这通慷慨激昂的演说之后，她总结道：'历史真奇妙！'"。

芬格的叙述反映了部分现实情况，这些问题确确实实存在于美国各个历史遗址遗迹中。大批旅游者成群结队地游历整个美国，参观历史遗址遗迹与博物馆，了解另一个时空，体验着不同的生活方式。让所有人都参与到历史的保护与阐释中是一项巨大的挑战，意味着要为他们创造各种情境，既要保留芬格叙述中那位迷醉的旅游者对历史的热情，同时还要保持高度的历史准确性。

显然，历史有着无法抵挡的诱惑性，但旅游业对于历史遗址遗迹在旅游者决定去哪里、看什么等方面所起的作用却未予以重视。近来的多项调查显示：历史遗址遗迹使得旅游者得以"体验某种不同于自身的生活方式"[3]，在旅游者选择目的地时，历史遗址遗迹往往比植入我们脑海的传统观念具有更强大的影响力。因此，许多历史保护单位都制定了一些计划，引导旅游业将可用资金用于文物遗产的开发。游客体现出来的对于历史及"某种生活方式"的兴趣，使历史学家们有机会进一步加强与历史保护组织及专业人士的合作，去保护、维护与准确阐释美国的历史遗址遗迹。这么一来，不但能使旅游者以新的方式思考历史，与此同时，也提升了这些古迹的知名度，实现了社区的经济利益。

18 世纪末，美国旅游者已经成为前往欧洲旅行的主力，而美国本土的旅游业直至 19 世纪二三十年代才初具雏形。大规模旅游活动的开展需具备四个先决条件。首先，旅游业需要既有可支配收入，又有大量闲暇时间的人。其次，必须有恰当的交通体系。再次，旅游者抵达目的地后，必须能找到相对安全舒适的住宿场所。最后，必须有足够的信息来激发人们的想象力，鼓舞人们走出家门，前去探索未知的场所。及至 19 世纪 20 年代末，这些要求都已得到满足[4]，至少可以说得到了基本满足；美国人同来自其他国家的旅游者们动身前往异地寻找奇遇、教育与娱乐。

19 世纪末，美国旅游业发生了转型，旅游从少数精英的特权转变为大众现象。[5] 美国的旅游胜地——无论是风景名胜、自然景观、历史遗址遗迹还是纯粹的娱乐场所——大量出现，旅游业不断扩展，各类酒店、温泉疗养院、便捷的"汽车旅馆"、餐馆等其他设施逐渐兴起。整个国家，无论是州、地方还是私人遗迹都希望能够通过发展旅游获利。1988 年，旅游收入占到国民生产总值的 6.4%，旅游业在所有销售产业中位列第三，这使旅游业成为美国第二大私营类雇主。[6]

　　旅游者逃离自己所熟悉的世界，改变日常生活轨迹，是为了什么？ 19 世纪末，有关旅游业的学术研究并不多见，约翰·西尔斯（John Sears）是当时为数不多进行旅游研究的学者之一。他以旅游者的描述为基础，又结合了当时已有的旅游文献，指出推动 19 世纪末旅游业发展的不只是消遣的需要，更重要的是为了"将美国界定为一个整体地域"以及"凸现美国的独特性"。在西尔斯看来，旅游名胜既是神圣的场所，也是美国社会中各种相互抵触的元素的体现，还是一个消费的场所。旅游业作为一项活动，为 19 世纪的旅游者提供了摆脱日常生活限制的自由，建立了社会联系，获得了进入新世界、享受新愉悦的切入口。[7]

　　西尔斯指出了 20 世纪的旅游业及旅游名胜与 19 世纪的相似之处。不过，他的分析还不够深入，没有形成一些可以帮助到旅游业的推广计划，后者现已成为一个竞争激烈的市场。截至 20 世纪 20 年代末，旅游业已经发展成为一个相对重要的经济产业；尽管也遭受到大萧条所致困难的影响，但旅游业在 20 世纪 30 年代仍然保持着稳定的增长势头。1937 年在对娱乐业的经济层面进行的分析中，朱利叶斯·温伯格（Julius Weinberger）指出："过去 25 年间，增长最显著的莫过于休闲旅游。"温伯格的报告称，消费者在度假旅游上的花费从 1909 年的 4.65 亿美元增加到了 1935 年的 23.31 亿美元；这一年，美国人预算支出总额中的 50% 以上用在了娱乐活动上，具体来说，33.16 亿美元的总预算中有 17.86 亿用于离家度假。[8] 二战后，大众消费文化的产生、越来越多的闲暇时间，再加上高速公路的发展，向整个美国输送了看似源源不断的旅游者。截至 1949 年，根据美国商务部所做的调查，62% 的美国人曾外出度假。据估计，2300 万个美国家庭共计进行了 4300 万次旅行，用于度假相关活动的费用约达 70 亿美元。[9]

　　旅游活动的规模与经济价值导致各个州及地方官员更加细致地分析了游客游览的现实及潜能；1949 年之后，与旅游业相关的统计报告开始出现。到 20 世纪 50 年代初，旅游调查已经使得研究者得以明确人们是如何利用闲暇时间的。这里有两份早期的调研，其中一份是 1952 年面向密歇根州 1600 名旅游者进行的调研，还有一份是 1953 年对科罗拉多州 2600 名旅游者进行的调研；两份调研结果显示，普通的观光、垂钓、露营与远足，以及参观历史遗址遗迹与购物等都是影响旅游者选择目的地、决定自己活动方式的重要因素。[10]

　　此类调研现非常普遍，已成为旅游业这样一个每年可为美国创造 2000 多亿美元收益的行业所必需的规划工具。据统计，1988 年，美国旅游者在"全国的公路、铁路及航线"上旅行约"1.5 万亿英里"，相当于"美国的每一位男性、女性及儿童都在纽约与洛杉矶之间来回一次"。在此过程中，美国旅游者共计花费 2940 亿美元。1988 年，前来美国的外国旅游者在旅游相关消费中花费 180 亿美元。旅游业相关部门提供的就业机会与收益，令旅游业突然间跻身为美国第二大就业部门。此外，由于旅游业大量依赖小企业，人们相信，其代表的是"美国经济中的一股稳定性力量"[11]。

　　鉴于旅游市场在美国经济中占据着越来越重要的地位，旅游规划演变为一个专业便不足为奇了，[12] 每个州政府都试图积极地"推销"自己州，吸引旅游者的到来。然而，我们并不清楚，这些州政府内的旅游官员们是否理解其调研结果所包含的意义。戴维·哈蒙（David M. Hummon）分析了题为"旅游世界：旅游广告、风俗与美国文化"的州宣传材料之后发现，州旅游管理部门发放的旅游广告中绝大部分包含的是自然景观和言语描绘。[13] 然而，人们实际来到这些花大力气推广本地自然景观的州游览的原因，其实与官方宣传材料中所描绘的"旅游世界"[14]——将某个普通场所转换为远离单调的日常生活的优越环境——并无太大关系。

　　以阿肯色州的宣传手段为例。"自然之选——阿肯色州"几乎出现在该州公园与旅游局发放的所有宣传材料中。过去一年，阿肯色州又将其官方口号从"机会沃土"改为"自然之州"，旨在进一步强调其自然景观与户外活动对其成为旅游名胜的重要性。近来，芝加哥汽车俱乐部杂志上的一则广告告诉读者，"阿肯色州拥有 60 多万英亩湖面，有 9700 英里河道与小溪值得旅游者前来欣赏，此外还有大量壮观的河谷与高山等美景"[15]。然而，人们近来所做的多次调研——其中一次是由阿肯色州公园与旅游局进行的——结果显示，前来该"自然之州"旅行的人们更多的是出于观光、购物、参访历史遗址遗迹与博物馆等目的，而非为了钓鱼、狩猎、远足或露营。[16]

不只是前来阿肯色州的旅游者更偏向于将历史遗址遗迹与博物馆作为其旅行计划的重要组成部分，而将远足、划船、露营等看似娱乐性更强的活动排在后面，对佛罗里达州（1988）、伊利诺伊州（1987）、加利福尼亚州（1983）及俄勒冈州（1982）进行的调研也反映出了历史景观的受欢迎程度。[17] 在1987年进行的美国历史遗址遗迹研究中，詹姆斯·梅肯斯（James Makens）发现，这些场所"代表了重要的旅游名胜"。根据他的计算，美国的历史遗址遗迹每年接待游客量超过1亿，这一数字足够引起美国旅游业市场的重视。[18] 1988年，仅国家历史公园、军事公园、战场遗址、战场公园、纪念碑、首都公园及白宫就接待了9500万名游客；再加上前往各个州及地方历史遗址遗迹的游客人数，全国历史遗址遗迹接待的游客总数远超1亿大关。[19]

当然，人们也不是现在才对访问历史遗址遗迹产生兴趣的。尽管西尔斯曾指出自然景观是19世纪旅游者行程中最普遍的组成部分，但他同时也表示，在那一时期人们最想参观的场所的排行中，历史遗址遗迹排列靠前。比如，他发现，前往康涅狄格州与哈德孙河谷的游客偏好的是历史遗址遗迹与自然景观相融合的场所。西尔斯还发现，那个时代的导游书籍将相当长的篇幅用于介绍某种历史信息。有关过去的信息虽然存在于意象之中，但往往是真实的，因而成为19世纪旅游出版物的核心特征。[20]

约翰·亚克尔（John Jakle）和查尔斯·霍斯默（Charles Hosmer, Jr）指出了历史作为旅游拉动因素在20世纪的重要性。霍斯默曾提出，到了20世纪40年代，形成大规模访问历史遗址遗迹所必需的元素都将具备："道路情况完善，汽车数量充裕，工人阶层获得两周假期，公民受到更好的教育，全国掀起追寻历史起源的潮流，20世纪的家庭可以通过越来越多的历史展览空间直接接触自身的历史。"[21] 正如亚克尔所指出的，尽管"旅游者的历史意识往往不那么准确"[22]，但历史遗址遗迹、圣地、纪念碑、历史标记与博物馆能使旅游者有机会感受自身的过往，体验现已不复存在的"生活方式"[23]，"从内心深处领悟美国的意义"[24]。

　　除了各个州的旅游部门外，还有许多分析人士被这些数字深深震撼，并且直觉地认为人们喜欢参观历史遗址遗迹。为此，他们建议，应该像提升与推广其他旅游类型一样，给予"遗产旅游"以相应的支持。[25] 这些分析人士督促各个州的旅游局要考虑到旅游市场分化越来越细，认为在进行旅游推广时不能只局限于某个单一的资源类型，比如自然名胜，而要认识到旅游者离开家乡后想要参与各种不同类型的活动，这样才更有机会获得成功。[26] 有鉴于此，发布旅游广告时既要突出历史名胜的特点，也要强调作为度假场所的特征，以便为旅游者提供多样化的活动选择。

　　推动遗产旅游有望为国家遗产的保护与阐释注入新的资金。各个州的历史研究组织，比如俄亥俄州历史学会与博物馆协会每年都会举行专题会议，围绕历史与旅游业之间可能存在的联系展开研讨。[27] 1990 年伊利诺伊州历史学会与博物馆大会秋季会议的手册中讲道，"研究已经表明，全家再次一同出游，因而景点必须对整个家庭具有吸引力，创造一种鲜活的环境，将过去与现在联系在一起，为整个家庭获得新的体验提供资源"。这份手册的附本进一步讲道："伊利诺伊州正处于十字路口。我们必须弄清楚哪些目标应当优先考虑，我们所有人都必须参与到旅游促进活动中来。我们对遗产的认识必须着眼于未来。"[28] 一些小的历史遗址遗迹的管理者越来越偏向于采取新的营销策略，以确保他们所负责的这些地方能进入旅游者的目的地首选序列。[29] 此外，遍及全州的历史保护单位也聘请了顾问来强化设计，加强他们"对历史遗址遗迹作为旅游经济组成部分的认识，提升游客的体验质量"，提高这些场所吸引旅游者的能力。[30]

　　在《推销美国的遗产……又不贬低其价值》（"Selling America's Heritage… Without Selling Out"）一文中，理查德·罗德维克（Richard Roddewig）解释称："最大的困难是如何让工商业界，尤其是旅游业界，以及各个州与地方的政治家们进一步明白历史遗址遗迹对于旅游业的重要贡献。"[31] 支持遗产旅游的人士认为，从旅游收益中获得的资金能用于"历史资源的维护与保护"，并且，历史与旅游业的融合有机会推动人们"将保护与历史作为旅游体验不可或缺的组成部分"[32]。

　　在所有对遗产旅游感兴趣的人士中，有一些持保护主义的态度，他们积极地展示旅游业与历史资源相关联的案例。美国国家历史保护基金会将遗产旅游作为其倡议之一。对于该基金会而言，遗产旅游已经成为 20 世纪 90 年代保护运动的"经济引擎"。1988 年，该基金会收到来自美国国家艺术基金会的 30 万美元挑战补助金，用以"开发一个将建筑保护与旅游业联结得更紧密的遗产旅游项目"[33]。该基金会的旅游倡议现已进入运行阶段，旨在提升旅游行业对历史资源的意识，"帮助保护主义团体更好地理解旅游业的价值"[34]。

　　美国国家历史保护基金会选择了印第安纳、田纳西、得克萨斯及威斯康星四个州来参与试点计划，将其倡议付诸实施。试点计划为期三年，目标是"证明历史遗址遗迹可以成为重要的旅游吸引因素"。来自各个领域的专家同参与试点计划的四个州一道协作，确认并评估现有的遗产吸引因素，制定长期的旅游发展战略，鼓励旅游业界、保护主义者、政府机构及公民组织间密切合作，提升目标吸引因素的品质，建造必要的基础设施，为越来越多的到访游客提供支持。[35]

　　虽然保护主义团体中的多数人极力拥护遗产旅游，但遗产旅游的另一面——旅游业可以说是"有利有弊"。事实上，部分历史保护人士指出，假如未来这些历史遗址遗迹比当下更受欢迎，接待更多的游客，那么其生存可能也会受到威胁。从旅游业产生的收益中或许能获得一些资金上的便利，但这种便利是否会伤及国家的历史资源？同"环境承受力脆弱的自然景区"一样，历史建成环境的"使用力也是有限的"。[36] 若不加以警惕，不进行监管，过多的游客与过度的商业化可能会造成部分人为迎合游客喜好而进行"过度或不适当的利用"，导致出现"伪造古迹"的出现，从历史中"渔利"，给当地居民造成不便，导致历史资源的破坏。这些批评人士指出，只有通过战略规划，人们才能够既注重区域的经济发展，也重视保存区域内有形和无形资源，这些资源是区域吸引力的来源。[37]

　　也有些人对"遗产旅游双面性"中的遗产部分提出了质疑。真实呈现的历史，还会像遗产旅游倡导者们所以为的那样，对旅游者产生吸引力吗？传统观念之下，旅游者并不需要好的历史。在为乔治·华盛顿就职二百周年庆祝活动准备演讲稿时，肯·伯恩斯（Ken Burns）曾向来自市政厅广播制作公司的职员谈及类似的观点，他表示："历史并不总是那么合人心意。"因而，他认为自己得重新研究历史，以提升历史对现代观众的吸引力。[38] 尽管这一关切并不新鲜，但过去十年，历史学家和其他关心准确描述历史的人们越来越受到重视。那些参与了历史遗址遗迹保护与阐释的人，在寻找必要的资金以维持运转时，能够把握准确性要求与"可能破坏历史真实完好的呈现的公众开放性"之间的平衡吗？他们必须小心翼翼，不能太过强调从旅游业中获得的商业利益，而忽略对项目的有效保护与对活动的准确解释。[39]

尽管某些场所可能由于管理不善而发生倒退，出现对历史的"商业化包装"，但正确的历史阐释并不会影响人们的参观热情。弗吉尼亚州里士满情人博物馆对展览项目进行了革新，尽管引起了一些争议，比如种族层面的质疑，但这些改革措施不但令参观人数增至原先的三倍，而且提高了四十岁以下人群的支持度，将美国黑人游客占博物馆参观者总数的比例从 1985 年的 1% 增加到 1989 年的 15%。[40] 威廉斯堡遗址的员工与卡特果园的员工，尽管步伐有快有慢，成功程度有高有低，但他们都顺应潮流，利用历史学家及游客对奴隶制越来越浓厚的兴趣，将这种新的社会历史融入那些原本没有任何游客到访的场所的阐释项目中。[41] 除此之外，还有更多案例表明，大胆而富有想象力地运用各种展示技术，尝试着呈现一个更加全面而真实的历史，并不会造成游客的大量流失。事实上，情况恰恰相反，游客访问量反而得到了大幅提升。

还有些人关注的是历史保护单位是否支持遗产旅游，他们质疑这些历史保护主义者是否真的有能力或有意愿以某种形式来阐释历史。保护主义者们虽然帮助许多建筑物免遭遗忘，并煞费苦心地恢复了这些建筑物的外观，但是这些建筑往往呈现为"静态的历史"。在《关于历史现状的思考》（"Thoughts on the Present State of History"）一文中，尼尔·哈里斯（Neil Harris）以戴维·洛温塔尔（David Lowenthal）的研究 [42] 为基础，指出历史保护主义者努力创造的"凝固碎片"——无论赋有怎样的意义——本质上与历史相冲突，其所创造的世界可能与任何一段历史事实都相去甚远。[43]

另外，保护老建筑需要过多的经济投入，导致许多老建筑的保护限于结构层面，多出于经济的目的，而非教育的考虑。有鉴于此，经过修复的建筑若无法恢复到其原始用途，甚至丝毫发挥不了最基本的阐释功能，就会导致其在游客心目中留下"与该建筑的实际历史没有丝毫关联"[44]的历史印象。比如，文章《寻找昨日荣光》（"Selling the Image of History: Long Grove, Illinois"）赞扬了伊利诺伊州朗格罗夫（Long Grove）制作的宣传手册；朗格罗夫作为一片欣欣向荣的商业社区，对位于该镇中央商务区的建筑进行了仔细修复，并根据需要加以再利用，从而重新激发了经济活力。作为一个"公认的旅游目的地"，朗格罗夫仿佛将游客送回到了一个"更温和的时代、更友好的场所；在这个具有独特历史风味的村庄里，人们显得更加从容悠闲"。在这些可追溯至19世纪初的"仔细修复过的商店"中，旅游者既可以购买到缅因州的古董与19世纪的手工艺品，也可以购买到现代的婚纱与T恤衫。[45]这种类型的遗产旅游会成为主流吗？旅游者渴望体验的历史与历史事实还有一丝联系吗？完整性仅仅只能体现在建筑层面吗？来游览这些建筑的游客会在乎吗？

这种种问题应当能刺激历史保护组织内外的历史学家们采取行动。丹·莫里尔（Dan L. Morrill）曾指出，今天我们所面临的挑战是如何阻止人们利用那些违背历史目的的历史保护行为，比如推进旅游业发展。莫里尔担心，如果我们不采取行动，留存的一切遗址遗迹都将变成没有意义的历史；我们将面对无法证明其历史保存的有效性，那么整个保护行动都将失去信用。[46]不过，我们或许可以从莫里尔的担心、历史保护工作涉及的多方利益，以及游客到访这些历史古迹的意图中，找到一种折中的解决方案。

真正的挑战在于如何找到这一折中方案。历史学家不妨遵循理查德·罗德维克给历史保护主义者的建议："深入"旅游业，证明历史遗址遗迹在游客决策中的重要作用；看看在游客决定怎样花费自己的时间与金钱时，历史遗址遗迹是如何发生影响的。[47]既然遗产旅游的宣传推广尚处于起步阶段，历史学家们应当抓住机会，影响作为旅游消费等式一部分的"遗产"。历史学家身为遗产旅游推广团队的成员，应该同历史保护组织及旅游组织一起协作，既要确保"划拨给旅游业发展的资金恰当地用于维持、保护与提升历史资源"[48]，同时还应关注历史阐释，以确保在任何地点讲述的历史都是基于充分的历史研究的。

如何才能做到呢？用罗德维克的话来讲，我们如何才能"推销美国的遗产……又不贬低其价值"[49]？我们最起码可以从三个方面着手。第一，历史学家应该从一开始就参与到历史保护的过程中。第二，历史学家应直面事实，即历史是变化的，难以完全重新复制。第三，历史学家需要认识到，妥协有些时候是在所难免的。

首先，讽刺的是，如果历史学家仍然是"事后诸葛亮"，指责历史保护主义者和旅游业误解历史的话，他们就仍然在犯旧错。我们应该从一开始就有意识地参与这个过程，哪怕只是作为志愿者，而非作为有报酬的工作人员。显然，在旅游机构，比如州旅游局，为历史学家创造正规的职位是一个重要目标，但是，作为专业人士，我们也有义务提供服务。比如，在州旅游部门对遗产旅游进行推广时，我们应当加入到旅游工作组中，或者与保护主义组织一道协作，强调历史资源的重要性以及进行专业阐释的必要性。说到底，如若没有专业阐释，游览者即便来到这些历史遗址遗迹，也无法体验到另一个时空。遗产旅游中若缺失了历史要素，整个计划可能只是徒劳。

其次，或许也是更重要的一点在于，我们必须牢记并告知其他专业人士，以"完全照搬"的方式来重现历史是根本不可能的。[50] 任何场所，无论得到多么忠实的保护，代表的都是多个过去的合集。除了自身的历史累积外，这些场所还是当前状态与人们对其"设想"的综合产物。公众、政治因素、研究水平、有无保护资金、对某些特定场所的管理方法等，都会影响到这些场所最终呈现在观众面前的形象。[51] 这一点尤其重要，因为无论拥有多么雄厚的资金实力，我们都无法修复每个历史古迹的基础架构。在任何一个历史场所，我们的目标都不应只是给未来做出呈现，更是要给当前已有的历史传说注入活力，后者已是现有历史资源经验的一部分。

正如乔·布拉提（Jo Blatti）所讲的："我们的任务……不是通过重新装配与重新阐释来抹去历史记录，而是要找到一些方法，将历史阐释元素融入当前的游客体验中。"[52] 讲得次数多了，就连富有神话或传奇色彩的阐释也仿佛成为历史的一部分，导致游客在离开之时依然回味无穷。比如，前来朗格罗夫的游客在离开时，哪怕只有一个人认为朗格罗夫的存在、受欢迎及吸引他的原因是"某段历史"，那就说明我们成功了。

这种方法也提醒了我们，对重要性的认识因人而异，专业人士与非专业人士观点不同，各个文化或种族群体对此的感知也各不相同。如果我们像凯瑟琳·比谢尔（Catherine W. Bishir）所讲的那样是"文化政治的参与者"[53]，那么，我们需要明白，在我们参与到具体的阐释情境中时，我们的价值体系与参照框架如何影响了我们的关注点。承认文化的多元性（无论这种多元性是由社会经济状况、民族还是由种族因素造成的），认识到公众的历史观念不应遭到嘲笑或贬低，我们就可以运用建成环境来让游客与历史进行对话。

在这种情况下，无论这些场所的建造者或开发者是由于"信息缺乏"还是想当然地认定这样的场所是重要的，这都无关紧要。旅游者是否需要娱乐，是否出于怀旧情结，是否为寻求某种教益，也都没有关系。[54] 有些人认为，前往美国西部的旅游者及其对于"真实"西部的认识不值得一提；厄尔·波默罗伊（Earl Pomeroy）对此提出的批评十分中肯："总的来看，旅游者在休闲与观察中能够弥补自身在信息方面的欠缺。有时，他缺失的只是最狭义上的信息，却掌握了大量错误的西部成长史。他不仅可以告诉我们西部过去是怎样的，而且可以让我们了解西部原本想要成为怎样，曾经自认为怎样，以及他原本以为西部是怎样的……即便他有着不同于我们的目的，但我们仍然要像理解政治与机会一样去认识他所讲的一切。"[55] 如果我们把所有的时间都用于担心历史遗址遗迹是不是完美，那我们将会丧失利用古迹激发思考的机会，[56] 就会忽略掉我们自身训练中最基本的一个元素，即提问题的能力。

最后，我们必须记住，在历史保护方面，我们不可能尽善尽美。在每个具体的历史场景中，具体讲述的故事都受到各种各样的限制。我们必须巧妙地知道该在何时何地做出妥协，底线应当划在何处。我们需要明白，有些工作是无所谓的，尤其是那些脱离历史的工作。这一切并不是说，我们要不惜牺牲自己的职业伦理。查尔斯·布赖恩（Charles F. Bryan, Jr.）提出了一个很重要的问题："在历史知识市场化的今天，我们是否在牺牲历史机构和历史专业的完整构架和要求？"当然，他的警示是有依据的，尤其是当他表示"即便我们带着最好的意图去进行历史知识市场化，我们也须警惕，不应牺牲我们专业的完整构架和要求，尤其是对过去的忠诚"[57]。然而，我们同时还需牢记休斯（H. S. Hughes）有关历史学家与当代历史的思考：如果历史学家回避当代史，便没有人更有资格处理这一领域。最后写出来的历史将是没有我们任何贡献的作品。[58] 遗产旅游中的"遗产"同样如此。不过，我们可以通过多种办法来产生影响。指出不完美情境中的不足，既是激发历史思考、促进历史展示手段开发的一个有效工具，同样也体现了一种负责任的专业态度。

欧文·科布（Irvin Cobb）在《乐游记》（*Roughing It De Luxe*）中描述了自己 1912 年穿越大峡谷、在加利福尼亚海岸沿线的旅行，回顾了他前往各个城市游览时与当地人的部分交谈。他发现，旧金山人通常会向游客保证："昔日的浪漫故事已经随着老式建筑、老式景区及老式邻里的破坏而消失。"科布写道，浪漫故事似乎总存在于过去。所有的地方似乎只有在一个时代过去之后才能成为"故事"或获得价值，要么便会彻底消失。那些保留下来的"碎片化"遗存，随着时间越久远，价值也会越高。他总结道："年代赋予一切更高的价值，鸡蛋除外。"[59] 正如科布等人所指出的，过去常常被赋予浪漫主义色彩，并且只被当作部分碎片的集结，而非放入更大的语境中。旅游者通过探访遗迹怀念、回顾往昔，这一过程仍将继续，旅游业也将更清晰地认识到历史遗址遗迹在旅程中扮演的重要角色。问题在于旅游者能否获得必要的历史语境，从而有能力理解科布所提出的"失去语境"的遗存所蕴含的更大的意义？尽管历史保护组织及专业人士具有丰富的历史知识，他们的历史才能却有所差别。做历史保护工作的史学家应该更加努力，保护领域之外的史学家应同他们合作，引导各种力量和资源从旅游业流向遗产保护。

理想情况下，旅游业所获得的收益能提供资金，用于保护、改善与阐释我们的国家遗产。历史保护主义者与历史学家应携手合作，一方面保证对建筑历史的保护，另一方面确保各个建筑、遗址、街区及博物馆所要表述的故事都能以一种恰当的方式被讲述出来，给人们以提出问题的机会，激发他们的想象力，促进游客更好地理解历史与当下。历史学家可以参与到这一过程中，为历史遗址的展示设置情境，即便这些情境并不够完美；这些情境可以达到挑战公众固有历史观念的目的，激发公众去思考如何"在建立历史与未来联系的同时，欣赏当下，增加对当下的认识" [60]，与此同时，反抗对无意义的过去的保留。正如查尔斯·芬格叙述自己瞻仰野牛比尔的墓地时，那位老妇人对小姑娘所讲的"历史真奇妙" [61]。我们应当纠正这样的错觉，但保留此种信念。遗产旅游如果经过审慎的探索，可进一步促进历史学家与保护主义者之间的合作，使旅游者有机会以新的方式思考过去。

注　释

[1] Charles J. Finger, *Foot-loose in the West*, New York: William Morrow Co., 1932, pp.18–19.

[2] 白翼（white wings）：[美国口语] 纽约市穿白色制服的清道工们。——译者注

[3] Richard J. Roddewig, "Selling America's Heritage...Without Selling Out," *Preservation Forum*, vol. 2, Fall 1988, p. 2.

[4] John A. Sears, *Sacred Places: American Tourist Attractions in the Nineteenth Century*, New York: Oxford University Press, 1989, p.3.

[5] *Ibid.*, pp. 3–11.

[6] Roddewig, "Selling America's Heritage," pp.2–3; Merriam Mashutt and Lynda Cronin, "Tourism: A Vital North American Industry," *Business America*, vol. 12, February 1990, pp. 22–23.

[7] Sears, *Sacred Places*, pp. 4–5, pp. 211–213.

[8] Julius Weinberger, "Economic Aspects of Recreation," *Harvard Business Review*, vol. 15, Summer 1937, pp. 455–461; Warren James Belasco, *Americans on the Road: From Autocamp to Motel, 1910–1945*, Cambridge: MIT Press, 1979, pp. 142–169.

[9] U. S. Department of Commerce, *Survey of Current Business, 1949*, Washington, D.C.: Government Printing Office, 1949, as reported in *The Vacation Travel Market of the United States: A Nationwide Survey*, No. 1, Philadelphia: Curtis, 1950, p.17, p.19, quoted in John A. Jakle, *The Tourist: Travel in Twentieth-Century North America*, Lincoln: University of Nebraska Press, 1985, p.332.

[10] *Michigan Tourist Survey* , East Lansing: Michigan State College, Bureau of Business Research, Research Report No. 7, 1953, p. 6, and L.J. Crampton and F.W. Ellinghaus, 1953 *Colorado Statewide Summer Tourist Survey*, Boulder: University of Colorado, Bureau of Business Research, 1953, p. 40, quoted in John A. Jakle, *The Tourist: Travel in Twentieth-Century North America*, Lincoln: University of Nebraska Press, 1985, pp.186–187, pp. 332–333.

[11] Mashutt and Cronin, "Tourism," pp. 22–23.

[12] Roddewig, "Selling America's Heritage," p. 2; Edward Innskeep, "Tourism Planning: An Emerging Specialization," *Journal of the American Planning Association*, vol. 54, Summer 1988, pp. 360–361.

[13] David M. Hummon, "Tourist Worlds: Tourist Advertising, Ritual, and American Culture," *Sociological Quarterly*, vol. 29, Summer 1988, pp.188–189.

[14] *Ibid.*, p.179, p.181

[15] Advertisement, *Home and Away*, May/June 1990.

[16] Tom Herrin Associates, "Heritage Tourist Visitor Survey," in *Adventure Arkansas: The Realities and Possibilities of Heritage Tourism*, Little Rock: Historic Preservation Alliance of Arkansas, 1989, Appendix A; Arkansas Department of Parks and Tourism, "1987 Tourist Information Center Survey," in *Adventure Arkansas: The Realities and Possibilities of Heritage Tourism*, Appendix B.

[17] Historic Preservation Alliance of Arkansas, *Adventure Arkansas: The Realities and Possibilities of Heritage Tourism*, pp. 11–22; Roddewig, "Selling America's Heritage," p. 3.

[18] James C. Makens, "The Importance of U.S. Historic Sites as Visitor Attractions," *Journal of Travel Research*, vol. 25, Winter 1987, p.11.

[19] Bureau of the Census, *Statistical Abstract of the United States: 1990*, 110th edition, Washington, D.C.: Government Printing Office, 1990, p. 223. 历史遗址遗迹类数据资料的汇编相对较难，因为此类数据往往未被当作一个独立类别呈现于游客访问数据表中。我们可以获得多数国家公园的

数据，但是各个州及地方性公园及或历史遗址遗迹的资料通常未对外公布。有关这方面的更详细的讨论，请参见：Makens, "The Importance of U.S. Historic Sites," pp. 8–12. 关于州数据的样本，可参考：Illinois (1989: 2, 913, 627), Illinois Historic Preservation Agency, *1989 Annual Report*, Spring-field: Illinois Historic Preservation Agency, 1989, p. 21; Wisconsin (1989: 255, 308), Wisconsin Legislative Reference Bureau, *State of Wisconsin 1989–1990 Blue Book* , Madison: Wisconsin Legislative Reference Bureau, 1990, p. 702; Pennsylvania (1986: 238, 626), Pennsylvania State Data Center, *1987 Pennsylvania Statistical Abstract* , Harrisburg: Pennsylvania State Data Center, 1987, p. 227; Utah (1985: 578, 003), Bureau of Economic and Business Research, *Statistical Abstract of Utah 1987* , Salt Lake City: University of Utah, 1987, p. 333; Florida (1988–1989: 544, 459), Bureau of Economic and Business Research, *1989 Florida Statistical Abstract*, 23rd edition, Gainesville: University of Florida, 1989, pp. 457–459; Nebraska (1987: 422, 909), Nebraska Department of Economic Development, *1988–1989 Nebraska Statistical Handbook*, Lincoln: Nebraska Department of Economic Development, 1989, p. 282; South Carolina (1987: 26, 595), South Carolina Budget and Control Board, *South Carolina Historical Abstract 1987*, Columbia: South Carolina Division of Research and Statistical Services, 1989, p. 308; Colorado (1984: 188, 800), Business Research Division, College of Business Administration, *Statistical Abstract of Colorado*, Boulder: University of Colorado, [1984], p. 595; Arizona (1986: 578, 003), Economic Planning Division, Valley National Bank of Arizona, *Arizona Statistical Review*, Phoenix: Valley National Bank of Arizona, [1986], p. 51. Selected local Nebraska sites (1987: 395, 976), Nebraska Department of Economic Development, *1988–1989 Nebraska Handbook*, p. 283.

[20] Sears, *Sacred Places*, p. 24, pp. 49–50.

[21] Charles B. Hosmer, Jr., "Historical Preservation, Tourism and Leisure," *Monumentum*, vol. 13, 1976, p. 81.

[22] John A. Jakle, *The Tourist: Travel in Twentieth-Century North America*, Lincoln: University of Nebraska Press, 1985, p. 286.

[23] Roddewig, "Selling America's Heritage," p. 2.

[24] Jakle, *The Tourist*, p. 288.

[25] Roddewig, "Selling America's Heritage," pp. 2–7; Arthur Frommer, "Historic Preservation and Tourism," *Preservation Forum*, vol. 2, Fall 1988, pp. 10–12; "Looking Forward: The National Trust Program Council Report," *Preservation Forum*, vol. 2, Fall 1988, pp.13–16.

[26] Innskeep, "Tourism Planning," p. 361.

[27] "OAHSM Annual Meeting Links History and Tourism," *The Local Historian*, September/October 1989, p. 3.

[28] "Illinois Crosswords," Congress of Illinois Historical Societies and Museums Fall Conference, November 1990, flyer.

[29] David A. Hartmann and Elizabeth Bogle-Gaddam, "Marketing History: Opportunities for Small Historic Sites," *Local History Notebook*, September/October 1989, pp. i–iv.

[30] Historic Preservation Alliance of Arkansas, *Adventure Arkansas*, p. i.

[31] Roddewig, "Selling America's Heritage," p. 3.

[32] "Looking Forward," p.13.

[33] Roddewig, "Selling America's Heritage," p. 3; "Looking Forward," p.16.

[34] Cheryl Hargrove, "Executive Summary of the Tourism Initiative," in *The Sourcebook, American Association of Museums*, Washington, D.C.: American Association of Museums, 1990, p. 83.

[35] Hargrove, "Executive Summary," p. 84; "States Chosen for Tourism Project," *Preservation News*,

May 1990, p. 16.

[36] Robert E. Stipe, "The Next Twenty Years," in Robert E. Stipe and Antoinette J. Lee, ed., *The American Mosaic: Preserving a Nation's Heritage*, Washington, D.C.: US/ ICOMOS, 1987, pp. 277–278.

[37] Everett Ellin, "Irresponsible Tourism Threatens Fragile Resources and Way of Life," *Preservation Forum*, vol. 4, Summer 1990, pp. 6–7; J. Myrick Howard, "Where the Action Is: Preservation and Local Governments," in Robert E. Stipe and Antoinette J. Lee, ed, *The American Mosaic: Preserving a Nation's Heritage*, p. 143; Sharr Steele-Prohaska, "Tourists Could Hurt Tourism," *Preservation Forum*, vol. 3, Winter 1990, p. 9.

[38] Ken Burns, "History, Humanities, and Media," *Humanities*, Spring 1990, p. 3.

[39] Hosmer, "Historic Preservation, Tourism, and Leisure," p. 91; Gregory E. Andrews, "Historic Preservation in the Private Sector," in Robert E. Stipe and Antoinette J. Lee, ed., *The American Mosaic: Preserving a Nation's Heritage*, p. 233.

[40] "A New Vision: The Valentine," *History News*, July/August 1989, pp. 26–27.

[41] Patricia Leigh Brown, "Away From the Big House: Interpreting the Uncomfortable Parts of History," *History News*, March/April 1989, pp. 8–10; Carroll Van West and Mary S. Hoffschwelle, "Slumbering on Its Old Foundations: Interpretation at Colonial Williamsburg," *The South Atlantic Quarterly*, vol. 83, Spring 1984, pp. 157–175.

[42] David Lowenthal, *The Past Is a Foreign Country*, London: Cambridge University Press, 1985.

[43] Neil Harris, "Thoughts on the Present State of History," *History News*, January/February 1988, p.16.

[44] William J. Murtaugh, *Keeping Time: The History and Theory of Preservation in America*, Pittstown, N.J.: The Main Street Press, 1988, pp.166–167; Elizabeth Collins Cromley, "Public History and the Historic Preservation District," in Jo Blatti, ed., *Past Meets Present: Essays About Historic Intepretation and Public Audiences*, Washington, D.C.: Smithsonian Institution Press, 1987, pp. 32–33.

[45] Tourist Brochure, Long Grove, Illinois; *Long Grove Gazette,* September 1988; Kathleen Toerpe, "Selling the Image of History: Long Grove, Illinois," Paper presented at the Second Annual History Graduate Student Conference, Loyola University, Chicago, Illinois, February 1990, p. 3.

[46] Dan L. Morrill, "The Challenge Today: To Introduce Constraints," *History News*, May/June 1988, p.16.

[47] Roddewig, "Selling America's Heritage," p. 5.

[48] *Ibid.*, pp. 6–7.

[49] *Ibid.*, p. 2.

[50] Jo Blatti, "Introduction," in Jo Blatti, ed., *Past Meets Present*, p. 3.

[51] Dwight T. Pitcaithley, "Historical Sites: What Can Be Learned From Them," *The History Teacher*, vol. 20, February 1987, p. 207.

[52] Jo Blatti, ed., *Past Meets Present*, p. 3, p. 6.

[53] Catherine W. Bishir, "Yuppies, Bubbas, and the Politics of Culture," in Thomas Carter and Bernard L. Herman, ed,. *Perspectives in Vernacular Agriculture, III*. Columbia: University of Missouri Press, 1989, p. 15.

[54] Earl Pomeroy, *In Search of the Golden West: The Tourist in Western America*, New York: Afred A. Knopf, 1957, p. v; William T. Alderson and Shirley Payne Low, *Interpretation of Historic Sites*, Nashville: American Association for State and Local History, 1976.

[55] Pomeroy, *In Search of the Golden West*, pp. vi–vii.

[56] Michael H. Frisch and Dwight T. Pitcaithley, "Audience Expectations as Resource and Challenge: Ellis Island as a Case Study," in Jo Blatti, ed., *Past Meets Present*, pp.153–165.

[57] Charles F. Bryan, Jr., "Marketing History: How Far Have We Come, How Far Do We Go?" *History News*, July/August 1989, pp.12–13.

[58] H. S. Hughes, *History as Art and as Science: Twin Vistas on the Past*, New York: Harper and Row, 1964, p. 107.

[59] Irvin S. Cobb, *Roughing It De Luxe*, New York: George H. Doran Co., 1914, pp. 140–142.

[60] Kevin Lynch, *What Time Is This Place?*, Cambridge: MIT Press, 1980, p. 1.

[61] Finger, *Foot-loose in the West*, pp.18–19.

家族史研究

引言

家族史研究与家族资源的发掘：拓展公众史学发展的新领域

梁敬明 *

家庭是社会生活的基本组织单位，或称社会的细胞，其进一步扩大则是家族、宗族。笔者曾对以亲缘组织为基础的中国传统乡村社会有这样一段描述：

> 就传统乡村社会而言，多如繁星、数以百万计的自然聚落主要是建立在血缘关系基础上的。在这里，无论是空间环境还是人文环境，小农人居和谐的极致图景一如中国传统山水画所抽象表达的那样，简单、怡然、流长。于是，在古老的祠堂里，在浓密的槐树下，老人们诉说着村落曾经拥有的一段段精彩的故事，那是始迁祖艰苦创业的传说，是家族兴衰的记载，是家规遗训的教诲；于是，村落的历史在诉说中延续流远；于是，乡土中国的传统在这里默默积淀。而在乡村看似平和的、超稳定的常态背后，却孕育着变动的因素，或经受着外部世界不时的冲击，而且愈演愈烈，生活在乡村的人们参与着、承受着、反应着，乡村社会的变迁也就在沉着中或快或慢地向前推进。[1]

近代以来，随着经济社会的急遽变化，家庭结构、家庭职能、家庭关系，以及家庭观念、婚姻观念等均发生了显著的变化。曾经的年代，"个人"被"集体"侵犯，"家庭"被"公社"取代，"家族"一词也变得非常敏感。提及家族，必加"封建"二字，所谓"封建家族"。对家族及其形态，往往斥之为"封建糟粕"，或以为有"反动""复古"，甚至"复辟"之嫌，横加控诉、批判。

---

* 梁敬明：浙江大学历史学系教授。

20 世纪 80 年代，当家族意识在中国逐渐复苏并显性地表现为家族、宗族活动，如重建祠堂、培修祖墓、续纂家谱、联宗祭祖、聚族结会的时候，全社会也曾表现出紧张、复杂的态度。[2] 及至世纪之交，人们面对社会和家庭的失范问题，又发出了重视家庭、重建家庭的呼吁，力图重新发掘家族资源的合理内核。[3] 传统时期，各姓家族、宗族及其核心人物，或勤业睦族、诗书传家，或乐善好施、教化乡里，或持正为民、清廉为官，或爱国爱乡、垂范后世。其间维系和支撑这些家族代际传承、繁衍生息的要素和力量又是什么？笔者尝试做过相关的阐释：

> 是什么力量支撑着郑氏家族同居共食历数百年而不衰？是同居史上的这些家族核心人物？还是一部完备的《郑氏规范》？或许可以这样回答：是几个家族核心人物，以"孝义"的核心理念，以经过他们不断完善的《郑氏规范》为纽带，逐步形成了一种强大的内聚力而支撑着郑氏家族同居共食历数百年而不衰。这种内聚力折射出建立在财产共有制基础上的家族意识形态。而在与朝廷的对峙中，这种内聚力甚至突破家族的边界，在区域社会形成合力。[4]

毫无疑问，家规、家训、家风实际上已内化为家族的精神资源。这种家族精神资源的合理内核或现代价值，具有教化意义：继承和发扬从以始迁祖为代表的祖先身上体现出来的坚忍不拔、开拓进取的精神，族人牛角挂书、耕读传家的尚学重教的家风，继承和发扬家规家训订立的健康良好的行为准则；进一步或乐善好施、教化乡里，或持正为民、清廉为官，或爱国爱乡、垂范后世。

现今从政府到民间，皆重视家庭之于社会的基础性地位和功用，倡导发掘家规家训等家族资源的合理内核；弘扬乡贤文化，推进乡风文明建设；实施乡村振兴战略，协调区域关系，统筹城乡发展。凡此种种，预示家族史研究与家族资源的发掘，将是拓展公众史学发展新领域的良好契机。

注　释

[1] 梁敬明：《走近郑宅：乡村社会变迁与农民生存状态（1949—1999）》，北京：中国社会科学出版社，2005年，第20页。

[2] 当时部分农村的家族活动被认为是宗法思想和家族观念的滋长。因此有人认为，解决封建宗法思想和家族观念问题是长期的历史任务，要清除人们头脑中的宗法思想和家族观念是十分艰巨的。

[3] 关于家族资源并无专题讨论。人们只是在谈论家族企业时，会引入家族资源的概念，其指称往往是经济意义上的家族物质财富，某些时候也会指向家族的精神财富。本文将家族资源视为特定家族所积淀的有形的物质财富和无形的精神财富的总和。

[4] 梁敬明：《家族资源及其现代价值——以浙江省浦江县郑氏家族为例》，《浙江工商大学学报》，2007年第6期，第26—32页。

民间家书与公众历史建构

张 丁[*]

摘要： 一项名为"抢救民间家书"的文化项目，把原本分散保存在一个个家庭的家书集中到博物馆里。在此过程中，家书捐赠者逐渐认识到自己的家书也具有一定的历史价值与伦理价值，自己的历史也是国家大历史的一部分，历史意识开始觉醒。公众历史书写需要专业历史学者和社会公众的共同参与。收集、整理家书等公众历史史料，是公众参与历史书写的一个理想的切入点。公众历史知识和公众历史作品通过展览、图书、报刊、影视、网络等媒介向社会传播，从而影响更多的公众，最终形成公众参与历史建构的良性循环。

关键词： 民间家书；公众历史；建构；传播

公众史学作为历史学的一种新形态，不同于历史学的其他流派如计量史学、环境史学、心理史学等。后者是在历史学自身变革中产生的新兴力量，而公众史学则突破了历史学专业的界限，走向了社会，需要社会大众的广泛参与。公众史学的建构是一个复杂的系统工程，涉及概念界定、学科内涵、学科规划、人才培养等诸多方面，对此历史学界已经进行了较多的探索。然而，如何动员公众参与公众历史建构，仍需深入探索。笔者拟从公众史观启蒙、公众历史书写与公众历史传播三个方面，阐述民间家书与公众历史建构的关系，说明在公众历史建构的过程中，民间家书能够发挥独特的作用。

---

* 张丁：中国人民大学家书博物馆副研究馆员。

民间家书与公众史观启蒙

公众史观，是一种观察历史、认识历史的方法，与之相近的概念有公共史观、大众史观、群众史观、人民史观、平民史观、民间史观等，与之相对的概念有精英史观、英雄史观、帝王史观等。公众史观强调社会公众在历史上的作用，主张研究历史不能只关注国家的大历史，不能只关注政治史、经济史、军事史、外交史等大的历史走向，也应该关注占人口绝大多数的普通人的历史，应研究普通人对社会进步的影响与贡献，研究民间异彩纷呈的社会生活。

顾名思义，公众史学是以公众为中心的史学，需要公众参与。我国公众的历史意识究竟有多高，笔者在实践中发现，情况并不乐观。因此，对广大公众而言，就需要进行公众史观的启蒙，比如发表文章，出版刊物，举办培训班，举办公众写史大赛，制作、传播各种音频、视频，组织历史嘉年华活动，等等。通过这些活动，人们可以认识到普通人参与历史建构的意义，从而激发他们参与的热情。2005 年以来，笔者主要从事民间家书的收集与研究工作，通过实践发现，民间家书对于公众史观的启蒙具有特殊的意义。

（一）民间家书征集具有民间性、广泛性的特点

家书就是书信，它有广、狭二义。狭义的家书是指家人之间的书信，广义的家书则扩展到亲友之间的书信，也就是除了公函和商函以外的所有私人书信的总称。本文所讨论的家书属于广义家书，在档案学界被称为私人档案、家庭档案的一种。[1]

家书原本分散保存在一个个的家庭和个人手里，我们是通过什么方式进行收集的呢？首先说明，不是购买。[2] 我们把家书看作国家文化遗产，利用 21世纪初国家重视文化遗产抢救的大好时机，发起了一项"抢救民间家书"的公益文化项目。什么是民间家书？民间家书是指散落在普通百姓家里的家书，主要是普通人的家书，也有少量名人家书。这些家书尚没有被各级各类档案馆、博物馆、图书馆等收藏，绝大多数没有公开出版，也没有被用作学术研究。

这些家书的保存状况如何呢？除了极少数做了捐赠、进入公藏，或者发表、出版外，绝大多数都被个人珍藏或尘封起来，还有一部分被当成无用的旧物而随意丢弃，进了废品收购站。我们抢救的对象就是这类家书，即民间

家书。相反，那些已经被公藏或私藏的名人家书则不在我们的抢救征集范围之内。这样做的原因，一方面是名人家书早就是收藏界的宠儿，很难有人无偿捐赠；另一方面是大多数名人家书早就进入公藏，散落在民间的数量不多，而且还有赝品的困扰。因此，我们抢救征集的范围就是遍布于一个个家庭的普通人的家书。从家书持有者的身份来看，我们不设门槛，只要有家书，谁来捐赠都可以。我们面对的就是普通百姓，也叫社会大众、社会公众，这与公众历史的主体是一致的。从家书的来源看，是此前无人关注的民间，因此具有民间性、草根性的特点。

为了使活动具有权威性和号召力，我们与中国国家博物馆、中国民间文艺家协会、中华炎黄文化研究会等五家权威单位合作，邀请费孝通、季羡林、任继愈等46位文化名人联名倡议。在征集的范围方面，我们同样不设门槛，家书的年代不限、数量不限、地域不限，信纸、信封齐全最好，只有信纸或者信封也可以，明信片、电报纸、挂号条也要。所以征集范围具有广泛性的特点。方式就是无偿征集，鼓励捐赠。

2005年4月"抢救民间家书"项目正式启动，经过新闻媒体的报道，在社会公众中产生了强烈反响。两个月，征集家书8000封，一年突破20000封，两年就达到40000封。为什么公众反响这么热烈？最重要的原因就是，他们没有想到自己的家书还有这么大的价值，值得收藏在国家博物馆，从而变成文物级的文献资料。我们在征集过程中重点宣传这一点，使大家认识到，他们的家书在自己家里至多是个人资料和传家之宝，但如果应征，寄到北京，就会成为国家文献，不仅能够得到更好的保护，而且其价值也大大提升。所以，许多人拿出了保存多年的家书，有的已经保存了几代，堪称传家宝了。

（二）公众对民间家书价值的认同及历史意识的觉醒

征集家书的过程并非一帆风顺，也遇到不少困难，其中最大的困难，就是社会公众对于家书价值的认识。在我们所接到的咨询电话中，问得最多的就是："我是普通人，我的家书有价值吗？"甚至连一些较高级别的领导也反问我们："普通老百姓的信有价值吗？"当然，对这些问题我们都给予了十分肯定的回答。那么，这些民间家书到底有什么价值呢？

首先是历史价值。家书是家庭成员或亲朋好友之间传递信息、表达情感的载体，尤其是在电子通信普及之前，可以说是身处不同地区的人与人之间沟通联系的唯一渠道，是记录人类社会生活、思想情感的鲜活的文本。人们在家书中谈论最多的是个人的私事、家事，包括琐碎的日常生活、个人的心路历程，此外，也会谈到身边的人和事，社区、村庄、单位、区县的新闻，还有当时的国家政策，比如政治、经济、文化、军事、外交，还会涉及文学、历史、地理、诗词、音乐、美术等方面的内容，几乎就是一部百科全书。

1949 年袁志超致弟弟袁超家书。图片来源：中国国家博物馆

　　一封家书就是一段历史。比如原解放军二野十八军政治部秘书袁志超写于 1949 年端午节的一封家书，长达 6000 多字，用文学化的笔触，记录了所在部队渡江作战及追剿残敌的过程，生动翔实，不失为研究渡江战役、我军俘虏政策等课题的重要史料。[3] 有的人所保存的家书数量多，连续性强，内涵丰富，史料价值很高。比如山东淄博许达先生所保存的近 2000 封家书，写作时间从 1958 年到 2001 年，跨度近半个世纪，家书作者近 20 位，所涉及的地区有济南、曲阜、鱼台、烟台、济宁、淄博等。内容除了家长里短的小事，也有对国家大事、城乡社会和居民生活的记述，反映了当地社会风貌的若干断面，提供了大历史背景下普通百姓的生活轨迹。[4] 总之，家书就是从个人视角观察社会的历史文献，是研究个人史、家庭史、家族史、组织史和区域史的重要史料。

　　其次是伦理价值。家书是人与人之间进行书面交流的证物，而且这种交流是遵循一定的规范进行的，这种规范与中国传统的伦理价值观是相符的，也就是古代的"三纲""五常"，以及近代以来所倡导的爱国、诚信、平等、自由等理念。所有这些伦理规范都体现在家书的格式及礼仪上，比如传统家书中的称谓、提称语、启辞、起首语、正文、自称、结束语、祝颂语、落款等。传统家书的格式自魏晋以来逐渐定型，一直延续到民国，历代略有变化，也反映了中国伦理观念的演变。清末，西式书信进入中国，特别是新文化运动以来，传统家书的格式也发生了变化，最大的变化就是竖写变成了横写，那些烦琐的称谓、提称语等也大大简化了。虽然格式变了，但其中所蕴含的道德规范和情感表达并未改变。在国家和社会大的道德观、价值观层面，爱国、诚信、友爱是主题。在家庭伦理层面，中华传统美德一脉相承，主要表现在长辈写给晚辈的信，以关爱、训导为主；晚辈写给长辈的信，以感恩、孝敬为主；同辈兄弟姐妹之间的信，以互相关心、亲如手足为主；夫妻恋人之间的信，以纯真爱情为主。这些道德观、价值观仍是我们当今社会所需要的，具有鲜明的时代价值。

再次是教育价值。人的一生，要接受各种教育，包括家庭教育、学校教育、社会教育。其中家庭教育是基础，延续的时间最长，有的可能贯穿一生。自古以来，家书是家庭教育的重要载体，像《诫子书》《曾国藩家书》《梁启超家书》等已成为家训和家教的经典。从我们所收集的民间家书来看，许多平民家庭也是通过家书教育子女的。长辈写给晚辈的信常常有家训的内容，主要包括如何做人、修身、交友、读书等；晚辈写给长辈的信则是汇报思想、工作、学习、处事等各方面。因此，家书里的交流是双向的，家教是在家长与子女的沟通交流中实现的。前人的家书为我们留下了家教的真实案例，同时也启示我们，要善于利用家书进行沟通交流，因为家书是一种温柔理性和有效的沟通方式。此外，在对青少年进行爱国主义教育、革命传统教育和思想道德教育等方面，家书也能发挥独特的作用。

最后是艺术价值。家书是书写在信笺上的文字，它与信封、信笺、邮票、邮戳等一起构成了具有多元文化价值的艺术载体。那些精美的艺术类笺纸，不仅使一封封家书变成了具有审美价值的艺术品，而且其本身也成为一种艺术门类，受到收藏者的追捧。特别是家书中的书法，往往真情流露，率真自然，比单纯的书法作品更有感染力。名人家书早就是收藏界的一个门类，随着民间家书抢救工作的深入开展，普通人的家书也进入了收藏者的视线。近年来，电话及网络通信几乎完全取代了传统书信，与死板冰冷的计算机文字相比，那些极具个性、带有温度的手写家书，已成为令人珍视的不可复制的艺术品。

当我们把民间家书所具有的历史价值、伦理价值、教育价值和艺术价值向公众解释以后，他们普遍的反应先是惊讶，继而认同，最后同意捐出所藏的家书。在我们与他们反复沟通的过程中，他们对于历史的认识也发生了变化。此前，他们认为自己只是茫茫社会中的一粒尘埃，生老病死，匆匆一生，历史离自己很远，甚至与自己无关，他们不知道自己包括家庭、家族或者社区也都是历史的一部分，所以基本上没有历史意识。也就是说，广大的民间是被历史研究所忽视的。忽视的原因，一方面是长期以来的大历史观、精英史观的教育，另一方面是民间的集体无意识，组成民间的个体没有意识到自己也是历史的一部分。

历史意识是指"人们在历史认知基础上凝聚、升华而成的经验性心理、思维、观念和精神状态"[5]。历史学家拥有历史意识的优先权，"这种优先权要求历史学家履行一项神圣的职责，即将历史意识传递给一切需要它的人"[6]。按照公众史观，每个人都有自己的历史，"人人都是他自己的历史学家"[7]，而现实是民间普遍没有这种历史意识，"公众史学家的主要职责在于发掘这种潜藏的历史感知，帮助人民发现他们自己的历史，并协助他们理解在认知历史和创造历史的进程中自己所扮演的角色"[8]。对于公众历史意识的缺失，陈新先生结合自己设计的"历史认识形成过程结构图"，对"公众史学"进行了重新定义："公众在反思自我历史意识和历史认识生成的情形下进行的历史表现与传播。"[9]此处，他是从公众角度来谈的历史意识，用的是"反思"，而本文强调的是外部的启蒙。

从我们的实践来看，家书是历史意识进入民间和公众的一个较好的切入点。家书是人们独特的生命体验，一封家书，就代表着一段历史。家书普遍存在于民间，就等于历史普遍存在于民间。每个人都是历史的参与者，都参与了历史大剧的演出，只不过有主角、配角和背景之分。正因为家书拥有如此重要的文化价值，才被视作文化遗产而收藏在博物馆里。这样，家书持有者便逐渐意识到，自己的家书也有价值，自己也能进入历史，其历史意识也渐渐觉醒了。

通过民间家书的征集活动，他们开始意识到，自己的家书不仅能够在建构自己的历史、家庭的历史中发挥重要作用，也能够为建构地区和国家的历史出一点力。于是，他们开始支持我们的"抢救民间家书"活动，最基本的方式就是捐赠家书，配合提供相关资料，继之动手整理自己的家书，向身边的亲友宣传抢救民间家书的意义，动员他们捐赠，还有的自发成立分支机构[10]，义务扛起区域性抢救民间家书的大旗。有的更进一步，通过家书参与到个人史乃至公众历史的建构中。十多年来，先后响应我们的号召，无偿捐赠家书的朋友有近三千人，其中有一百人左右成为志愿者，与我们并肩战斗在抢救家书第一线。

民间家书与公众历史书写

公众历史的主要活动形态是历史书写，历史书写是一种将生活世界转化为文本世界的写作活动，是历史研究的基础。[11]钱茂伟先生提出了"人人都是历史的记录者"的观点，认为历史书写重点是历史记述，进入的门槛较低，鼓励人们多进行历史记录。[12]从理论上讲，这种观点确实鼓舞人心，也非常符合公众历史的理念，但是在实践中，在实际操作层面，还是有不小难度。难度在于，有些人并不具备书写或记录的能力。比如有些早年参加革命或从事体力工作的老人，文化水平很低，有的甚至不认识几个字，但他的一生有着传奇的经历，非常值得记录下来，这就需要专业人士对他进行采访，最终要以口述史的形式来呈现其人生经历。有些老人有一定文化基础，但多年很少动笔，写作能力较弱，虽然很想留下个人的历史，但也难以承担记录和书写的责任。这样的老人，我们在征集民间家书的过程中，就遇到不少。

公众历史究竟由谁来书写？恐怕还是要由历史专业人士和公众合作完成。历史书写毕竟是一项较为专业的工作，需要具备收集史料、研究史料、驾驭史料、分析考证、撰写文章的基本能力。公众历史书写是一种有意识的、具有一定专业性的文本写作，比写日记要求高，需要一定的文史基础与书面表达能力。已经完成的有代表性的公众历史著作[13]也证明了这一点。

既然如此，普通人能做什么？普通人可以从一些基础工作开始，如史料的搜集和整理。这类工作门槛低，一般稍有文化知识或者经过一些基本培训的人都可以做。若实在无法完成，可以把史料交给专业机构来做，比如博物馆、图书馆、档案馆等，而家书博物馆就承担着这样的工作。

（一）公众历史史料的收集、整理

在进行写作之前，先要收集史料。史料大致可以分为以下五类：1.文字史料，比如书信、日记、笔记、文稿、账单、表格、证件、门券、病历等与自己工作、生活相关的文字性资料。2.影像史料，各个时期的照片、录音、录像资料。3.口述史料，如回忆性访谈。4.人事档案，在单位保存的每个人的人事档案。5.工作档案，与工作有关的各种文字及影像档案。这些都是具有档案性质的文献，主要是家庭档案，也有人事及工作档案，钱茂伟先生把它们称为"公众历史档案"[14]，这是比较接近档案学的概念。从历史学的角度，我觉得称之为"公众历史史料"更好，概念也更为明确，就是指为写作公众历史而准备的史料。这些史料每个人都可以收集、保存，真正可以最大限度地动员公众参与。收集史料从哪里入手？家书。为什么要从家书入手？

严格说来，家书是史料的一种，具有以下特点：第一，真实可靠。家书属于原始记录性的档案，是写信人当时记录的所见、所闻、所感，是第一手史料。任继愈先生说："家书写的时候不是为了发表，也不是为了给别人看的，所以讲真话的多。"他的意思是，有些名人家书说的并不一定是真话，而民间家书"说真话，表达真情，很有意义"。[15]第二，家书是活的史料。家书反映了写信人的内心世界，是带着感情的史料。历史学界已经注意到人物的内心世界对于历史研究的重要性，"如果历史学家不能以适当的方式，接近其正在研究的人物的内心世界，也就不能撰写出适当的历史"[16]。第三，内容广泛。家书里不仅记录有个人及家庭的日常生活事迹，也有单位及周围所发生的事情，还有当时国家及国际上所发生的大事，以及作者对于这些事情的感受、评价。有的家书记载非常详细，成为具有"备忘"性质的文字。比如作家裘山山就从父母所保存的家书中找回了自己青年时期的若干记忆："我的记忆是不可靠的，我一直认为，自己从当兵后就经济独立了，没有再依靠父母了；从信里发现，在我当兵和上大学期间，我还是时不时地会从父母那里收到资助。"[17]她所保存的家书中，还发现了很多可以弥补记忆缺失的内容。

史料收集起来后，如何进行处理呢？可以先进行初步整理，比如把所有的书信分类编辑，编成书信集。如果书信数量多，且时间连贯，那它们本身就是一部历史性质的资料集，也是下一步写作个人史最重要的参考史料。日记也类似，如果某人有写日记的习惯，并且保留下来的日记非常完整连贯，那它本身就是一部传记性质的资料集。如果把日记与书信对照起来，互为补充，互为参照，个人史史料就更完整了。

实践证明，从家书入手整理史料，是切实可行的，是进入公众历史书写的第一步，这方面有一些成功的例子。[18]家书等公众历史史料广泛存在于各个家庭中，是最广泛地动员公众参与自己历史书写的一个理想的切入点。公众可以由家书入手，系统整理自己所保存的各类家庭史料，广泛收集与自己及家庭相关的其他各类史料，主动配合专业人士做好口述采访。这些史料的收集、整理非常重要，一方面可以为历史学家撰写大历史提供史料，另一方面也能为书写自己的小历史做好准备。

（二）公众历史书写

在历史书写方面，应包括两个方面的内容：一是专业历史学者运用公众历史史料进行大历史的撰写；二是专业历史学者或社会公众运用公众历史史料进行公众历史写作。也就是说，不管哪个方面的公众历史书写，都离不开历史学者的参与。

前辈学者承续中国传记的传统，在公众历史写作方面已经为我们做出了榜样。比如何炳棣先生的《读史阅世六十年》一书，"把本人一生，在国内、在海外，每一阶段的学思历程都原原本本、坦诚无忌、不亢不卑地忆述出来"。虽然何先生自认为这是一部"学术回忆"，但他还是希望该书"对历史社科以外的广大读者都能具有一定的可读性"。[19]章开沅先生《实斋笔记》[20]的前三卷——《历史寻踪》《师友杂记》《海外学记》——都属于个人史范畴。王明珂先生的首部随笔集《父亲那场永不止息的战争》[21]中的部分内容也属于公众历史。萧功秦先生的《家书中的百年史》[22]，包括家史、个人史、对师友和亲人的回忆。这些著名的历史学家能够走出书斋，面向公众撰写自己的个人史或家史，着实令人敬佩。

王希先生从社会记忆的视角论述了历史学者参与公众历史的必要性：公众史学家"将历史学的目的看成是构建共同的社会记忆，为此普通人的记忆必须得到重视和研究，因为共同社会记忆的基础是社会成员的个人记忆"。为了保持社会记忆的完整，应该"把史学还给人民"。"把史学还给人民"，"不单单是指参与史学创作的人的范围应该扩大到'人民'，同时也是指史学研究的内容应该关注创造历史的普通人"。[23] 这与公众历史的理念高度吻合。

对于历史学者来说，进入公众历史领域并不难，难的是观念的转变，即由精英史观向公众史观转变。与此同时，公众历史的庞大需求也为历史学者提供了一个新的学术机遇。"这样提供给职业历史学家的就有两条出路：或者是自觉地反思和分析自我历史认识、历史意识的形成过程，扬长补短，成为'公众史学'的参与者或引导者；或者是继续保持'圈内人'并且只面对内行的身份，等待公众这些'圈外人'或外行在新型知识传播方式下自我提升，然后被取而代之。"[24] 好在近些年公众史观的影响正在扩大，有越来越多的专业历史学者开始介入公众历史这个新兴的园地。

我们所收集的民间家书，也已经引起了专业历史学者的关注。家书博物馆收藏了一封清末晋商的家书，写于庚子年六月初四，也就是公历 1900 年夏。写信人叫韩荣章，当时正在北京郊区庞各庄经商，在其写给山西老家母亲的家书中，他除了介绍自己的近况、询问家庭的情况等家事外，还用了一段文字介绍了北京城里义和团运动的情况："现有义和团民等在京剿灭洋鬼子，天主教民死者无数，焚烧洋楼，天主教房，亦无千代数。以及乡下天主教人，团民见者，立刻杀死，将房屋焚烧。又言，义和团民等正如仁人君子，（不）与咱大教人秋毫无犯。"[25] 此信经媒体报道后，历史学者阮芳纪先生专程来到家书征集办公室，查阅家书内容，认为此信对于研究义和团运动，有一定的参考价值。

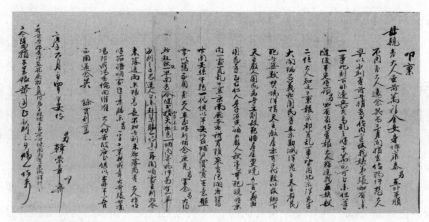

1900 年晋商韩荣章致母亲家书，其中记载了义和团运动的情况。图片来源：中国人民大学家书博物馆

2007 年上半年，笔者作为主编把从民间征集到的抗战家书与中国人民抗日战争纪念馆所藏的抗战家书汇集在一起，加上相关背景，编成了一本《抗战家书》，公开出版。时任中国社会科学院近代史研究所所长的步平先生在为本书所写的序言中说："《抗战家书》从一个侧面真实记录了抗战时期的社会状况、市井民情，为后人深入而全面地认识、研究那个时代，提供了新的史料和新的视角。一封家书见证一个时代，是民间家书独有的价值体现，正所谓'小人物，大时代'。"他认为，家书在史学研究上的功用似应得到更多的关注，挖掘抗战时期的家书，对于研究抗战历史、弥补文献不足提供了新的渠道和方法。[26]

近年来，家书博物馆也接待了来自海外的文史学者，他们多是慕名而来，希望能够利用馆藏民间家书进行学术研究。比如旅居澳大利亚的著名太平天国史研究专家郭存孝，在回国探亲时专程来到家书博物馆，查阅有关胡适的信札；美国布兰迪斯大学中文部主任冯禹教授到访家书博物馆，寻找反映 20 世纪初社会生活的家书。如果馆藏家书足够丰富，相信会给学者们提供更多的与大历史相关的民间史料，为他们的专题研究与历史写作服务，这样在大历史中就会看到更多普通人的身影。

一部好的公众历史作品，应建立在扎实的史料基础上，既要有微观的记载，也要有宏观的背景。在与家书有关的公众历史书写中，历史学家的优势在于，一方面他们擅长对史料进行鉴别和解读，这恰恰是普通人所缺乏的；另一方面，他们也擅长对大历史进行宏观把握，而这恰恰是家书史料的短板，家书记载的常常是一些片段、细节，缺乏对整体历史背景的交代。"他们能够将历史学研究中的史料实证分析、历史经典文献的解读、历史事件源起与影响的专业阐释，通过运用公众易于接受的表现手法，直接为公众提供可读、可思、可感的历史作品。"[27]

在公众历史书写方面，除了需要专业历史学者积极参与外，还要依靠社会公众自己来完成，这就要求写作者具有一定的写作能力。如果没有写作能力，也可以委托他人进行。虽然历史写作是一项较为专业的工作，但有一种快捷方式可以直接抵达历史前沿，那就是从家书入手，整理家书，划分人生的几个阶段，有针对性地进行采访，再对照日记，基本上就能形成一部个人史著作了。笔者所看到的几部比较成功的以家书为主的个人史和家庭史著作，都是由非历史学专业人士完成的。[28] 这几位作者所写的都是自己的家史，属于典型的公众自己创作的历史著作。黄卓才是从事写作教学的中文系教授，裘山山是专业作家，李柏达和李自英则是业余文史爱好者。他们的著作，从史学的专业性来看，可能还存在这样那样的问题，但是作为公众历史作品，已经很成功了。

由此想到，全国有那么多的文史学者，包括专业历史学者、文学工作者，也有非专业的"票友"一类，如果他们能率先行动起来，撰写自己的家史，将会形成一个怎样的局面呢？在公众历史作者的大军中，这些人无疑就是各级将帅、主力战将，他们有的身经百战，有的熟读兵法，有的骁勇善战，如果他们冲在前面，攻城拔寨，给普通士卒树立榜样，那么全军的士气和战斗力就会大大提升，胜利就会出现在眼前。

民间家书与公众历史传播

公众历史首先要建构公众历史知识，其次是书写公众历史作品，再就是涵养公众历史意识和公众史观。在公众历史的建构过程中，公众历史传播是极其重要的一环。公众历史知识和公众历史作品，都需要通过一定的媒介向社会传播，才能影响更多的公众，最终形成公众参与历史的良性循环，这也是一种公众历史建构。也就是说，建构公众历史的主体，除了专业文史学者、社会公众，也包括博物馆等展览机构、新闻媒体、网络平台等。

作为公众历史史料的家书，以及根据家书写成的公众历史作品，在通过展览、图书、报刊、视听媒体和网络等方式向公众进行传播时，必须处理好相关的法律关系，否则就会产生纠纷。家书本是私密性的个人文献，公开传播就变成了公共文献，主要涉及所有权、著作权、隐私权等相关法律关系。所有权方面，一旦完成捐赠，所有权就归属博物馆了，这方面争议不大。著作权方面，包括发表权、署名权、展览权、改编权等著作权人的人身权和财产权，使用者应严格遵守《著作权法》[29] 的相关规定。隐私权方面，隐私权是一项具体人格权，是指自然人享有的私人生活安宁与私人信息秘密依法受到保护，不被他人非法侵扰、知悉、搜集、利用和公开的一种人格权。[30] 民间家书在进行展览、出版等面向公众的传播时，必须取得相关权利人的授权，确保尊重其著作权和隐私权等相关权利。

（一）展览：传播公众历史知识的重要场所

传播公众历史知识的展览主要集中在文化遗产领域，包括面向公众开放的历史遗址遗迹、文物展览、文献展览等。其中，博物馆、档案馆、图书馆举办的展览是主力军。

在对家书进行展览时，我们重点突出了历史意识，把一封封的家书放在历史的长河中进行展示，实际上是从家书的视角来观察国家的大历史。从某种意义上说，国家大历史的发展就是由这些家书所代表的历史组成的。同时，每一封家书都可以在大历史中找到自己的位置。这与公众历史的理念极其吻合。比如中国人民大学的两个家书常设展[31] 都是按照历史的演进向前推进的，从古至今，分成古代、民国、20 世纪 50 年代、20 世纪六七十年代和改革开放新时期，每一个时期中的家书也是按时间早晚排列的。这样参观者通过这些家书能够从某些侧面了解国家的大历史，同时也能了解家书发展演变的历史。对每一组家书的展示，基本上由家书原件、相关人物照片、写作时间、写信人和收信人介绍及相关背景故事组成。除了少数名人家书外，重点向参观者展示普通公众各具特色的人生际遇和多姿多彩的社会生活，希望能在大的历史事件中看到普通民众的身影。展览由于其原真性、文献性、艺术性，在家书走向公众的过程中扮演着十分重要的角色。

此外，我们还配合国家大的纪念活动和主题教育活动，举办了若干临时展，包括抗战家书展、红色家书军营巡展、两岸家书展、中华家风展等，通过家书实物、文字、图片、视频，使展览在达到预计宣传教育效果的同时，还有效传播了以普通人为主体的公众历史知识。

通过展览，一个个尘封的人物浮出水面，一个个鲜为人知的家庭故事走向前台，个人、家庭、社会、国家，亲情、爱情、友情，交织在一起，默默地讲述着普通人的公众历史往事。

（二）图书：传播公众历史作品的主要手段

抢救家书的目的不是把家书从收藏者的家里换到博物馆的库房来保存，而是尽可能地让这些尘封的家书公开，挖掘其中的文化价值，让公众来分享。其中，出版是一个重要环节。公众历史作品的传播主要依靠图书，包括公开出版和内部自印两大类。民间家书由于作者多为普通人，很难获得出版社的青睐，不容易公开出版，有些勉强出版，也是作者掏钱补贴。即便如此，我们还是做了以下三方面的努力：一是利用集合优势，把征集到的家书择优分类出版，如《抗战家书》《红色家书》《廉政家书》等；二是系统影印出版，目前正与国家图书馆出版社合作出版《中国民间家书集刊》，计划分辑推出，第一辑三卷十册，分为清代卷、民国卷和当代卷，尽可能以家庭为单位，原汁原味地彩印；三是积极鼓励、辅导家书保管者自己编辑出版家书。[32] 此外，《亲情记忆：母女两地书》[33]《兄弟家书》[34]《陈君葆书信集》[35]《父母昨日书：李锐、范元甄通信集（1938—1949)》[36]《俞润泉书信集》[37]《农民家书》[38]《闽南侨批大全》[39] 等也在不同的出版社得以出版。内部自印出版物，数量可能更多，像我们征集到的《慕兰家书》、张兴昌的《留给孩子》、何笑天的《家书集》、《青鸟遗踪》等相继问世。与公开出版的家书相比，这些自印本的民间性更强，收录家书更全，也更原汁原味，只不过有些书的印数较少，传播范围受到一定限制。

无论如何，只要公开出版或者印刷成册，原属于个人的史料就变成了公众历史作品，承担起了传播公众历史的重任。我们在 2007 年和 2015 年出版了两个版本的《抗战家书》，均受到读者的欢迎。特别是后者入选了央视年度好书等多个图书推荐榜单，成为畅销图书。一封封家书使读者了解到士兵、学生、商人、华侨等普通人都是抗战的一分子，有效传播了多阶层共同参与的全民族抗战理念。

（三）报刊：传播公众历史知识和作品的重要媒介

民间家书是一笔独特的新闻素材，深受报刊等媒体青睐。首先，"抢救民间家书"项目的新闻性，使报刊等媒体不惜版面进行报道。此前民间家书是不被重视的，但在 2005 年突然被上升到国家文化遗产的高度来"抢救"，吸引了众多媒体的密切关注。据不完全统计，十几年来，记者前来采访的和我们撰写的在报刊上发表的关于民间家书的新闻报道超过 300 篇，其中包括《人民日报》、《光明日报》、《解放军报》、《中国青年报》、《读者》、《半月谈》、新华社、中新社等大报、大刊、大社。其次，民间家书内容的丰富性，为报刊提供了源源不断的选题。民间家书的内容包罗万象，且能找到跟现实的关联，每逢纪念性的年、月、日，总会有一批关于家书的报道见诸报刊，有的还开设了专栏[40]。甚至有的记者在没有选题可写的时候就来找我们，基本上都是满意而归。同时，散见于报刊的有关民间家书的文章也越来越多。

这些家书频频在报刊亮相，不仅向公众传播了那些尘封已久的家书及家书故事，而且用事实传递了一种理念：历史不再是教科书上既定的形象，还有那么多我们身边的人也参与其中，而他们已经被遗忘多年。

（四）视听媒体：传播公众历史知识的重要平台

家书本是书写在纸张上的文字，书写随意，个性化强，特别是有些用文言文写作的或不甚规范的书写，一般人阅读起来有一些障碍，这样在图书、报刊中传播就有一定的困难。与图书、报刊相比，视听媒体的传播效果更具优势。经过视听手段制作成故事化的节目，可以使平面的家书变得立体起来，家书背后的人物也活了起来。

电台是声音的艺术。主持人朗读、讲述、当事人采访、配乐等手段的综合运用，增强了家书的感染力，同时也使家书的传播方式大为扩展，原来只能用眼睛阅读，现在闭目亦可倾听，扩大了传播范围。电视的优势是画面和声音的综合运用，家书原作的面貌、家书当事人的形象以及主持人与其的采访互动、老照片及当时社会的影像，甚至情感、表情、动作等细节，都可以在一档节目中呈现出来，从而在视觉和听觉上对观众产生双重冲击，取得较好的传播效果。

"抢救民间家书"项目启动后，自始至终都得到了广播电视节目的密切关注，进一步向公众传播了与家书相关的历史知识。据不完全统计，十几年来电台、电视台先后播出的有关民间家书的原创新闻、专题节目超过 50 条。其中，中央电视台、中央人民广播电台、北京电视台、北京人民广播电台是主力。[41] 可喜的是，2016 年以来，腾讯视频的《见字如面》、新浪微博的《旧信重读》、中央人民广播电台的《家书里的中国》、东南卫视的《中国情书》、中央电视台的《信·中国》、酷燃视频的《一封家书》等一批以家书为主题的视听节目先后与观众见面，在社会上掀起了一股家书热。虽然这些节目关注的家书以名人家书为主，但也没有忽视普通人的家书，家书博物馆所推荐的多封普通人的家书也进入了节目。真实、真情的家书，通过明星的诵读，加上高科技的包装，感动了亿万观众，使公众历史知识的传播效果达到了最大化。

（五）网络：传播公众历史知识和作品的综合平台

如果把展览、图书、报刊、视听媒体看作传统传播渠道的话，那么，网络就是一个新的更为广阔的传播平台，特别是手机等移动终端的普及，使信息的传播变成了全媒体、全天候。数字博物馆技术可以把展览搬到网上，电子图书更是盛极一时，报刊文章基本上都能在网上阅读，影视节目在网上也能观看，几乎所有传统媒介的内容都可以在网上找到，从而使公众历史知识和作品的传播发生了翻天覆地的变化。"过去通过书籍、报刊、广播、电视、电影、口耳相传进行的内容传播，如今随着媒介的多样化，在形式上有了更多的选择，如基于即时通信工具和互联网中各种类型的历史传播，其中包括 BBS 或网上论坛中的民间历史写作、电脑游戏中运用的历史情节、门户网站的历史频道、非官方历史读物的大量出版，等等。"[42] 陈新先生发表这个论断是在 2010 年，当时还没有出现微信等新的传播渠道，而现在特别是微信公众号的出现，催生了众多的自媒体，每天都有海量的公众历史知识和作品被推送到人们面前。"就历史知识的生产与传播而言，由精英左右历史写作的时代已经一去不复返，互联网技术的高速发展将不断增加公众个体进行历史表达的空间维度，一场'小写历史'的盛宴正在来临。"[43] 实际上，网络已经成为当前信息传播的主渠道，包括公众历史知识和作品的传播，一定不能忽视网络这个综合平台。

就民间家书而言，我们也考虑到了利用网络进行传播的意义。2005 年创办了项目官方网站"中国家书网"，成为展示民间家书和民间历史的平台。2014 年 9 月又开通了微信公众号"我们的家书"。但在这方面，尚有巨大的改进空间。更为重要的是，尽早把馆藏民间家书数字化[44]，建立方便检索和利用的全文数据库，才是真正实现藏品利用、服务学界及大众的必要举措。

结　语

公众史学是一个学科概念，包括内容生产、学科规划、人才培养等诸方面，需要历史学界及相关机构的共同努力，才能完成这一系统工程的建构。公众历史主要指公众史学的内容生产，本文采用的正是这一概念，重点讨论的也是如何建构公众历史的内容。民间家书不仅是一种公众历史史料，而且其抢救收集过程就是公众史观的启蒙，同时依托家书博物馆，通过公众历史的书写和传播，可以实现公众历史的建构。

中国公众史学是一个实践先行的学科。[45] 民间家书的概念就诞生在一项公益文化活动中，从项目的规划、实施，推出成果，到成立博物馆，就是在进行公众历史实践。我们的做法是，通过对广泛存在于民间的家书史料的征集，发掘民间史料价值，为专业历史学者撰写国家大历史提供新材料，希望能在大历史中看到更多普通人的身影，使大历史更加丰满、完整，同时唤醒社会公众的历史意识，并以民间家书为基础，书写个人史、家庭史、家族史，传播人人都有历史、家家都有历史的"小历史"理念。我们鼓励公众整理家书，倡导公众书写自己的"小历史"。公众历史不能只靠专业史家来写。专业史家只能依据自己写作大历史的需要有限地增加公众历史的分量，真正的公众历史则需要公众自己来建构。这是公众历史的题中应有之义，也是颇具前景的研究领域。

民间家书记录了社会公众思想和生活的轨迹，承载着社会公众的个人记忆、集体记忆和社会记忆，传承着中华民族的价值观和民族精神，是具有物质遗产和非物质遗产性质的特殊文化遗产，是非常值得深入挖掘的文化宝库。有学者指出："中国公众史学的建构尚需通过积累大量能够反映中国社会的民间记忆、文化认同、民族遗产等多方面内容的公众史学案例，继而在此基础上才有可能培育产生原创性的理论体系和学科系统。"[46] 对于公众历史建构和公众史学的学科建设来说，抢救征集民间家书的实践不失为一个有益的尝试。

注　释

[1] 张丁：《社会记忆视角下民间家书的征集与利用》，《档案学研究》，2018 年第 1 期。

[2] 当然，购买也是收集家书的一种方式，有些公私藏家就是通过购买收集家书的，比如近年来复旦大学当代中国社会生活资料中心购买了 40 万封民间家书，著名集邮家麦国培购买了近百万封民间家书。购买得来的家书只能进行文本分析与研究，很难与家书作者或保管者进行互动，故与本文所要讨论的主题不太一致。

[3] 《渡江来信》，见抢救民间家书项目组委会编：《家书抵万金》，北京：新华出版社，2016 年，第 17—32 页。

[4] 丁章：《〈效石家书〉序言》，见中国人民大学博物馆等编：《云中喜有锦书来：抢救家书文集》，北京：人民出版社，2015 年，第 352 页。

[5] 徐兆仁：《历史意识的内涵、价值与形成途径》，《中国人民大学学报》，2010 年第 1 期。

[6] 陈新：《论历史、历史学与历史意识》，《学术研究》，1998 年第 1 期。

[7] 卡尔·贝克：《人人都是他自己的历史学家：论历史与政治》，北京：北京大学出版社，2013 年，第 195 页。

[8] 李娜：《美国模式之公众史学在中国是否可行：中国公众史学的学科建构》，《江海学刊》，2014 年第 2 期。

[9] 陈新：《"公众史学"的理论基础与学科框架》，《学术月刊》，2012 年第 3 期。

[10] 2007 年 1 月，家书捐赠者马友联、李科良等在吉林市成立抢救家书东北工作站，义务为全国"抢救民间家书"项目征集家书。

[11] 钱茂伟：《中国公众史学通论》，北京：中国社会科学出版社，2015 年，第 65—75 页。

[12] 同上。

[13] 比如暨南大学文学院教授黄卓才 2011 年出版了家庭史《鸿雁飞越加勒比——古巴华侨家书纪事》；福建师范大学文学院教授赖施娟 2013 年出版了个人史《活路》；四川省作协副主席裴山山 2017 年出版了个人史《家书：青年时期写给父亲母亲》等。

[14] 钱茂伟：《中国公众史学通论》，第 271—285 页。

[15] 任继愈：《民间家书开辟了一个新的园地》，见中国人民大学博物馆等编：《云中喜有锦书来：抢救家书文集》，第 30—31 页。

[16] 爱德华·卡尔：《历史是什么》，陈恒译，北京：商务印书馆，2007 年，第 109 页。

[17] 裴山山：《家书：青年时期写给父亲母亲》，上海：上海文艺出版社，2017 年，第 15 页。

[18] 仅举几本与我们相关的家书史料集：《慕兰家书》，是四位女儿以母亲名字命名的家书集，内部自印，分三卷五册，170 余万字，收录了母亲所保存的 1000 多封家书，时间从 1971 年到 1999

年，写信人有外公、父母亲、四个女儿及女婿等，内容丰富。《怀玉家书》，是以编者的名字命名的家书集，计划分 5 卷，2008 年先由作家出版社出版了第一卷，其余的正在编辑中。编者彭怀玉保存有 2000 余封家书，时间从 20 世纪 60 年代到 21 世纪，写信人有 40 余位，较为完整地反映了整个大家庭的历史轨迹。《安利家书选》，是以编者的名字命名的家书集，2016 年由中国文联出版社出版，收录家书 684 封，是编者从他所保存的 1500 多封家书中选编的，时间从 20 世纪 50 年代到 21 世纪初，家书作者有 60 多人，涉及的地区包括茶陵、湘潭、长沙、衡阳、吉首、深圳、恩施、北京、长春、呼和浩特、襄阳、株洲、邵阳等。《美国家书》，陈卫著，2015 年由海峡书局出版，是以写信地点命名的家书集，收录作者在美国期间写给家人的 198 封信，时间是 2000 至 2003 年，属于新时期的家书。

[19] 何炳棣：《读史阅世六十年·序言》，见何炳棣：《读史阅世六十年》，桂林：广西师范大学出版社，2009 年。

[20] 章开沅：《实斋笔记》，西安：陕西人民出版社，2008 年。

[21] 王明珂：《父亲那场永不止息的战争》，杭州：浙江人民出版社，2012 年。

[22] 萧功秦：《家书中的百年史》，北京：华夏出版社，2014 年。

[23] 王希：《把史学还给人民：关于创建"公共史学"学科的若干想法》，《史学理论研究》，2014 年第 4 期。

[24] 陈新：《"公众史学"的理论基础与学科框架》。

[25] 抢救民间家书项目组委会主编：《家书抵万金》，第 79—84 页。

[26] 步平：《烽火家书抵万金·序言》，见中国人民抗日战争纪念馆、抢救民间家书项目组委会编：《抗战家书》，北京：中国画报出版社，2007 年，第 12—14 页。

[27] 陈新：《自媒体时代的公众史学》，《天津社会科学》，2013 年第 3 期。

[28] 比如《鸿雁飞越加勒比——古巴华侨家书纪事》由暨南大学中文系教授黄卓才编著，暨南大学出版社于 2011 年 7 月出版。该书以古巴华侨黄宝世写给儿子即编著者黄卓才的 40 多封家书为线索，穿插编著者对家书的解读和对当时家庭及社会生活的回忆，包括国内的情况和古巴的情况，形成一部以家书史料为依托的家庭史著作。《台山华侨银信》由广东台山银信收藏家李柏达编著，暨南大学出版社于 2015 年 7 月出版。此书是在黄卓才教授指导下完成的，与上述黄著体例类似。银信，就是集汇款和书信功能于一体的华侨家书。书中所收录的 86 封银信都是编著者自己家庭所保存下来的，家书作者就是李柏达的曾祖父、祖父、叔祖父、父亲等侨居古巴的华侨，写信时间从 1923 年到 1975 年。李柏达在对银信进行整理的基础上，也介绍了相关的家庭背景和社会状况，可以说就是一部断代家史著作。《家书：青年时期写给父亲母亲》由四川省作协副主席裘山山著，上海文艺出版社于 2017 年 8 月出版。作者以 1971—1988 年写给父母亲的 300 余封家书为线索，加上相关回忆和日记、档案等史料，"把自己的来时路重走了一遍"（见该书第 401 页），写成了一部个人的青春史记，也是一部断代家史。《永远的思念：李振华家书》是以父亲的名字命名的家书集，由李自英女士编著，于 2018 年内部自印。主要收录了父亲家书、战友的书信、三个女儿的家书，配合父亲各个时期的个人档案、日记，较为完整地勾勒出父亲的人生轨迹，相当于为父亲写了一部传记。

[29] 《中华人民共和国著作权法》，中央政府门户网站，http://www.gov.cn/flfg/2010-02/26/content_1544458.htm。

[30] 王利明：《隐私权概念的再界定》，《法学家》，2012 年第 1 期。

[31] 2009 年"抢救民间家书"项目落户中国人民大学后，即推出了"打开尘封的记忆——中国民间手写家书展"，展出了自清代以来的 3700 余封家书；2013 年初，此展升级为"尺翰之美——中国传统家书展"，展厅面积扩大了两倍，展陈条件大为改善，从馆藏 5 万封家书中精选 1000 封进行展示。

[32] 比如广东深圳的谭安利先生出版了《黄埔女兵的足迹》《岁月印痕：五十年书信同窗情谊深》

《安利家书选》；湖北天门的彭怀玉女士出版了《怀玉家书》第一卷；吉林省吉林市的马友联先生编写印行了《海峡两岸三姐弟》；山东淄博的许达老师编辑印行了《效石家书》（上、下）；江苏苏州的姚美家女士编写印行了《与友书》《与儿书》《两地书》；台胞张骅女士出版了自传《明月乡心》；四川自贡的李自英老师编写印行了《永远的思念：李振华家书》；等等。

[33] 段秋艳、董采萱：《亲情记忆：母女两地书》，济南：山东人民出版社，2006 年。

[34] 戴次一：《兄弟家书》，北京：清华大学出版社，2007 年。

[35] 谢荣滚主编：《陈君葆书信集》，广州：广东人民出版社，2008 年。

[36] 李南央编注：《父母昨日书：李锐、范元甄通信集（1938—1949）》，广州：广东人民出版社，2008 年。

[37] 李南央编：《俞润泉书信集》，旧金山：美国源流出版社，2009 年。

[38] 侯永禄：《农民家书》，北京：人民文学出版社，2011 年。

[39]《闽南侨批大全》编委会：《闽南侨批大全》（第一辑）15 册，福州：福建人民出版社，2016 年。

[40] 代表性的专栏有：《半月谈（内部版）》2005 年的《普通人的红色家书》，2008 年的《家书中的三十年》；《百年潮》2006 年的《红色家书》；《邮政周报》2012 年的《家书絮语》；《中国档案报》2015 年的《抗战家书》；《北京晚报》2017 年的《一封家书》；《解放军报》2017 年的《烽火家书》；等等。

[41] 有影响的节目有：2006 年央视新闻评论部制作了 6 期春节特别节目《家书故事》；2006 年 5 月 25 日，《新闻 30 分》播出《记者调查：鸿雁传书是否正成为消失的历史？》；2006 年 5 月 27 日，《新闻联播》播出简讯《民间家书入藏国家博物馆》；2006 年 4—8 月，《东方时空·百姓故事》分别播出《慕兰家书》《国宝与家书》《穿越硝烟》系列纪录片；2011 年 7 月 31 日，《焦点访谈》播出的《红色图书红起来》，报道了我们编写的《红色家书背后的故事》一书；2015 年 8 月 27 日，《新闻联播》报道了我们编写的《抗战家书：我们先辈的抗战记忆》一书；2017 年，中央电视台中文国际频道纪念开放老兵探亲 30 周年播出 5 期《两岸家书》；2017 年，中央人民广播电台《中国之声》联合全国妇联制作播出 10 集系列节目《家书里的中国》；北京电视台《特别关注》2013 年、2014 年的春节特别节目为《一封家书》；北京电视台《纪实》《这里是北京》等栏目播出关于民间家书的专题；北京人民广播电台新闻广播、外语广播、文艺广播、故事广播、城市广播等播出关于民间家书的专题节目。

[42] 陈新：《从后现代主义史学到公众史学》，《史学理论研究》，2010 年第 1 期。

[43] 陈新：《自媒体时代的公众史学》。

[44] 张丁：《社会记忆视角下民间家书的征集与利用》。

[45] 李娜：《美国模式之公众史学在中国是否可行：中国公众史学的学科建构》；钱茂伟：《中国公众史学通论》，第 8 页。

[46] 邓京力：《在跨文化视野下建构中国公众史学》，《中国史研究动态》，2016 年第 3 期。

论谱系学 *

杰尔姆·德·格罗特 (Jerome De Groot)

　　杰尔姆·德·格罗特任职于英国曼彻斯特大学。他著有《消费史：当代流行文化中的历史学家和遗产》(*Consuming History: Historians and Heritage in Contemporary Popular Culture*)（2009 年度美国公众史学委员会图书奖荣誉奖）以及《历史小说》(*The Historical Novel*)（2009）。2015 年《再造历史》(*Remaking History*) 由劳特利奇出版社出版。本文是 2014 年 10 月格罗特在阿姆斯特丹大学举行的国际公众史学联盟（IFPH）上的主题发言，主要探讨了谱系学与家族史对于我们当下理解和体验过去的重要意义，旨在引发公众史学家如何深入谱系学和家族史研究之论辩。

　　本文讨论了谱系学和家族史对于历史想象和公众历史认知的意义。特别是，讨论了对当代谱系学最具影响力的元素：在线和基于网络的研究。我认为，获取档案信息的新技术的发展已经改变了谱系学。作为公众历史学家，我们应当对这些发展的结果进行理论阐释。首先，我将对于谱系学在当代文化中作为一种流行主题给出一些相对概括的判断。这些论断，有些是着眼于激发方法论层面的探讨，有些是对既有范式的反思和质疑，还有些旨在建立一些主要概念，这些概念是后面展开论证的关键。接着，我将就在线表现形式与谱系学发展等问题阐明我的观点，尤其是着重探讨这些现象对公众史学理论的意义，

* 原载：Jerome de Groot, "On Genealogy", International Federation for Public History Plenary Address, *The Public Historian*. vol. 37, no. 3, August 2015, pp. 102–172. © 2015 by the Regents of the University of California and the National Council on Public History. Published by the University of California Press. 该文由陈书焕（中国美术学院艺术学理论博士后）翻译。

并且提出研究分析这些现象的不同路径。

作为一种历史理解或者认识论的模式，谱系学很大程度上在公众史学家这里尚未被理论化。目前，对于谱系学的性质和影响，几乎没有相关的历史叙述，也缺乏相应的解释。鉴于在过去几个世纪中此类模型的重要性，这种情况令人吃惊。[1] 考虑到目前的情形，就更奇怪了，因为人们在此领域内大量探寻他们的过去，这也就是逐渐被称为家族史的研究。对那些经常参与此类活动的人数进行估算后可以得出一个结论：它是全球参与度最高的活动之一。电视节目如《你以为你是谁？》(Who Do You Think You Are?) 表明了谱系学的繁荣和流行。[2] 像赫尔历史中心（Hull History Center，2010，造价 770 万美元）等机构的落成或者荷兰的谱系学中心局（Centraal Bureau voor Genealogie）的广受欢迎，均显示出一种实质性的支持网络和强烈需求。国家档案开始和全球组织如族谱网（Ancestry.com）合作，以促进和开展谱系学资源的研究。[3] 家族史因此成为一种全球性现象，有着大量的"业余"受众。根据流行的历史想象——个体是如何概念化过去、想象过去，并和过去打交道的，它是一项有着极大影响力的活动。它向人们讲述着这样一些流行观念：关于过去的、关于时间的，以及关于历史的研究是如何被理解为一项研究活动的。然而正如艾利森·莱特（Alison Light）最近指出的，它依然是一种被质疑的活动，尽管"据估计在网络上的受欢迎程度仅次于购物和色情"[4]。那些对谱系学进行实践的人，他们所用的方法以及得出的结论，常常会让历史学家皱眉头。[5] 家族史展现的人们属于一个被遗忘的、被忽略的大多数群体。致力于把他们显露出来，这样一种转变对历史编纂学上来说本来就是很重要的，它代表着一种我们接近过去的方式的民主化。艾利森·莱特认为：

> 现在，人人都做家族史。谱系学曾经只属于富裕阶层；从前只有那些富裕的人才拥有过去并且获得一段历史——基于土地和财产之上。现在，每个会使用计算机或者能走进一家当地档案室的人都能对过去有发言权。[6]

虽然这种解放会受到欢迎，但是当代家族史的全球实践对那些有意对公众史学进行理论化的人来说，却提出了一系列特别的挑战和困难。作为一种现象，它向那些在这个专业领域工作的人提出了一些需要解决的问题。家族史以一种有趣的方式有效地质疑了公众史学的一些基本原则。[7] 尤其是它为"外行""用户""粉丝"与专业的体制化的机构之间的交流（interface）带来了难题。人们可能会说，家族史体验能够创造一种独特的、个体化的历史性经历，或者能使过去在当下得以呈现。这种实验性的、浸沉式的、情感性的、业余的或深度的经验表明，我们需要对一种特定的、具体的历史感知性进行进一步的描述和充分理解。[8] 作为一种实践，它藏而不露了数十年。这是一系列处于变动中的方法，由于信息技术的变化，这些方法在过去十年间有了很大改变，因为大数据资料无法预料的后果、日益增加的数据库使用和广泛使用的 DNA 检测，这些方法目前正处于一个关键的转变期。通过其在线呈现，它代表了历史知识和实践的国际化和全球化。然而同时，它从根本上说还是"公众"历史，在于它是用户创制的，是公开进行的，使用的是相对民主的方式，着力于创造当地的、家庭的故事和互动的体验。它甚至对与历史相关的"公众（public）"的概念造成了困扰，因为其研究工作常常是很私人化的，在许多复杂的方面涉及个体的家庭与自我意识。对谱系学作为一种实践、隐喻和认识论的分支的考虑，或许表明这是一种关于公众史学是什么这一基本原则的再思考。特别是，随着在线订阅量的激增和数据库资源的普及，此时对"公众"和"历史"的定义进行再思考是有利的，当然，这也是对二者之间的关系及其分支的研究者和实践者话语本身之间关系的再思考。

对我们理解未来历史研究的工作方式来说，再思考"公众"和"历史"之间的关系显得至关重要。家族史的在线增长，以及历史学家可能理解和探讨家族史的方式，都是数字文化中关于"丰富"的历史学关怀的组成部分，安德烈亚斯·菲克斯（Andreas Fickers）和罗伊·罗森茨威格（Roy Rosenzweig）等学者都提到过这点。[9] 因此，本文将专注考察在线实践和研究的转变是如何影响历史学研究的。[10] 正如加布丽埃勒·赫克特（Gabrielle Hecht）和保罗·N．爱德华兹（Paul N. Edwards）指出的，当考虑技术的时候，很重要的一点就是要避免关于"断裂谈话（rupture talk）"的历史决定论，而应该专注于"知识基础的影响和建构"。[11] 尤其是，本文将尝试回答罗伯特·A．施奈德（Robert A. Schneider）提出的问题："要是不信奉技术决定论的观念，我们将如何思考新媒体技术的重要性和力量？它们进入到人们的生活中，经常挑战或者重塑其文化的基础样貌。"[12] 新技术和新科技是如何改变我们思考历史知识的方式的？它们又是如何影响历史想象的？

此外，许多家族史中内含有一种重要的个人化和情感要素。在历史"叙述"中插入个人的"我"、公开的和在线的身份管理（the curation of identity in public and online），暗示着思考历史化自身展现（performance of the historicized self）的新方式。[13] 通过研究和创造"树"和"家谱"叙述，公开的和在线的身份建构或许会成为一种新意识的证据，即关于隐私和历史与当代自我的关系的新意识。家族史家通常对其研究有着一种享受和个人兴趣，这种享受和兴趣在其他类型的历史学家那里往往是不具备的；我们应该对这种情感性的要素加以理解。人们可能因为许多原因——证实、厌倦、对结构的希求、退休后的无聊、临终前对答案的渴求——成为家族侦探，但是我们大体就此可以提出这样一种结论：他们从事家族史研究是因为他们享受这一过程。因此，在我看来，谱系学研究技术和信息收集模板为公众理解过去提供了一种范式，其在线的表现形式可能会导向认识论中的一种转变。

然而很多问题尚待解决。正如小亨利·路易斯·盖茨（Henry Louis Gates, Jr.）等人指出的，家族史从来不是中立的，因为其研究材料从来不都是非政治化的。[14] 根本上说，谱系学坚持父权模型、国家机构、官僚政府。它取决于特定的知识种类、训练、闲暇、档案获取，以及世界上许多地方无法获取的硬件和软件。它作为一种历史理解的模式，人们可能认为它主要是西方的，无论是在其线性家族模式，还是在其研究模式上。[15] 当前，家族史的国际化可能是一种把特定历史学模式和分类学强加到文化上的方式。它表明一种支配性的历史认识、研究和证据收集模型。小盖茨指出，谱系学是一种认知方式，它依赖文本追踪和在文档中的显现：

> 对我的祖先的探寻总是充满了忧虑，总是一种混合着喜悦、挫败和义愤的过程，正如对任何非裔美国人来说，其个体与集体的历史重构都必定永远是这样一种过程。[16]

谱系学是一种认知模式，它基于性别、阶层、种族而抹去了大多数人。[17]
大家知道，作为一位历史学家，小盖茨排斥档案，而赞成在谱系学中使用
DNA 测试，从档案转向了科学的似乎真实的慰藉。[18] 在此，他表明了一种政
治化的历史立场，把个人历史和集体历史关联起来。他指出，谱系学既是理解
过去的一种保守主义模型，某种程度上也是一种对社会组织的批判。在其对研
究工具的使用中，谱系学表明我们对 19 世纪的罪犯比对女性和奴隶有着更多
的了解。这是一门关于清除的学问（science of erasure），但在清除的过程中，
它可能会推动对档案中缺席的声音的认识（尽管那是一种冰冷的慰藉）。对小
盖茨而言，对家族名字的清除而导致的声音的缺失会引发怒气和愤懑；它还使
得一种异见之人的身份认同得以展开。非裔美国人在谱系学记载中的缺席，在
他看来正表明了档案的丑陋。

从事家族史和谱系学研究：自我管理（Curating the Self）

前文论及了几种思考谱系学的方式，接下来的这部分将论述其在更广泛的
流行文化中的发展和表现形式。几个世纪以来，谱系学都是历史研究的一个模
型，常常和古代文物研究与朝代联系在一起。[19] 作为一种实践，谱系学和纹章
学 [20]、婚姻谈判、血统，以及家族组成有关。[21] 纹章院成立于近代早期（当
时继承权、合法性，以及家族树的支持非常重要，它们常常导致相关家族成员
之间的冲突），现今仍然存在。[22] 和遗产继承与长嗣继承权相关的法律取决于
家族在时间发展中的线性模型，纹章学和谱系学的图解见证了这点。当然，在
近代早期和中世纪谱系学中，朝代和婚姻政治的权宜之计保证了私人的就是
公共的。尤其在西方，大多数中世纪和近代早期法律体系，根本而言，遵奉的
就是一种父权制的男性继承和姓氏系统。[23] 结果是，大多数国家档案（在政
府文件之外）是由与土地、财产和家族相关的信息组成的。而且，国家机构和
教堂几个世纪以来一直寻求的是理解、审核和记录其民众、成员或者公民的家
族关系，渠道则是人口统计、编制主要家族数据（出生 / 婚姻 / 死亡），以及
把此类文本信息收集进档案。[24] 因此，在一定程度上，谱系学取决于，并且
支持着，某种特定的国家特征。如果没有那些记载有特定种类信息的档案，没

有一种特定的国家官僚体系，谱系学的发展是不可能的。正如米歇尔·福柯（Michel Foucault）、贾尔斯·德勒兹（Giles Deleuze）和费利克斯·伽塔利（Felix Guattari）（本文后面部分将会谈到）所认为的，近代早期和启蒙运动时期把父系的家族树模型强行认为是一种认识论（在他们看来，主要和知识结构相关，但也和财产权和早期资本主义的发展有关），这导向了一种特定类型的现代性。

　　19 世纪那些记录家族和社会数据的机构的发展，和历史编纂学的路径不谋而合，这些历史方式尝试使用古物学家以及后来政府所收集的信息，来对过去进行分类。[25] 历史学家和档案相关联，进而档案被认为具有讲述真理的特质，这是早期职业历史学的基础。[26] 尽管档案收集的信息并不单单是谱系学的材料，但它却是社会信息的贮藏所，有助于建构民族或国家。在后启蒙运动时期，家族的地位和"古老"关系的合法性显然是十分重要的。各种社会小说都证明了这点，如伊迪丝·华顿（Edith Wharton）的《纯真年代》（*The Age of Innocence*, 1920)、简·奥斯汀（Jane Austen）的《傲慢与偏见》（*Pride and Prejudice*, 1813），或者司汤达（Stendahl）的《红与黑》（*Le Rouge et le Noir*, 1830)。社会性家族关系维持秩序，确立婚姻领域。例如，普鲁斯特（Marcel Proust）的《追忆似水年华》（*A La Recherche Du Temps Perdu*, 1922—1931) 戏剧化地描述了在一个家族抗拒变化、崇尚圣洁的社会中，外来者（犹太人斯旺）或者暴发户（维尔杜兰家、奥黛特）面临的难题。[27]

　　到了 20 世纪，随着档案普遍开放，公众能够获取的档案日益增多，谱系学因此从业余绅士或者贵族的领地开始变为一种越来越流行的大众爱好。家族史和对祖先的追寻成为一种"严肃的"消遣[28]。到 20 世纪 70 年代，这项实践开始制度化。家族史社团联盟（Federation of Family History Societies, FFHS）于 1974 年在英国作为一个教育性慈善机构成立，目前已经在全球拥有大约 180 家社团组织。谱系学社团联盟（Federation of Genealogical Societies, FGS）于 1976 年在美国成立。美洲非裔家族史协会（African American Family History Association, AAFHA）于 1977 年成立。《家族树》（*Family Trees*）杂志于 1984 年开始在英国发行。亚历克斯·黑利（Alex Haley）于 1976 年出版了《根》（*Root*）一书，此书被普遍认为极大地推动了民众家族史兴趣的高涨。[29] 戴维·洛温塔尔（David Lowenthal）在其《过往即异邦》（*The Past Ls a Foreign*

Country）中说："在我们的时代，大规模的移民以及有形遗物的缺失激发了人们对于谱系学的兴趣。"[30] 在洛温塔尔看来，谱系学（和其他种类的"业余"研究方式，包括地方史）表明了一种"普遍的共识，即关于过去的利益……熟识和认知，再确认和验证，个人和群体的身份认同，指引，丰富和逃离"[31]。对洛温塔尔来说，谱系学的兴起和历史作为一种休闲活动的发展是联系在一起的。[32] 在许多方面，它是一种关于确信的保守主义方法论的流行化。家族史的基础是关于谱系学、起源、真理、合法性，以及对缘起的探索的哲学和历史学模型。它主要是一种保守的方式；它旨在理解"历史"，而这种历史在它这里是客观的、科学的、可接近的和可触摸的。

家族树仍然是一种异常流行的传播方式，正如希拉里·曼特尔（Hilary Mantel）《狼厅》（*Wolf Hall*, 2009）中的家族树格言所展示的那样，关于历史性社会结构的基本知识正是以这种方式传播开来的。[33] 当然，《狼厅》是关于都铎王朝的众多文本的一个，特别是其中和长子继承权、遗产及合法性相关的历史事件。为了通过都铎王朝来接近 16 世纪，正如世界各地的人们所做的那样，《狼厅》根据家族和朝代对该时期进行概念化，而这种历史分类在流行文本中很常见。过去十年间全球最受关注的电视节目之一《唐顿庄园》（*Downton Abbey*），开头就是一个危机：庄园的男性继承人死了。[34] 人们可能会说，通俗文化对合法性和遗产有着广泛的关注。好莱坞电影通常对家族关系（尤其是父子关系）的重要性有着敏锐的感知。基于现实朝代或者相关家谱的电影相对来说很少（《狮子王》[*The Lion King*] 就是一个好例子），然而在电视上，对继承和合法性的痴迷可以在《都铎王朝》（*The Tudors*）、《唐顿庄园》、《广告狂人》（*Mad Men*）中，甚至在《权力的游戏》（*Games of Thrones*）中到处见到。当然，"起源"电影也是过去十年间的一种主要的新类型（《蝙蝠侠：侠影之谜》[*Batman Begins*]、《德古拉元年》[*Dracula Untold*]、《钢铁侠》[*Iron Man*]、《X战警：第一战》[*X-Men: First Class*]）。当代流行想象中家族史的一个恰当例子就体现在电影《菲洛梅娜》（*Philomena*）中对爱尔兰移民社群经历的表现上。在这部影片中，记者马丁·西克史密斯（Martin Sixsmith）帮助菲洛梅娜·李（Philomena Lee）找到了自己的孩子，此前她居住的女修道院曾迫使她放弃收养这个孩子，而"官方的"纪录在大火中被销毁了。影片展现了在得不到官方认可的境遇下，对于母系"真实"家谱的探寻。尽管它并没有直接诉诸家族史，但却展示了一种官方历史和个人经验的历史之间断裂的普遍情形。

在最基本的层面上，家族史和谱系学包括使用特定类型的证据，对数据集进行建构。"树"就是最常见的形象化工具。家族史研究要查看档案、参观藏品、审查文本和视觉证据、收集私人信息、查阅民间和当地传统、考查纪念碑文、探访教堂墓地，以及查看姓氏的注册簿。他们翻阅的文件类型形成了大多数历史研究的基础：教堂记录、税收记录、出生／婚姻／死亡／葬礼信息、人口普查记录、移民记录、乘船记录、报纸和杂志（主要是讣告方面）、遗嘱，以及各类军事信息。[35] 这些档案的使用者掌握了大部分与档案研究相关的技术：缩微胶卷、数据库、杂志、卡片索引、古文字学、手稿学，以及操作技巧。同时，他们互相合作、共享信息。家族史团体中有着强大的志愿服务制度，使用者们创制并共享了许多信息和档案资料库（还有众包 [crowdsourced] 协助项目的完成）。[36] 还有数量众多的二手文献，从对收藏品的解释到档案手册和入门指南。谱系学家展示出了各种能力、专业技能和经验。"英国和爱尔兰谱系学网站"（GENUKI）的"谱系学和家族史入门"指导页建议："'恰当地'从事谱系学研究，有着公认的标准——我们建议你们学会和赶上这些标准。"[37]

在关于证据、研究和客观性的半学术化的话语体系中，谱系学实践使得一个新的自我出现了。它是在一种闲暇的情境下对"历史"的追寻。因此，其重要性在于我们认识到此类研究的情感力量，不管它是对新亲属的发现，还是单纯地对历史侦查工作的享受。为自己和自己家族建构一个历史叙述，这种实践给参与者带来了一种解放。像许多"业余"历史学一样，它使得对一个特定微观史的讲述成为可能。它预测的基本论据扎根于一种类型的"历史"，那就是原始资料。参与者必须快速提升其研究技巧，以便理解面前材料中的信息。他们选取一种特定的叙述风格——家族树、联结关系——在混乱的过去中航行。通过对过去的考虑，一种新形式的个体身份被创造出来。此外，它还是对自我的管理（curation of self），把当代人树立为一个连续体的一部分，以及一个提供证明的集体（an evidentiary collection）的一部分。对自我的管理指的是组织、上传、叙述和维系信息的一系列活动。谱系学是一种尝试，它试图建构当代自我，通过考虑来自过去的证据来赋予其意义，当然，这是有限制条件的，即新信息可能会把事情完全改变。[38]

有一种老生常谈的看法认为，大多数用到家谱的人是相对富裕的年长者，或是发达国家的老龄者。谱系学研究部分源于怀旧的情绪，一种对理想化过去的愁思，这些情绪可以通过学术探索得以整理和理解。然而，社交媒体应用软件和下面将要论及的遍布全球的各种网站表明，这种描述可能是错误的。即便它部分正确地展现了一个特定时代日益增长的经济和文化的重要性及其可见性（visibility）。这种人口统计正在对网络发展产生影响，其几十年来也对隐私以及对历史文件和档案被获取和使用的方式产生了影响。在一种日益世俗化的现代性中，家族史的兴起可能向我们表明，它与世界之间的这种有意义的关系是一种不同类型的关系。在某些方式上，它挑战着常规的家族模式，但通过家族关系，它还使得一种特定类型的自我塑造成为可能。至于它是否是保守的，还有待观察。谱系学开放了一种不同的时间性观念，该观念可以被认为就其自身来说是激进的。它无疑站在使用者一边，赞同一种时间灵活性，这些使用者把自己置于一种连续体中，回溯到数世纪之前。它还允许，或者说要求，在家族认同的连续体中有一种无国籍性（statelessness）。自我变得依赖家族过去的材料，而不是依赖国家"想象的共同体"。谱系学通常依赖国家档案，但回避界定现在自我的狭隘方式。作为一种实践，通过网络扩展，谱系学参与的是一种全球化的甚至世界主义的话语体系。它没有国界，相对来说不受控制，是基于一种"被解放的"用户之间的信息自由贸易而得以预测。基于此种"被解放的"信息而构建的家族史看上去常常是相互矛盾的。但它使得一种世界性的国际主义作为谱系学研究成为可能：它愉快地（happily）跨越了国界、民族，以及狭隘的现代认同边界，给关于纯粹性、合法性和本地认同的话语提出了难题；同时也可能有助于强调或突出此类问题。谱系学还表明，自我可能会因历史证据或者某些新信息的揭示而改变。使用者们参与谱系学研究的原因很多，从公众史学的角度看，理解这些各种不同的原因是至关重要的。

谱系学作为了解过去的模型，其传播和重要性在文化产品上的体现主要是电视节目，如《你以为你是谁？》（*Who Do You Think You Are?*）（英国广播电台，向全世界放送，2004 年开播）、《和小盖茨一起找到你们的根》（*Finding Your Roots with Henry Louis Gates, Jr.*）（美国公共电视台，2012—2014），以及

《家谱路演》(*Genealogy Roadshow*)(美国公共电视台,2013 年开播)。《你以为你是谁?》最初由英国广播电台和 Wall to Wall(英国电视节目公司)于 2004年录制的,对"业余"历史研究有着巨大的影响。该节目是和英国国家档案馆(TNA)协作录制的,每一集跟随一个特定的名人考察其家族历史,发掘其谱系学。它鼓励观看电视的公众也进行他们自己的历史研究。进而,它展示了一种独特的历史学视角,即根据档案进行预测;也发展了一种认知,即如果得到恰当的训练,每个"业余"研究者都能够从过去的材料中创造一种叙述。在英国,最近十年间对该节目形式的重复使得在全国产生了一个网站、一份伴侣杂志,以及大量会议议程。从美国到澳大利亚,该节目还在英语世界播出。它鼓励观众通过其自身的研究来获得文化资本和力量。[39] 它有一个教育的目的,以及一个历史学的特征。正如埃米·霍尔兹沃思(Amy Holdsworth)指出的:"它试图通过对个人历史、记忆和身份的研究来重新想象英国认同。"[40] 这些电视节目已经成为全球范围内"谱系学繁荣"的一种主要推动力,业余历史学家越来越多地通过自身实践加入到历史文化研究中。例如,《你以为你是谁?》系列的成功,在其他国家催生了很多版本的摄制:加拿大同名版(2007,2012)、美国同名版(2010 年开播)以及《找到你的根》(*Finding Your Roots*,2012—2013)、澳大利亚同名版(2008)、法国的《回到源头》(*Retour aux Sources*,2010)、爱尔兰同名版(2008)、波兰的《家庭秘密》(*Sekrety rodzinne*,2007)、瑞典的《你以为你是谁?》(*Vem tror du att du är?*,2009)、南非同名版(2009)、挪威的《你以为你是谁?》(*Hvem tror du at du er?*,2011)、荷兰的《隐藏的过去》(*Verborgen Verleden*,2010—2013)、丹麦的《你知道你是谁吗?》(*Ved du hvem du er?*,2010)、德国的《我家的秘密》(*Das Geheimnis meiner Familie*,2008)、以色列的《你以为你是谁?》(*Mi Ata Hoshev She'ata*,2010)、俄罗斯的《我的家谱》(*Моя родословная*,2009—2012)、芬兰的《你是谁?》(*Kukaoikeinolet?*,2012)、捷克共和国的《家庭秘密》(*Tajemství rodu*,2013)和葡萄牙的《你以为你是谁?》(*Quem Éque Tu Pensas Que És?*,2013 年开播)。此外还有许多国内录制的谱系学节目,如小盖茨所主持的那些节目。形式稍有变化,但这种模式的继承节目的影响和重要性是不言而喻的。对根的调查、更广泛的谱系学研究,以及让名人讲述社会历史等,对于在全世界流行文化中建立接近过去的模式，都极为重要。这些节目对业余历史学研究——尤其是谱系学研究——的影响，意味着它们已经对各个国家的历史文化和想象产生了实质性的影响。

　　一方面，这些节目模式通过一种全球化的电视文化进行输出。另一方面，这些节目的特定制作表明，一种全球化的公众历史文化正在一种国际性的媒体文化的跨文化信息流中繁荣发展。通常来说，《你以为你是谁？》的当地版本（在波兰、瑞典、爱尔兰）是依据英国广播公司或美国广播公司（NBC）的版本制作的，这表明某种"核心的"或者主导的历史文化的确立。这些节目展示了一些历史编纂学观念，包括：时间长河中的社会变迁、种族群体的流动、世界大战、饥荒、灾难和帝国兴衰等事件对于人口的持续影响，对待宗教、疾病、年龄、犯罪、家庭、性别和教育的态度变化。它们既是社会史文献，也是业余历史研究的范本。它们鼓励对档案的业余利用，因此展现出休闲时间（或者，社会学家所说的"深度休闲"[serious leisure] 的开端）的专业化。观看这些节目，并模仿其方式，使得文化资本得以累积。通过名人效应，它们还表明谱系学、家族史和实况节目在当代流行文化中的内在嵌入性。

谱系学在线和公众历史空间

　　《你以为你是谁？》作为一档和 TNA 合作摄制的节目，其一开始为的是配合 TNA 的新网站启动。[41] 网络所带来的路径、资源和数据处理方面的巨大突破是谱系学激增的关键。虽然家族史已经进行了数十年，但是在近十年间却经历了资源和参与度方面的巨大变化。理解这种发展，有助于我们对当代谱系学获得更多洞见，也为本文下述将要展开的部分提供了动力。这种转变还向我们展示了个体所上传的公共的或者国家方面的信息和数据的使用权是如何被各种各样的机构货币化的。家族史家获得了公司和商业组织的支持，而不是受到政权或国家档案馆的支持。因此，家族史是公众历史空间扩展的组成部分，但同时也是历史化认同的新自由主义混合。关于历史实体的数据——人民、制度、机构、家庭——开始具有市场价值，成为某种商品化的事物，可以被交易或者私有化。谱系学的网络呈现向我们讲述了很多关于公众历史在一个跨国的、全球的、网上的、多文化的、动态的，以及商业的当代情境下是如何运作的的信息。简而言之，对此现象的考虑向我们展示了公众史学——"公众"以及"历史"的观念——在过去十年左右的时间里改变的原因就在于网络资源和软件的发展。

谱系学是早期网络的组成部分，从根本上说是内嵌在当前网络形式中的。数据库技术主要是 Web 2.0 之前的网络形式。谱系学列表服务器和邮件数据库仍旧存在，许多使用者仍然使用它们（确实，族谱网有一个"低端技术"[low-tech] 的表现形式，rootsweb.com）。因此，谱系学研究从根本上影响了网络的运作方式，反之亦然。商业网站继续着志愿服务和在谱系学社区内合作的传统，用户之间分享信息，使网络有效运行。确实，作为一种业余实践，谱系学的特色之一就是，它通过群聚网络（constellar）而不是通过分层网络来分享信息。

数十年来，人们一直以一种特定的方式对谱系学信息进行解码。1894 年以来，耶稣基督后期圣徒教会（或称摩门教）已经收集和创制了大量谱系学记录（目前为止，数目已达 1 亿 5000 万）。收集这些记录，为的是摩门教徒个人可以使用它们，以代表逝者举办纪念仪式。如此一来，家族成员就成为不朽的。这个过程类似再洗礼或者追溯皈依。所以，对逝者的洗礼是建立在一种特定的时间性模型上的。作为一种思考过去的模式，它是一种很具暗示性的方式，暗示了你和你的亲属之间的关系。在 1985 年，摩门教的家族史部门（Family History Department of the LDS）专门发布了一项开放源代码，这是一种供人们免费使用的编码文件类型，称为 GEDCOM（GEnealogical Data COMmunication）。这类文件包含纯文本格式，由元数据链接。GEDCOM 文件根据一种特定的协议来记录信息。它们把信息排列整理为易于检索标记的要素。数据被记录、被编排，然后可以被共享。人们用一种特定的软件查阅 GEDCOM 记录，该软件对编码进行了解释。[42] 谱系学信息因此被以一种特定不变的方式进行排列。非线性的或者非规范性的人际关系是无法记载的，尽管大多数谱系学软件会允许用户把此类信息手工添加到记录中。GEDCOM 允许用户和其他谱系学用户共享信息，因此成为基础的编码模型。几乎所有的谱系学数据库、软件和网站都使用 GEDCOM 作为其基本的信息模板。把关于过去的信息进行编码和传播的总体结构源自摩门教模型。因此，关于过去的字面模型（literal model），即证据单元（evidentiary unit），是基于对某一特定宗教认同的相关信息收集，来加以预测的。过去的个人被归类为一系列的数据库转义和标签。它们是一个在更大范围内进行排序的分类系统的一部分。

族谱网公众应用软件的一个截图

　　虽然有大量附属的网站进行谱系学研究，但是情形就如同大部分网络程序一样，多是由一小部分大公司主导。这几乎形成了一种垄断，这种垄断取决于它们的实用性、档案开放的广度，以及从根本上取决于上传内容的用户的数量。举例来说，族谱网一般被认为是最大的谱系信息提供者，它宣称在世界范围内拥有下述特征：

- 140 亿条家族史记录
- 6000 万会员树（member trees）
- 族谱网用户上传到这些家族树和会员树的 6 亿文件
- 遍布世界的 270 万订购者
- 遍布世界的 1000 名员工
- 上传数量达 2 亿的图片、扫描文件和故事 [43]

"我的遗产"网站（MyHeritage.com）宣称，自己拥有"40 种语言、7500 万用户、15 亿文件和 2700 万家族树，'我的遗产'正在把全世界的家庭连接起来"[44]。它指出，其用户可以使用大约 50 亿条记录和 2 亿张图片。在某种特定的世界范围内，脸书（Facebook）宣称它具有 12.3 亿常规用户，推特（Twitter）宣称自己有 2.71 亿活跃用户。世界人口才刚刚超过 70 亿，所以，根据这种说法，这些网站联合起来所拥有的文件比这个地球上的人口还多。从档案这方面来说，早期英语图书在线（Early English Books Online）宣称拥有 125000 本书，谷歌图书（Google Books）已经扫描了大约 2000 万本书，而国家档案馆（National Archives）拥有一项在线工具，对英国境内的 3200 万条记录进行了描述。可用的信息量多得令人难以置信，尽管相对于几家互联网巨头来说，使用量并不突出。

最关键的是，这些网站提供的信息极具营利性。每个网站都是在一个订购基础上而运行的。根据公司规模和提供的服务，不同网站的收费各有不同：族谱网每月收费在 19.99 美元—44.99 美元；"我的遗产"许多功能是免费的，但增强版的服务每月收费 10.60 美元；"寻找我的过去"网站（Findmypast）每年收费达到 129.50 美元，附带一种"随收随付制"选择。当然，还有一些网络公司会为用户做整套研究，并给用户发送一份"完全的"家族树。《商业周刊》（*Business Week*）2012 年的一篇文章对此网络市场及其预计增幅进行了概述：

> 今天，谱系学已成为网上热搜第二，仅次于色情。市场调查公司全球工业分析在 2012 年 1 月的一份报告显示，全球大约有 8400 万人在地球上的各个角落，每年花费 1000 美元—18000 美元来搜索他们的祖先。在线谱系学网站的访问者多数是白人女性，55 岁以上，她们在家上网……据统计预测，到 2020 年，数量会增加 36%，增速是任何其他群体的 3 倍。[45]

尽管这些资料似乎很不现实，但很明显，这种为个人的历史研究提供工具和数据的商业模式能够赚大钱。族谱网创立于 1983 年，1996 年开始网络化，2013 年市值达到大约 10 亿，当时它被璞米私募基金公司（Permira）收购而变成一家私营企业。[46] 当时有些人认为估值过低。[47] 公司收益从 2007 年的 1.66 亿美元达到 2013 年的 5.62 亿美元。该公司是世界上最大的信息网络组织之一。"我的遗产"由一拨投资方提供资金，包括指数创投（Index Ventures）和柏尚风险投资（Bessemer Venture Partners），这两家机构都对在线公司有兴趣，如 Skype、Yelp 和 Pinterest。汤姆森公司（DC Thomson）通过一个子公司（brightsolid）得到"基因重组"（Genes Reunited）。汤姆森公司的家族史投资组合还包括"寻找我的过去"（Findmypast）、"注册 1939"（1939 Register）、"苏格兰人"（Scotland's People）、"一战生灵"（Lives of the First World War），以及"英国报纸档案"（British Newspaper Archive）。这些网站都是和大英图书馆以及帝国战争博物馆合作的，其中大多数是需要订购的。使用"英国报纸档案"每月需要支付 10 美元。关于家族的信息是有利可图的，而这些公司的扩张是由重要的互联网投资机构提供的资金支持。

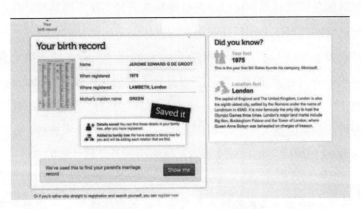

GenesReunited 网站免费搜索截图

　　这些网站都有自己独立的数据库接口、社交媒体应用软件、家族树建设软件，以及社区交流论坛。它们为研究和调查提供了大量支持。在线家族史家有着良好的训练和资源，利用网站提供的工具，从事直接的、原始的历史研究。在最基本的层面上，通过勾勒一个"树"的形成，这些网站为使用者和他们的直系亲属之间建立了谱系学联系。因此，产生的第一条信息是关于父母和祖父母的，以及相关的出生和婚姻信息。

　　随后，信息不断复杂化。专有的数据库软件和搜索引擎允许对公共档案和该网站的内容进行搜索。这些网站发展壮大的关键点在于其自身资源的使用者所上传的内容，如他们创制的家族树，以及关于其家族成员的影像和信息。使用者促成了一个巨大的众包档案。这样，参与的体验是在资源销售出去后，借助在线社区档案，新联系可能会建立起来，过去无法解决的问题也许可以找到答案。例如，族谱网应用软件使得社交网络成为移动的，谱系学和家族史成为一个可辨识的在线新媒体应用的组成部分。正如该应用软件宣传截图所展示的，它通过揭示可能存在的新家族关系来推销自己。

社交媒体允许现场互动、新关系的建立、基于共享研究兴趣的网络的发展，甚至允许对一个新家族进行现实化。尽管这些网站有着冗长的隐私保护政策，热衷于保护信息，但是该模式事实上只有在所有信息得以共享的时候才会起效。网络的目的就是使信息不断增长、繁殖，通过信息的开放，促进信息的衍生与知识的获取。日益增多的使用带来了日益增长的知识和对家族树上空白部分的勾勒与填充。重要的是，网络研究跨越国家边界。谱系学研究的梦想就是信息的无阻碍流动，以及无民族性知识的建构。

在这些网站中，或许最具有历史编纂学兴趣的就是"一战生灵"网站，该网站邀请使用者们加入到对战争的"永恒数字纪念"中。这种众包的倡议力求确认那些目前仍然不为人所知的生命："在'一战生灵'网站上的许多逝者，目前还仅仅是名字。我们需要公众来说明、确认他们的身份，把他们的故事串联起来，记住他们中的每个人。"[48] 这是一项规模庞大的口述史计划，其尝试建立一个在线档案馆，该在线档案本身将成为一种纪念仪式。这就向我们表明了一种新的考虑纪念和事件被记载并档案化的方式。它表明，关于家族史的市场化，"故事"十分重要。与此类似，关于家族史在想象中运作的方式，"你以为你是谁故事"网站（Whodoyouthinkyouarestory.com）向人们提供了一个好的例证。用户上传家族信息，据此，一个时间轴故事被建构出来。该网站强调谱系学的叙事性要素，认为现在是过去所发生的事件的逻辑后果。叙事结构对应时间线性——甚至可以说，这是一种目的论。然而，很显然，这些故事是围绕谱系学"证据"——出生／婚姻／死亡日期、上学、工作——而关联在一起的，其中散布着全球事件，如战争、体育事件、纪念日等。从历史编纂学来说，这很单薄。它运作的基础是一个很小的证据基础，其展示的方法论在于简单地把事件用线性顺序排列起来。

公众历史空间、生产消费者和隐私

　　这些谱系学网站的巨大影响力和涉及面对公众史学来说意味着什么呢？信息取代了国家作为看门人的位置，这未必是件坏事；档案的开放是信息普遍解放的组成部分。从某种观点看，这些网站允许数以百万计的业余用户进行历史研究。它们使通往过去的方式民主化了，因此促成了自我在当下的显露。这就暗示了一种和过去的新关系，也是和承担记忆职能的体制或国家之间的一种新型关系。马克斯·韦伯（Max Weber）认为，命令式行政机构类型的演变带来了不同领域的发展："官僚机构行政管理的完全去个人化，和法律的理性系统化一起，充分地并且从原则上意识到公共和私人领域之间的分立。"[49]运用国家信息来构建个人故事，这就使得公共的成为私人的，或者反之。这些档案的展出，以及众多个体对这些档案的使用，是通过他们和商业的金融交易完成的，而不关涉国家事务，这就对韦伯提出的领域之间的区分提出了质疑。

　　正如威廉·H. 达顿（William H. Dutton）指出的："技术变革还能够改变信息传播中守门员的作用。"[50]在过去十年里，历史信息的发展无疑就是此种态势。在个体自身和档案信息的关系中，以及他们对档案信息的接近中，个体可能使用的概念化方式重新塑造了他们的当代身份认同；对于这些重新塑造的方式，我们理当进行理解。如同曼努埃尔·卡斯特利斯（Manuel Castells）所说的，这些激烈的改变可能会导向新的团体和布局的建构。[51]确实，此处讨论到的例子表明了跨越边界和传统地理—历史学界定的新团体的发展。乔恩·斯特拉顿（Jon Stratton）认为，这些新的团体可能会导向公民文化中一种更为积极的参与，因此导向一种公共领域的形成。[52]使用网络档案对某种和自身认知相关的事物进行建构可以被认为是直接民主的组成部分。全球公民在一个新的公共平台认识自身，获得工具来解放自身。档案是开放的，而不是密封的。信息是共享的，而不是储存在实际的、物理性的场所中。

　　有一种现象与此形成了有趣的对比，那就是在论及网络探究方面，现今有一种关于"被遗忘权利"的讨论。个体客观要求删除关于其自身的信息，这样别人用搜索引擎搜索时他们就是无迹可查的。目前来说，这项权利只适用于活着的人，不可能扩展到死者。逝去的人没有能动性，也没有权利。因此，其信息的伦理学处理只能掌握在活着的人手中。编码意味着死者可以在网络的冰冷档案中永存，被归为一种可证明的二进制，可以对此进行数据发掘。在这种档案中，他们实际上成为一种资源，可以被塑造、使用、收集和展示。这就呼应了保罗·维利里奥（Paul Virilio）的研究。维利里奥认为，网上交流的大量开放，加速了当代生活，相伴而生的是它所导致的身份认同的麻烦。[53] 我们对那些逝去之人的相关数据库信息的使用与之相类似。这些数据把逝者变成了闪烁的鬼魂，与之相关的信息大量聚集在一起，被划分为易于吸收的部分。于是，逝者仿佛获得了重生，只要他们的记忆被重新唤起，那些被遗忘的形象重新出现并被赋予意义，他们的历史就能从被忽视或者压制的边缘获救。[54]

　　雅克·德里达（Jacques Derrida）指出，从地理学上看，过去或现在的特定物质性存在于档案中："因此，正是在这种住处（domiciliation）中，在这座被禁锢的房屋（arrest）中，档案发生了。该居留处，也就是它们永久居留的地方，标志着一种制度性的通道，即从私人的到公共的，然而这并不总意味着是一个从秘密的到非秘密的通道……在这种状态下，文件（它们并不总是话语性解读）仅仅在档案的名目下被保存和归类，其凭借的是一种特许的拓扑结构。"[55]

　　在雅克·德里达看来，档案是一种空间，在它对过去话语的占有中形成，它是物质性的。那么，涉及赛博空间（网络空间），又是如何运作的呢？档案是一个转变的场所，在其中私人的被纳入到公共之中。正如雅克·德里达所界定的那样，档案是"与法律相一致的原则，在那儿，人和神发布指令，在那儿，权威和社会秩序得到行使，从这个地方，秩序得以赋予"[56]。它是建构的，它消弭身份，忽视差异。档案把过去带入到现在，或者把它置于现在之中，在此时中变化此时。雅克·德里达认识到嵌入的力量，即档案时刻处于当下这一事实；它不是历史，也不是过去，尽管它事实上对其他时代的文化想象进行了再现、创造或者命令。档案是记忆，是意指，是"同时创始的和保守的，革命的和传统的……它有着一种法律的力量，该法律是一种关于房屋（oikos）的法律，该房屋是作为处所、住处、家庭、血统，或者制度"[57]。因此，它促成了一种想象的空间，一种界定的场所。以此观点看，网络空间就是新的认同和归属的非国家场所。档案居于此新的场所，供人查阅。人们还通过其商业切入点对它进行设定。

　　然而，从根本上说，这些网站给用户提供了使用公共档案和生成内容的机会。不同于传统（守旧）意义上的提供产品，这些网站给予人们信息通道，给他们提供基础架构，如家族树软件。大多数的网络搜索是基于公共开放的记载——人口普查数据、出生记录、婚姻信息、涉及武装力量的材料等等。因此，这些网站正参与到公共历史空间的扩张中，通过信息商业化的方式来创造产品，而这些信息最初是被作为国家官僚体制的组成部分而收集的。网络谱系学的激增意味着一种巨大的国际性的技术和科学推动的认识论转变。[58]通过网站注册订购，对数据使用权进行了限制，从而对历史信息和档案信息概念化的方式进行了重新排序。它回顾性地把数百万人的身份进行了私有化，使得他们的实际生活——或者说他们生活的"细节"——变成了各种类型的商品。多年前的逝者成为一个待交易的商品、一种待交换的信息、一件有利可图的实体。当然，对网络相关的"公共"的界定是极端复杂的。关于网络是否是一种公共领域，以及这如何和公民认同关联起来的讨论，已经是一个旧话题了。类似地，网络引入以来，关于自由、版权、所有权和档案化的论争一直不曾间断。网络理论家指出："网上公众空间部分是商业性的，部分是私人的，这些空间的剧增暗示着公众空间的一种新的混合模式，在此混合模式中，用户至上主义者和市民修辞学（civic rhetoric）共存。"[59]

　　网上公共空间的这种新自由主义是"现实"世界所发生事件的象征。[60]公众—私人合作关系不断地重塑公民和他们所居于其中的现实的以及想象的空间之间的关系。这已经对公民文化形成了扭曲的影响。以家族史为例，关于过去的信息被转化为一种商品。它有交换价值，被欲求，并且通过某些团体的会员体系被交易。经由数以千计自由工作的志愿者的劳动，这些信息被转化成网络供应者所渴求的目标——内容。[61]数据日益成为一种商品（尤其是在社交网络和搜索引擎中），历史研究数据的自愿分享就成为一种更广泛的数字劳动现象的组成部分。[62]数字劳动就是通过网上活动创造信息的劳动，这些信息随后被公司进行商品化。[63]脸书的使用就是一个好例子，它假定用户可以通过其行动被量化，由此其"免费"软件产生广告收入。正如克里斯琴·富克斯（Christian Fuchs）所说："在社交媒体上，数字劳动创造了产消合一者（prosumer），网络平台把这些商品卖给广告代理商，这些商品转而又被制作成有针对性的广告卖给用户。"[64] 数字劳动越来越多地被理论化，被争论，但是那些探究过去的工作几乎无人问津。对于那些对公众史学感兴趣的人来说，这场争论很重要，因为它影响到网络的所有相互关联的使用，从众包到推特再到脸书之类。

数字劳动对理论家提出了问题，他们想要理解如何阐明它和批判它。许多理论家已经指出，我们用来理解和批判劳动的工具属于工业时代，对于当下发生的数字劳动来说已经不适用了。马克·安德烈杰维奇（Mark Andrejevic）认为："阿维德松（Arvidsson）、哈尔特（Hardt）及其他一些学者提出的情感的或者非物质的劳动中所蕴藏的潜能在于下述事实，即：这种劳动是自由的或者自动给予的。从定义来说，它就不是强制的。还不清楚这种劳动是否在武力威胁下被占用，这就使得剥削的说法还需要进一步解释。"[65]

安德烈杰维奇指出，当我们考虑到在现今网络上实际发生的情形时，那么许多"劳动"模型（models of "labor"）是错误的，其实际上已经落伍于当前时代。在分析这些新的生产和存在模型的时候，过时的二分制是多余的。在阿维德松关于合作生产所做的研究中，他试图把资本主义生产和社会生产区分开："在对社会生产的研究中，得到社会认可的自我实现总是作为最高动机出现……人们参与到社会生产中，主要是因为他们需要和他人保持有意义的社会联系这样一种经验。"[66] 正如他所说："价值最主要不是关于结果，而是关于过程。"[67]

而且，对此类活动的参与可能会促成一种不同经济类型的发展："尊重和网络作为一种资本——伦理资本——起作用，使得人们有可能发起或者组织生产性的过程。"[68] 阿维德松的这种理想主义的伦理生产模型和对"深度休闲"的社会学定义有相似之处，在业余爱好活动中的金钱和时间投资会带来社会资本。[69] 业余爱好者和狂热者把他们的时间、劳动和精力都投入到业余活动中，类似地，那些探寻过去和创作家族树的人也处于一种关于欲望、商品化、智性活动、人道主义、伦理学、自我实现，以及经济学的复杂关联中，但这还需要进一步展开研究。对这些用户来说，通过数据在特定结构中的展开而实现的数据的现实化产生了一种特定的力量。它们促成了一种网络，该网络使日益复杂和细致的知识网的建构成为可能。这背后有一种趋向于对过去进行完整了解的人道主义动机。在研究中还存在一种相互性。不同于老生常谈地站在巨人肩膀上的谱系学认识论，网络谱系学家对多个相互交叉的信息群进行建构，其结构同时是分层的和根茎状的（rhizomatic）。

考虑到巨大的信息量以及获取意义的难度，下述情况看起来就不是一种偶然了：那些和档案深入打交道的人，常常被看作从事着最危险但也最重要的工业化工作中的一种。和档案深入打交道，被称为数据挖掘。现在来说，整个档案是如此巨大，以致对它的理解成为大数据挖掘专家的领地。这种情况的出现，不仅在于可用的记录是大规模的——网络市场本身已经如此庞大，还在于用户创造着新的数据，如家族树就是基于这种一手证据。透过自我、家族或者可能是地区的不同镜头，人们对由数百万档案组成的巨量数据库进行定位。姓和亲属关系是最重要的关系性数据。这些资源也可以通过其他更为复杂的方式被人们使用，以此用那时来理解现在。正如维克多·迈耶－舍恩伯格（Victor Mayer-Schoenbeger）和肯尼思·库克耶（Kenneth Cukier）指出的，大数据已经被用来"预测"行为，包括"预测警务（predictive policing）"[70]。他们的著作探讨了大数据分析预测的方式、对大量行为模式的分析，以及商业对此的应对方式。[71] 运用移民统计学，群体遗传学，数百万计的家族数据记录、照片，以及用户上传的家族树来创建一段特定的个人历史，这种运用是个人化的大数据在起作用。特别是，对 DNA 检测的使用、相关性和图样分析的模式就是历史研究日益渗入大数据技术的一种方式。奇怪的是，并没有实际的证据表明有对档案的肆意删削，或者档案被滥用或粘接的现象，这就表示人们对在线档案的使用怀有尊敬，认为它们是"真理"的贮藏所。用户认为档案中的信息很重要，是一种更广泛的证据体系的组成部分。他们似乎很少以现代历史学中常见的方式对资料来源提出质疑。毫无疑问，谱系学实践对档案很友好，它复制分层的知识结构，因为它想要从过去的混乱中以某种方式获得一种分类、一种理解。与此类似，网站档案——用户上传的信息——也获得了尊重。同时，网站隐含性鼓励的聚合式思维方式表明了一种接近数据的更复杂的方式，比之前家族史学愿意施行或者能够施行的方式要复杂得多。

对于谱系学想象的理论阐释

家族史和谱系学研究已经流行了数个世纪，那么，本文描述的这些范式有何新意呢？这种极其流行的谱系学想象究竟意味着什么呢？它可能会以何种方式得到理论阐释呢？关于对起源进行概念化的方式，尤其是它和时间的关系，几个世纪以来，哲学家和文化理论家不断展开争论。米歇尔·福柯对尼采的解读成为福柯自己对"谱系学"理解的基础，即把"谱系学"看作是一种理解和探究的方式。这种探究方式拒斥对实际起源的探询；米歇尔·福柯建议："退回到一个先于所有实证知识的绝对点，正是起源的这个点使一种重新发现起源的知识成为可能，但这种知识又在喋喋不休之中不断虚构对这种起源的认识。这一起源，是一个连接点。在这里，事物的真理与话语的真理联系在一起。但这一连接不可避免地要丧失，话语真理立即会使起源模糊不清，销声匿迹。"[72]

这种对知识的哲学式探询的可悲之处在于，它清楚地表明，对起源的任何定位——该"转瞬即逝的连接"——已经被话语毁灭。在对起源的探询中，米歇尔·福柯试图理解话语对实际理解的拒认以及对于失败的掩盖。该起源促使人们进行起源的恢复，但这种恢复却总是一种徒劳的希望。米歇尔·福柯对谱系学的定义看上去几乎与当今对这个词的用法全然对立："谱系学并不妄称要回溯往昔，重建一个超越了被遗忘的事物的某种连续性；它的义务不是要证明过去在现在之中积极地发挥作用，继续秘密地赋予现在以活力，也不是在昔日的所有兴衰成败之上强加一种从一开始就已勾画好的形式。谱系与某个物种的演化、一个民族的命运都毫不相干。"[73]

人们可能会提出，当代的谱系学探究和米歇尔·福柯所理解的谱系学截然相反。它展示出一种远离复杂化的动力。它是一种对起源、真理和理解的认识论欲求。[74]此外，对秩序和理性——线性——的历史编纂学需求允许人们对真理进一步概念化。尤其是，它调动了一种特定的历史编纂学想象，暗示人们或许能够真正了解历史。这和米歇尔·福柯对谱系学的复杂认识形成了鲜明的对比。在米歇尔·福柯这里，谱系学作为一种方式，"它（谱系学）要发现，真理或存在并不位于我们所知和我们所存在的根源，而是位于诸多偶然事件的外部"[75]；而当代谱系学则作为西方社会的历史编纂学或者更宽泛的哲学认知的证据，暗示着对秩序化、可辨识物和可测量物的坚守。这是一种确信的认识论（epistemology of assurance），它作为历史认知的一种文化模式，拒斥整个哲学传统。

对于许多学者而言，谱系学模型是有问题的，因为它们崇尚的多种规范标准思维和界定身份的方式是欧洲中心论的和父权的。因此，萨拉·沃特斯（Sarah Waters）和劳拉·多恩（Laura Doan）认为，女同性恋者对起源和祖先的寻求或许再次印证了某些行为模式，而不是打开了某些其他的可能性。[76] 确实，转向酷儿理论，把它作为一种探究模式，这很大程度上是将之与对理性的、经验的、规范的认识论模式的批判联系在了一起。而该批判在很多方面借用了米歇尔·福柯的思想和他的"谱系学"模型。[77] 这和后结构主义者对秩序化结构的质询相一致，特别是，明显和那些对起源相关的秩序化结构的质询相一致。雅克·德里达指出："延异是差异的非完满的、非简单的、结构性的和差别化的起源。"因此，事物一成不变的观点无论从几何学角度还是从语言学角度看都是站不住脚的。[78] 关于起源的观念和通过线性认识论模式获得真理的观点都对事物的确定性极端排斥。历史研究的谱系学模式的流行，以及该模式作为一种认识论的流行，可能会引起忧虑。它广泛信奉的是保守的文化和知识模式，这些模式力求进行控制和命令。特别是，"树"的模型的使用代表了西方思想，正如费利克斯·伽塔利和贾尔斯·德勒兹所批评的那样。[79] 他们指出，渗透在认识论和哲学中的"树"的模型是有缺陷的，它基于一种分层的二元结构进行断定。它"固定一个点，确定一种秩序"。[80] 这类结构无法解释或者理解多样性："多元体是被外部所界定的：被抽象线、逃逸线，或解域所界定，伴随着此种解域，它们在与其他多元体建立连接时改变着自身的本质。"[81] 费利克斯·伽塔利和贾尔斯·德勒兹建议用根茎结构代替"树"的模型，从而有助于他们对高原（plateau）概念的更宽广的理解。根茎及其所包含的系列削弱了总体化的分层知识。

或许有人会说，谱系学作为一种建构意义的尝试，是没什么希望的和注定失败的。过去是一个巨大的信息场，它抗拒理解，试图在它上面放置某种分级模式，显示了人类思想的局限性，一如我们当前认识压迫性结构的局限性。谱系学突出了知识的终结——它是一种面对完全性的姿态（a gesture to completeness），该完全性不断受到档案条件的限制。谱系学处于不断修正的状态，总是不完整的。它总是可以回溯得更远。它是一种历史知识的模式，具有持续性和偶然性，而且总是处于可能性中。人们总是能够对谱系学知识进行收紧、增加、发展。所有的历史知识都持续面对修正，因此总是可悲地意识到自身的不稳固性。家族树也是一样，在其自身内部持续存在着不断扩大的可能性。家族树是一种话语，试图固定和命令，同时意识到一种持续的流变。当然，根据上述的哲学观点，它是一种保守的和可能成问题的范式系列。然而，不管理论是怎样的，家族树都是某种不断生发的事物；在我们能够对之进行清楚一致的批评之前，我们需要进一步理解它。

正如本文指出的，谱系学和家族树正在经历一种巨大的技术性转折。网络的范式转换正在改变着我们对过去进行概念化的方式，也改变着我们理解自身和过去之间的关系的方式，而历史学家和文化批评家仍然在尝试对这种改变的方式进行概念化。我已经指出，我们可以用不同的方式解读谱系学信息，从一种不断被商品化的事物，到一种大数据，该大数据可能解释人口流动，揭示我们目前几乎意识不到的模式。当然，谱系学的迅猛增长是网络带来的第一波认识论和历史编纂学转变的组成部分。在世界范围内，数以百万计的人们正在选择某种特定的历史知识类型。他们积极地参与到历史研究中。他们促成大量丰富的历史知识，加入到历史和历史编纂学辩论中。在我看来，这并不是强加给我们的主题，忽视这类"业余历史"对我们来说意味着要冒很大风险。这是一种全球现象，其参与者们选择了它。他们沉浸其中。他们训练、学习，以便行动。谱系学的实践可能是保守的——虽然我并不完全肯定这点，但是目前来说，没办法拒绝它。它是一种全球化的事业，附加在公众历史空间上。然而更重要的是，它为公众的史学想象提供寓所并使之成形。这对谱系学的影响不如以任何实际的方式论及更为普及的 DNA 测序的深远。

家族史运动无疑是一种更大范围内的历史实践、历史想象和历史认知民主化运动的组成部分。但是，数字化和网上资源所开放的新途径也往往同时把主体置于成问题的关联中，引起一些令人烦恼的问题，这些问题关涉民族认同、隐私，以及国家和企业之间的关系。公众史学的挑战在于对谱系学和家族史的运行的不同方式进行识别、理论化和理解，此类探究所处的地域、民族和国际环境，以及这种实践对历史想象的影响。公众史学必须利用手头的信息和工具，来处理这些极其多样复杂的现象。我们应该增加对下述现象的研究：网络文化（尤其是粉丝文化）、业余历史的形态、网络探究的职业化、自我倾向历史性定位的表演（performance of a historically inclined self）、视觉形象的使用、"树"结构的影响，以及大数据。我们需要对档案展开各种复合方式的质询，把谱系学和家族史作为实践、方法论和认识论的新路径应该得到进一步的探索和试验。

注　释

[1] 参考：François Weil, *Family Trees: A History of Genealogy in America*, Cambridge, MA: Harvard University Press, 2013. 关于家族、亲属关系和谱系的讨论，亦可参考：Maria Elena Martínez, *Genealogical Fictions: Limpieza de Sangre, Religion, and Gender in Colonial Mexico*, Stanford, CA: Stanford University Press, 2008; Michael Szonyi, *Practicing Kinship: Lineage and Descent in Late Imperial China*, Stanford: Stanford University Press, 2012.

[2] Amy Holdsworth, *Television, Memory and Nostalgia*, Basingstoke, UK: Palgrave Macmillan, 2011, p. 94.

[3] 例如，可参考国家档案和记录管理局（National Archives and Records Administration）（美国）与族谱网（Ancestry.com）在 2008 年达成的数字化协议，《国家档案馆和族谱网合作促进数百万计的历史文件可供网上使用》，见："National Archives and Ancestry.com Partner to Make Millions of Historical Documents Available Online," May 15, 2008, http://www.archives.gov/press/press-releases/2008/nr08-104.html. 关于这类关系所引发的问题，见：Mike Featherstone, "Archiving Cultures," *British Journal of Sociology*, vol. 51, no.1, March 2000, pp.161–184.

[4] "In Defence of Family History," *The Guardian*, October 11, 2014.

[5] "历史学家和谱系学家之间的关系长久以来一直是麻烦不断。双方往往都带着让人困惑的轻蔑之情看待对方。"奥哈拉（Sheila O'Hare）如是写道。见：Sheila O'Hare, "Genealogy and History," *Common-Place*, vol. 2, no. 3, April 2002, http://www.common-place.org/vol-02/no-03/ohare/.

[6] Alison Light, *Common People*, London: Fig Books, 2014, p. xxi.

[7] 和所有学科一样，公众史学有着它自身的历史：Denise Meringolo, *Museums, Monuments and National Parks: Towards a New Genealogy of Public History*, Amherst, MA: University of Massachusetts Press, 2012. 该书对公众史学的历史进行了系统分析。默林戈洛（Meringolo）并未对"谱系学"这一术语进行专门考查，而是认为它是历史编纂学的一种速记法。她的用法暗示着，在一种学术的"谱系学"——在方法论方面精确的和科学的（或者至少客观的）——与更宽泛和模糊的"家族史"之间可能存在某种分歧。相对来说，我认为这两个术语的使用是可以互换的，不仅在于我目前研究的网站和支撑材料是这样做的。然而，这两个术语之间的概念差别，以及在使用上的地区差别（美国实践者更倾向使用半专业性的用语，如"谱系学"，而欧洲人普遍使用的是"家族史"一词），还需要我们展开进一步考察。

[8] 本文着眼于理论思考，而进行田野作业，调查世界上数百万计的使用者、参与者和实践者，则远远超出了本文的论述范围。有一些重要的工作需要加以展开，如：看一下谱系学实践是如何跨越地区、性别和人口统计学而变化的；考察协会、社群和博物馆的重要性；思考"严肃"实践者和"业余爱好者"之间的关系；研究志愿服务制度和众包；考察可视化和用语；考察肆意删削和破坏；研究和家族史相关的欲望和幸福。本文旨在激发在该领域展开进一步的工作。

[9] 参考：Andreas Fickers, "Towards a New Digital Historicism? Doing History in the Age of Abundance," *View Journal of European Television History and Culture*, vol. 1, no. 1, 2012. http://journal.euscreen.eu/index/view/article/view/jethc004. 另参考：Wendy Hui Kyong Chun, *Programmed Visions: Software and Memory*, Cambridge, MA: MIT Press, 2011.

[10] Daniel J. Cohen, "History and the Second Decade of the Web," *Rethinking History* , vol. 8, no.2 , June 2004, pp. 293–301.

[11] Paul N. Edwards, Lisa Gitelman, Gabrielle Hecht, Adrian Johns, Brian Larkin, and Neil Safier, "AHR Conversation: Historical Perspectives on the Circulation of Information," *The American Historical Review*, vol. 116, no. 5, December 2011, pp. 1393-1395,especially pp. 1396–1397, p.1398.

[12] *Ibid*, p. 1404.

[13] 参考：Roy Rosenzweig and David Thelen, *The Presence of the Past: Popular Uses of History in Everyday Life*，New York: Columbia University Press, 1998; Raphael Samuel, *Theatres of Memory*, London: Verso, 1994.

[14] 参考：萨克斯（Honor Sachs）对谱系学政治的讨论：Honor Sachs, "Barack Obama's 'Slave' Ancestor and the Politics of Genealogy," *History News Network*, August 6, 2012. http://historynewsnetwork.org/article/147577.

[15] 另一方面，参考：宋怡明（Michael Szonyi）对 20 世纪 90 年代中国谱系学的论述，"谱系学是一种战略性文本，其目的在于创制某些社会效果，而且它确实带来了这样的效果。它是亲属关系实践的组成部分"，见：Michael Szonyi, *Practicing Kinship: Lineage and Descent in Late Imperial China*, p. 26.

[16] Henry Louis Gates, Jr., *In Search of Our Roots: How 19 Extraordinary African Americans Reclaimed Their Past*, New York: Random House, 2009, p. 5.

[17] 参考：Judith N. Bennett, *History Matters*, Philadelphia, PA: University of Pennsylvania Press, 2006; Ann Cvetkovich, *An Archive of Feelings: Trauma, Sexuality, and Lesbian Public Cultures*, Durham, NC: Duke University Press, 2003.

[18] DNA 谱系学的剧增有着深远的后果，代表着家族史研究在概念化、方法论和实践中的一种全新的方式。正因为如此，它不在本篇论文的考虑范围内，本文首要聚焦的是线上资源的影响。关于种族和遗传学的讨论，可参考：Keith Wailoo, Alondra Nelson, and Catherine Lee, *Genetics and the Unsettled Past: The Collision of DNA, Race, and Ethnicity*, New Brunswick, NJ: Rutgers University Press, 2012.

[19] Weil, *Family Trees*. 韦尔对战后谱系学的研究相对来说较为简短，但强调了亚历克斯·黑利（Alex Haley）1976 年的著作《根》（*Root*），以及 1977 年基于该书录制的具有广泛影响的一系列电视节目，极大地引起了对谱系学的一种新的、更具争议性的兴趣。另可参考：Jerome de Groot, *Consuming History: Historians and Heritage in Contemporary Popular Culture*, London and New York: Routledge, 2008, pp. 84–86. 更具体来说，关于美国的谱系学研究环境，可参考：Honor Sachs, *Home Rule: Households and National Expansion on the Eighteenth-Century Kentucky Frontier*, New Haven, CT: Yale University Press, 2015；Francesca Morgan, "A Noble Pursuit? Bourgeois America's Uses of Lineage," in Sven Beckert and Julia Rosenbaum, ed., *The American Bourgeoisie: Distinction and Identity in the Nineteenth Century*, New York: Palgrave Macmillan,

2010, pp. 135–152；Morgan, "Lineage as Capital: Genealogy in Antebellum New England," *New England Quarterly*, vol. 83, no. 2 , June 2010, pp.250–282.

[20] 译者注：西方一门研究纹章的设计与应用的学问，其研究除了作为文化史的一部分，还有助于历史考证，例如用于断定宗谱及鉴定艺术品、文物的年份。

[21] Gabrielle M. Spiegel, "Genealogy: Form and Function in Medieval Historiography," *History and Theory* , vol. 22, no. 1, February 1983, pp. 43–53.

[22] Jane Caplan and John C. Torpey, *Documenting Individual Identity: The Development of State Practices in the Modern World*, Princeton, NJ: Princeton University Press, 2001.

[23] 然而，法国中世纪的萨里克继承法却是通过母系继承人继承遗产的（莎士比亚创作于 1599 年的《亨利五世》中，国王亨利就利用了这点），另外，犹太人的身份认同也是通过母系的。参考：Craig Taylor, "The Salic Law, French Queenship, and the Defense of Women in the Late Middle Ages," *French Historical Studies*, vol. 29, no. 4 , Fall 2006, pp. 543–564.

[24] 参考：Carol Smart, "Relationality and Social-Cultural Theories of Family Life," in R. Jallinoja and E. D. Widmer, ed., *Families and Kinship in Contemporary Europe*, Basinstoke, UK: Palgrave Macmillan, 2011, pp. 13–28. 关于理论、档案再现和"档案转向"在历史编纂学中的影响，可参考：Hutchinson and Shane Welle, ed., "Archive Time," *Comparative Critical Studies*, vol. 8, nos. 2–3, 2011.

[25] 关于后启蒙运动时代知识结构的发展，参考福柯：《知识考古学》(*The Archaeology of Knowledge*)，史密斯 (A. M. Sheridan Smith) 译（New York: Vintage Books, 1983 [1969]），以及《事物的秩序：一种人类科学的考古学》(*The Order of Things: An Archaeology of the Human Sciences*)（中译本一般译作《词与物》）(New York: Vintage Books, 1994 [1966])。关于前现代历史，可参考：Daniel Woolf, *The Social Circulation of the Past: English Historical Culture, 1500–1730*, Oxford: Oxford University Press, 2003.

[26] Stefan Berger and Chris Lorenz, *Nationalizing the Past: Historians as Nation Builders in Modern Europe*, Basingstoke, UK: Palgrave Macmillan, 2010.

[27] 参考 Weil, *Family Trees* 中对美国谱系学发展的论述。

[28] 译者注："serious" pastime，亦即后文社会学家所说的"深度休闲"（"serious" leisure）。

[29] Helen Osborn, *Genealogy: Essential Research Methods*, London: Robert Hale, 2013, p. 14.

[30] David Lowenthal, *The Past Is a Foreign Country*, Cambridge: Cambridge University Press, 1985, p.38.

[31] *Ibid.* p. 28.

[32] Barbara Körte and Sylvia Paletschek, *Popular History 1800–1900–2000*, Bielefeld: Transcript, 2012.

[33] 那些对亲属结构视觉化的方式感兴趣的人类学家，对家族树有着持续不断的热情。Mary Bouque, "*Family Trees* and Their Affinities: The Visual Imperative of Genealogical Diagram," *The Journal of the Royal Anthropological Institute*, vol. 2, no. 1, March 1996, pp. 43–66。引文出自第 62 页。作者指出，再现谱系结构的"树"主题为这种形象提供了一些科学的伪装。并参考：Pierre Bourdieu, *Outline of a Theory of Practice*, Cambridge: Cambridge University Press, 1977.

[34] 大多数古装剧都关心某种类型的合法性或者继承，这可以视为该类型之保守主义的证据。参考：Andrew Higson, *English Heritage, English Cinema: Costume Drama since 1980*, Oxford: Oxford University Press, 2003.

[35] 参见英国国家档案馆扩展目录：http://nationalarchives.gov.uk/records/looking-for-person%5Cdefault.htm.

[36] 关于此类现象及"深度休闲"的现象，参考：Jerome de Groot, *Consuming History*.

[37] http://www.genuki.org.uk/gs/.

[38] 关于谱系学可能的问题或揭示，参考对理查德三世 DNA 及其可能后果的讨论：Turi E. King and Kevin Schürer, "Identification of the Remains of Kind Richard III," *Nature Communications* , vol. 5, no. 5361, 2014.

[39] Claire Lynch, "Who Do You Think You Are? Intimate Pasts Made Public," *Biography*, vol. 34, no. 1, Winter 2011, pp. 108–118.

[40] Holdsworth, *Television, Memory, and Nostalgia*, p. 94.

[41] 该系列电视节目最初启动的新闻发布，参见：http://www.bbc.co.uk/pressoffice/pressreleases/stories/2004/09_september/24/who_events.shtml.

[42] 下一代软件，即 GEDCOM X，正在开发中。参考：http://www.gedcomx.org/About.html. 亦可参考：《GEDCOM 死了吗？》，http://www.rootsworks.com/genart13.htm.

[43] http://www.ancestry.co.uk/cs/legal/Overview.

[44] http://blog.myheritage.com/media-kit-myheritage-com/.

[45] Bruce Falconer, "Ancestry.com's Genealogical Juggernaut," *Business Week*, September 20, 2012. 全球工业分析提供的报告可以在下述网站买到：http://www.strategyr.com/GOS.asp?code=GOS-14.

[46] Evelyn M. Rusli, "Ancestry.com Is Said to Be in Talks for a Buyout," *New York Times*, July 24, 2012; Natasha Lomas, "Ancestry.com Agrees to $1.6bn Cash Buyout," *TechCrunch*, October 22, 2012.

[47] "Why Ancestry.com Is Undervalued," *SeekingAlpha*, http://seekingalpha.com/article/317432-why-ancestry-com-is-undervalued.

[48] http://livesofthefirstworldwar.org/press.

[49] Max Weber, *Economy and Society*, trans. and eds. Guenther Roth, Claus Wittich, Berkeley: University of California Press, 1978, p. 998.

[50] William H. Dutton, "The Internet and Social Transformation: Reconfiguring Access," in William H. Dutton, Brian Kahin, Ramon O'Callaghan, and Andrew W. Wyckoff, ed., *Transforming Enterprise: The Economic and Social Implications of Information Technology*, Cambridge, Mass: MIT Press, 2005, pp. 375–389. 引文出自第 383 页。

[51] Manuel Castells, *The Rise of the Network Society*, Oxford: Blackwell, 2000.

[52] Jon Stratton, "Cyberspace and the Globalization of Culture," in David Bell, Barbara M. Kenned, ed., *The Cybercultures Reader*, London and New York: Routledge, 2000, pp. 721–731, esp. p. 729.

[53] Paul Virilio, *The Information Bomb*, London: Verso, 2000.

[54] Light, *Common People*, passim.

[55] Jacques Derrida, *Archive Fever: A Freudian Impression*, trans. Eric Prenowitz, Chicago: University of Chicago Press, 1998, pp. 2–3.

[56] *Ibid.*, p. 1.

[57] *Ibid.*, p. 7.

[58] Lisa Gitelman, *Always Already New: Media, History, and the Date of Culture*, Cambridge, MA: Harvard University Press, 2006.

[59] Zizi Papacharissi, "The Virtual Sphere 2.0: The Internet, the Public Sphere, and Beyond," in Andrew Chadwick, Philip N. Howard, *Routledge Handbook of Internet Politics*, London and New York: Routledge, 2009, pp. 230–246. 引文出自第 232 页。这篇论文是作者那篇开创性的著名论文的进一步拓展，即："The Virtual Sphere: The Internet as Public Sphere," *New Media & Society*, vol. 4, no. 1, 2002, pp. 9–27.

[60] Jeremy Németh, "Controlling the Commons: How Public Is Public Space？" *Urban Affairs Review*, vol. 48, no. 6, November 2012, pp. 811–835；"Defining a Public: The Management of Privacy Owned Public Space," *Urban Studies*, vol. 46, no. 11, October 2009, pp. 2463–2490.

[61] Chris Kelty, *Two Bits: The Cultural Significance of Free Software*, Durham, NC: Duke University Press, 2008. 以及在更大范围内对开放获取（Open Access）的更广义的讨论。

[62] Christian Fuchs, *Digital Labour and Karl Marx*, London and New York: Routledge, 2014；Jonathan

Burston, Nick Dyer-Witherford, and Alison Hearn, "Digital labour: Workers, Authors, Citizens," *Ephemera*, vol. 10, no. 3/4, November 2010.

[63] Tiziana Terranova, *Network Culture: Politics for the Information Age*, London: Pluto Press, 2004.

[64] Christian Fuchs, *Digital Labour and Karl Marx*, p. 246.

[65] Mark Andrejevic, "Exploiting YouTube: Contradictions of User-Generated Labour," in Pelle Snickers, Patrick Vonderau, *The YouTube Reader*, Stockholm: National Library of Sweden, 2009, pp. 406–424. 引文出自第 418 页。安德烈杰维奇（Mark Andrejevic）的这项研究和阿维德松（Arvidson）的研究一样，许多地方是基于对马克思《大纲》（*Grundrisse*）中《论机器片断》（Fragment on Machines）的一种解读。马克思认为，机器促成了"普遍智力"（general intellectual）的发展，也就是说，通过技术的发展，社会关系的重新组织得以加速发展。

[66] Adam Arvidsson, "The Ethical Economy of Customer Coproduction," *Journal of Macromarketing*, vol. 28, no. 4, December 2008, pp. 326–338. 引文出自第 332 页。

[67] *Ibid*.

[68] *Ibid*., p. 333.

[69] Chris Rojek, *The Labour of Leisure*, London: SAGE, 2010.

[70] Victor Mayer-Schoenbeger and Kenneth Cukier, "The '*Big Data*' Revolution: How Number Crunchers Can Predict Our Lives," *Morning Edition*, NPR, March 7, 2013.

[71] Viktor Mayer-Schoenberger and Kenneth Cukier, *Big Data*, New York: Houghton Mifflin Harcourt, 2013, p.7；Nathan Eagle and Kate Greene, *Reality Mining: Using Big Data to Engineer a Better World*, Boston, MA: MIT Press, 2014.

[72] Michel Foucault, "Nietzsche, Genealogy, History," in Paul Rabinow ed., *The Foucault Reader*, Harmondsworth: Penguin, 1984, p. 79. 译者注：文中译文采取苏力译：《尼采·谱系学·历史学》，收录于陈新、刘北城主编：《史学理论读本》，北京：北京大学出版社，第 117—137 页。

[73] Michel Foucault, "Nietzsche, Genealogy, History," p. 81.

[74] 类似地，施皮格尔认为，福柯的范型不能被运用到前现代社会，见：Gabrielle M. Spiegel, "Genealogy: Form and Function in Medieval Historiography," *History and Theory*, vol. 22, no. 1, February 1983, pp. 43–53.

[75] Michel Foucault, "Nietzsche, Genealogy, History," p. 81.

[76] 正如她们所写："因此，温特森（Winterson）对历史的创造性运用，其中更多是增加一种屏幕，在这种屏幕上，读者们可以对现代性自身的感知性和同一性展开审查，而不是一种谱系学或者对现代的性主题的失去传统的恢复。"见：Sarah Waters and Laura Doan, "Making Up Lost Time: Contemporary Lesbian Writing and the Invention of History," in David Alderson, Linda Anderson, ed., *Territories of Desire in Queer Culture*, Manchester: Manchester University Press, 2000, pp.12–29. 引文出自第 24 页。另可参考：Valerie Traub, *The Renaissance of Lesbianism in Early Modern England*, Cambridge: Cambridge University Press, 2002.

[77] David M. Halperin, *Saint Foucault: Towards a Gay Hagiography*, Oxford: Oxford University Press, 1997.

[78] Jacques Derrida, *Margins of Philosophy*, trans. Alan Bass, Chicago: University of Chicago Press, 1982, p. 3.

[79] Felix Guattari and Gilles Deleuze, *A Thousand Plateaus*, trans. Brian Massumi, Minneapolis, MN: University of Minnesota Press, 1987, esp. p. 64. 另参考：Marnie Hughes-Warrington, *Revisionist Histories*, London and New York: Routledge, 2013.

[80] Felix Guattari and Gilles Deleuze, *A Thousand Plateaus*, p. 7.

[81] *Ibid*., p. 9. 译者注：文中译文采取姜宇辉译：《千高原》，上海：上海书店出版社，2010 年。

海外华人寻根定制化服务研究——以中华家脉为例

邓　爽　洪凝影 *

摘要：华人移民海外有着悠久的历史，足迹遍布世界各个角落，形成了人数庞大的海外华人华侨群体，其中有相当大一部分，已经与侨居国的文化、习俗深度融合。随着中国的发展，在改革开放后迎来了一波海外华人华侨回国旅游探亲的浪潮，加深了海外华人华侨与祖国的联系，寻根寻亲的需求也应运而生。在此背景下，逐步出现一些帮助海外华人寻根寻亲的个体，并进一步发展成具有一定规模的专业化、定制化的服务公司，譬如成立于 2012 年的中华家脉。本文尝试通过对中华家脉的成立原因、运作方式及其对社会的深刻影响，分析我国当前形势下的海外华人寻根寻亲定制化服务的现状、形式、存在的问题，并针对一些突出的问题提出具有针对性的意见。同时，探讨华人移民史的学术知识和技能应如何在学术界以外的场景应用，华人移民史学者应在华人寻根定制化服务中扮演什么样的角色、起到何种积极意义，并最终如何推动中国公众史学的发展。

关键词：华人华侨；寻根寻亲；定制化服务；中华家脉

在中国的传统文化当中，尤其是在儒家的观点中，"孝"对于一个人来说是最重要的美德之一，这意味着对待长辈，其在世时要敬重、听从；其过世后，要祭奠、怀念。也因此，"祖先崇拜"在我国历史上，无论是政治生活还是社会生活中都有着重要的地位。四川大学杨丽娟博士写道："从人类学的视角

---

* 邓爽：河南郑州人，云南大学管理学硕士，中华家脉研究顾问。洪凝影：香港人，伦敦大学亚非学院中国研究专业硕士，中华家脉研究专员。

分析，旅游者产生'寻根祭祖'的文化渊源是传统文化的敬祖尊亲祖先信仰，而产生祖先信仰的文化内涵则是传统文化中的魂魄观。"[1] 可见，在中华文化圈辐射下的华侨寻根，本身是其文化认同中一种潜移默化的行为。

河南社科院首席研究员张新斌认为："20 世纪 80 年代兴起了寻根文化热潮，以文学寻根为主带动了文艺界的民族文化热，以姓氏寻根为主带动了海外华人的族群寻根热……这些热潮最终可以归结为文化寻根与族群寻根两大主流，并形成了若干特征。"[2] 同时，他还认为，美国和东南亚华人的"寻根热"与两部作品有着重要的联系，一部是美国作家亚历克斯·黑利（Alex Haley）的《根》（*Root*），另外一部是我国台湾作家张毅的《源》，两部作品引起了不同文化背景下的华人华侨进行寻根。著名作家韩少功在其《文学的"根"》一文中说道："寻根不是出于一种廉价的恋旧情绪和地方观念……而是一种对于民族的重新认识……"[3] 对于那些其他文化背景下的华人华侨来说，寻根本身就是一种寻找自身定位，重新唤醒自己民族意识的方式。根据人口迁移理论中著名的"推拉理论"进行延伸，我们认为，当今时代下的海外华人华侨寻根，是中国与海外之间在政治、经济、文化等层面上的此消彼长后的逆向流动。

华侨寻根定制化服务的现状

（一）寻根定制化服务的需求

截止到 2010 年，全球华人华侨总数约 4543 万人 [4]，在各大洲均有分布。按照我国台湾地区的统计，排名前十的华人侨居国为印度尼西亚、泰国、马来西亚、美国、新加坡、加拿大、秘鲁、越南、菲律宾和缅甸。[5] 在此庞大的数量基础上，随着中国的快速发展，越来越多的海外华人将目光重新投向中国，寻根问祖成了热门话题。

在这样的背景下，中华家脉应运而生。出生于荷兰的第六代印度尼西亚华人李伟汉先生，从小就对自己的中国背景十分感兴趣，在回到中国前也做了大量的调查工作。2012 年，李伟汉返回中国定居工作，并利用业余时间寻找自己的祖籍村落，并最终和失联百余年的老家宗亲重新建立了联系。这样的成功经历引起他身边其他外籍华人的关注和兴趣，他们纷纷委托他帮助调查。于是，中华家脉于同年在北京成立，其宗旨是帮助海外华人在中国寻根，保护家谱、祠堂等传统文化遗产。六年来，中华家脉已经在大中华区、东南亚地区、欧洲北美与众多学者专家以及宗亲会、同乡会、政府有关部门等建立了密切的合作关系，已帮助百余位来自世界各地的海外华人在中国寻找到了他们的亲属，成为国内首屈一指的华人寻根组织。

根据中华家脉自 2012 年以来的记录（见表 1）[6]，海外华侨进行寻根定制化服务咨询的数量呈现阶梯性增长，虽然考虑到该数字受到公司知名度的影响，以及公司在参与国际性华人华侨会议后所带来的短期爆发式增长（如 2016 年参加加拿大客家人大会），但可以看出，2015 年以来的咨询数量稳定在 20 例以上，海外华侨对于寻根定制化服务存在着稳定的兴趣。同时，从转换率的角度来看，随着咨询的增加，转换率相对趋于稳定，2014、2015、2017 年三年的转换率均在 65% 以上，而 2016 年由于中华家脉开始频繁参与海外各大华人华侨会议，咨询数量呈现较大增长，但在此因素影响下的咨询者，大多只是出于一种较为初级的兴趣，并且可能对于付费服务存在较多顾虑，因此转换率低于期望水平。同时，转换率又受到咨询者客观因素的影响，如其提供的资料内容翔实程度、其配合程度等，导致作为调查者的中华家脉方面，不得不主动拒绝一些不切实际的调查期望（曾有一位美国日裔咨询者希望调查日本江户时代的某位大名）。

表 1　中华家脉历年接受咨询与项目转换情况统计表

年份	总咨询量	签约项目	转换率
2012	2	2	100%
2013	9	9	100%
2014	13	9	69%
2015	21	15	71%
2016	47	15	32%
2017	54	36	67%

从另外一个角度，即客户侨居国（地区）的归属（见表2）[7] 来看（由于部分华侨可能存在着多次迁移的情况，因此在统计中仅以其目前侨居的国家或地区来统计），可以得出以下结论。

表2 中华家脉咨询者侨居国（地区）资料统计表

国家（地区）	数量
澳大利亚	14
奥地利	1
加拿大	10
德国	1
印度尼西亚	2
马来西亚	5 [8]
牙买加	4
荷兰	11
新西兰	2
巴拿马	1
菲律宾	2
英国	4
英属圭亚那	1
毛里求斯	2
美国	46 [9]

在忽略中华家脉自身的宣传覆盖面及固有的获客渠道等内在影响因素的情况下，可以看出中华家脉接受的咨询者绝大多数来自发达国家，其中来自美国的咨询者（46个）占到了所有已知侨居国（地区）的咨询者总数的43%，所有西方发达国家咨询者的总和（89个）占到了84%。按照我国商务部公布的2012年《世界各国人均国民收入排行榜》[10]，作为中等人均国民收入国家的巴

拿马处于总体排名的第 69 位，人均收入为 9910 美元，而中华家脉基础调研费用仅为 475 美元（包含文献调查及实地走访），并不算很高，但从客户来源的角度来看，寻根调查费用的高低，依然是影响寻根者意愿的重要因素之一，但显然并不是决定因素。

根据中华家脉历年来走访海外的华侨社团与相关学者、人士的访谈来看，"认同感"才是决定华人华侨是否进行寻根活动的决定因素。马来西亚学者陈志明（Tan Chee Beng）在其著作《迁移、家乡与认同：文化比较视野下的海外华人研究》中提到："华人认同问题源自不同类型华人比较之多样性，如会说华语的华人与不会说华语的华人。这通常导致前者对后者的偏见，前者认为他们才是'纯华人'。"[11] 但在寻根的角度上，华人文化的认同（无论是主动认同还是被动认同）并不足以成为促成其进行寻根的最大动机，或者说真正的动机是建立在华人身份认同之上的，即，仅单纯的文化认同是不够的，而需要更加强烈的民族认同。这一点在东南亚华人身上表现得尤为明显。

以住在吉隆坡的访谈对象廖小姐为例。作为马来西亚年轻一代的华人，虽然从小接受华文教育，说一口流利的普通话，但是在访谈中发现，廖小姐更为在意其"马来西亚人"的身份，而无意间不再强调其"马来西亚华人"的身份。这样的差别直接导致这样的群体淡化了自己与中国之间的联系，而因此对于重新建立自己与祖籍国的联系缺乏兴趣。但对于吉隆坡的陈志仁（Philipe Tan）博士来说则是另外一种情况。陈志仁博士是一位宗谱学者，虽然从小接受英文教育，且不能读写中文，但其依靠惊人的毅力和兴趣，已经帮助多个大马姓氏宗族编纂了中文族谱。但为何陈志仁博士这样一个"海峡华人"，对于寻根一事如此热衷，这可能与其家庭背景有着很大的关系。陈博士的父亲曾是一位马来西亚共产党员，在二战时因为抗日而牺牲，这样的背景促使他在基本的文化认同上（陈博士可以说流利的福建话），又增加了更为深刻的感情纽带。这样的情况在中华家脉访谈马来西亚华社研究中心詹缘端博士的过程中也得到了印证（詹博士的长辈同为马来西亚共产党员）。另外，从其他角度来看，长辈的早逝可能会导致这样的个体从小滋生出对于自己来源的不安全感，即他可能会反复思索这样一个问题："我是谁，我从哪里来？"这与前文提到的廖小姐这样从小在华人聚集区与大家族一起长大的华人有着明显的区别，后者对于家族历史的确定性有着更高的安全感，同时也会因此缺乏寻根兴趣。因此，在排除其他社会因素的情况下，东南亚的华人参与寻根活动，首先需要他们对华人的身份有较强的认同感，并在此基础上，对于中国有着与其侨居国近似的重视程度，这样才会促使其寻找自己与中国之间的某种联系。[12] 对于中华文化圈之外的华侨，亲情因素是寻根的主要动机之一。美国人保拉·麦迪逊（Paula Maidson）因其寻找外祖父的纪录片和图书《寻找罗定朝：从哈林到中国》（*Finding Samuel Lowe: China, Jamaica, Harlem*）[13] 而名噪一时。她的外祖父是一位前往牙买加谋生的客家人，在其母亲幼年时，其外祖父便选择独自回到中国，之后音信全无。母亲从小与外祖父离散的经历，促使她后来下定决心找到失去联系的亲人。她曾在采访时说，她的丈夫曾经很不理解地问她，作为一名黑人，为什么会想到中国寻根，她说："是的，我是一名黑人，但同时我也的的确确是一名华人。"这样的例子在西方国家客户的案例中非常常见，来自荷兰的客户施特因拉茨（Kwong-Wah Steinrath）表示，因为自己从小被外公带大，甚至自己的名字都是外公按照粤语习惯起的——"广华"（Kwong-Wah），所以他对外公的家乡十分向往，尤其是目睹过外公曾经对着来自中国的信件叹气落泪后，他更加坚定了要寻找中国亲人的信念。

除此之外，经济因素也推动着相当大一部分海外华侨希望和中国重新建立联系。历任泰国海南会馆及泰国中华会馆理事的符先生认为，中国对海外的经济影响进一步加深，第三代华人出于某种非感情因素的目的，也希望重新与祖籍国建立"足够"的联系，这一点在会馆开办的华文班入学量上有着明显的体现。越来越多的泰国华商把自己的孩子送来学习中文，并积极回乡祭祖、参加国内各类宗亲活动。

当然，除了主动寻根外，也有一些华人由于受到外力因素的干扰，不得不进行寻根来保留自己的华人特性。马来西亚民俗学者李永球先生、新加坡武吉·布朗（Bukit Brown）华人公墓保护团队负责人雷蒙（Raymond Goh）先生、秘鲁卡亚俄中华会馆主席蒂诺·古兹曼（Tino Guzman Khang）先生以及牙买加中华会馆理事罗伯特（Robert Hew）先生，都曾表示，对于海外华人义山（墓地）的学术研究，以及其目前面临的种种濒于毁坏的危机，正在迫使着学术界及民间团体加大对于该领域的关注和保护，以试图留存甚至是还原其与中国之间的某种联系。针对华人公墓被市政建设等其他因素进一步摧毁的现象，曾有马来西亚媒体人提出了"你们拔掉的是漂洋过海、落地生根的根"的说法，并在一定程度上影响着年青一代，重新唤醒其"本土化"过程中残留的民族意识。

（二）境内外华侨寻根的组织及个人

对于境内外营利或非营利的华侨寻根组织及个人，目前来看并没有一个官方统计结果。根据中华家脉六年来的了解，我们初步统计了其中比较出名且业务量较大的团体和公司（见图1）[14]。

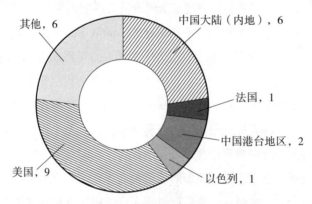

图1　目前全球市场中的寻根服务公司

在国内，自改革开放以来一直存在着零星的帮助华侨寻根的个人，但由于报道较少或者调查量并不集中，因此难以一概而论。但其中比较有名的是厦门基层侨联的陈有理女士。陈女士本身是印度尼西亚归侨，进入侨联工作后已经陆续帮助十多位华侨寻找到中国的祖籍地或者亲人，在工作以外以其无偿、认真、不辞辛苦的调查方式在国内业界享有极高的声誉。但从客观的角度来说，由于陈女士的寻根调查基本是利用其业余时间，利用个人的关系进行的，甚至是亲自下乡进行多轮的实地排查，所以很难形成规模效应，并且加上其本人年事已高，越发难以应对日益激增的寻根需求。

对于国内的其他寻根组织、网站及团队，根据整理，主要为中华寻根网、寻根网、大中华族谱、时光科技、家谱寻根网、亲亲我家，及数量庞大的姓氏网站、论坛、宗亲会等。但实际上，国内的诸多组织与中华家脉进行的华侨寻根并不完全重叠，国内相关团体组织的主要使命、宗旨及活动，主要围绕着国内的同姓、同宗进行，旨在联系宗亲、修缮族谱、祭奠祖先等，对于帮助华侨寻根其贡献较为薄弱，大多也缺乏更进一步调查的兴趣，仅在闽粤琼等华侨较多的沿海省份，姓氏宗亲会才会对华侨寻根有更高的热情和耐心，也相比而言更了解华侨的情况，这一点在中华家脉进行牙买加邱姓客户的家族历史调查中表现得尤为明显。该案例得到了深圳的中华丘（邱）氏宗亲总会的大力协助，总会负责人邱干修先生仅在了解相关华侨祖辈姓名后，通过数通电话便联系到了其远亲，这也是比较典型的通过宗亲纽带进行寻根的案例。

与国内其他寻根组织相比，中华家脉并不局限于某一国、某一省或者某一姓，而是全面服务于世界各地、不同文化背景下的华侨，这一点是中华家脉与其他国内寻根组织的根本区别。由于中华家脉本身由荷兰籍华人创办，因此在服务理念方面更能贴近华侨的需求，这一点是国内其他寻根组织不具备的。同时，中华家脉为寻根者提供翔实的多语种寻根报告，及个性化的世系表和家族树，这也是其他部分国内组织并不具备的优势。同时，中华家脉拥有大量的海外华人社团关系，在国内华侨较多的地区也有着诸多可靠的调查资源，并且作为国内首家职业化、定制化、专门面对华人华侨提供寻根服务的公司，是国内其他同类组织不可比拟的。

国外方面，美国华人郑国和先生，是比较出名的寻根个人，其近三十年来帮助了超过 500 位华人华侨认祖归宗，其所成立的"美国旧金山寻根之友＆麦礼谦寻根团"享誉美国侨界，也是较为典型的海外华人成立的、专门进行华人寻根活动的服务团体，并且得到了中国地方政府的认可。此外，与华人社会联系比较紧密的华人，一般依托于当地的华侨社团、宗亲会等组织进行寻根活动，但也有大量远离华人社会、对中国文化缺少了解的混血华裔，一般会联系当地的寻根公司购买服务，比较知名的服务公司和网站包括 1894 年成立于美国的老牌寻根网站 FamilySearch，及近年才出现但业务量比较大的 Ancestry.com、MyHeritage.com、Geneanet，并且主要集中在北美地区，这是因为美国和加拿大建国时间较短，世界各地的人来到美国，形成了新的文化融合，并且想通过追寻不同族裔祖先赴美的历史来加强"美利坚民族"的认同感。

但实际上，这些基于西方文化的寻根网站在处理华人寻根需求时并不能很好地提供服务，这是由于中西方在宗族文化上的差别，以及寻根逻辑上的不同。在中国，编写族谱是一件非常普遍的事。清代史学家章学诚认为"夫家有谱、州有志、国有史，其义一也"，将编写家谱的行为提升到了与编写国史一般的地位；此外，也有古人提出"三世不修谱为不孝"，将修家谱纳入到了中国传统文化的"忠孝"评判标准中，这也正符合了儒家的核心思想，是对所有人的伦理道德要求。

然而在西方却并非如此，一般只有皇室和贵族才会专门制作族谱和家族树，以此来证明其统治的合法性。同时，欧洲的大部分地区都信奉基督教，因为这种宗教的存在，数百年来形成了大量的文献资料，包括且不限于洗礼、婚姻、丧葬等。教会可以提供诸多可以回查的信息，而中国在过去的一百年里经过多次大战及文化浩劫，很多家族四代或者五代以上已不可查，这对于美国的寻根机构来说，常用的调查方式已不能实现既定目标。此外，由于外国寻根公司的性质，以及出于对公民信息保护及国家信息安全的考虑等这些敏感性问题的存在，他们不可能获得中国政府层面的任何信息支持或者帮助。

从另外一个角度看，华侨的信息从中文变为英文后，已经导致一部分信息失真，国外寻根组织缺乏将这些信息再度还原成中文的处理能力，因为这不只是简单的翻译工作，而是会涉及不同口音的方言、不同的历史时期、不同地区的风俗以及其他富有中国特色的细节等，因此业务量占比极小的华人寻根业务，并不值得让这些外国公司成立专门的研究团队进行处理，而往往选择外包给中国境内的一些机构。

华侨寻根定制化服务的形式

（一）文献史料分析与实地走访

对于寻根服务来讲，文献史料分析与实地走访是最基本的环节，大多时候实地走访是对文献分析的一个补充。

普遍的观点认为，对于寻根项目而言，资料分析对于侨联或者其他社会团体来说都是天然存在的环节，然而事实并非如此。侨联或者侨办在面对普通的华侨寻根者，大多都会要求其提供具体的地址，既某市某县某镇某村，若其资料不够具体，便会以"资料太少"等理由回绝寻根者的求助，甚至以没有中文资料为由不予接受。而其他如宗亲会等组织，一向对于文献分析缺乏兴趣，而对于"人肉搜索"的方式更加积极，以彰显其在宗亲之间的影响力。因为在中华家脉接收到的案例中，的确存在着一些"求告无门"而转投购买服务的情况，也正因为如此，寻根定制化服务的第一步，是为客户制定具有针对性的资料分析方案，无论是线上搜索，还是前往档案馆、图书馆查询，中华家脉的研究人员会尝试寻找每一条线索。仅凭一个用英文拼写的名字，而从几百页的族谱中找出正确答案，这对于中华家脉的研究人员来说司空见惯。

文献分析一般先从客户所提供的信息开始，这些资料可能包括族谱、墓碑照片、墓地记录、出生证、死亡证、乘船证明、结婚证、书信、合影、经过整理的多方回忆，及其他与其祖辈有关的种种材料。但需要注意的是，这些材料中所提到的人名或地名是否是他所期望找到的人或者地方，本身就是一个假设。这是因为改名，改姓，主动或者被动地篡改、藏匿、附会个人信息的行为，普遍存在于早期的华侨当中，比如美国著名华人学者麦礼谦，其父便是通过"买纸仔"的方式，让其认黎（Lai）姓华人为父而取得的美国国籍。而这种变造方式只是诸多复杂离奇的华人身份变化形式中的一种，比较典型的方式还有：以祖辈全名为新的姓氏的，如荷兰首位华裔市长罗伊·何天送（Roy Ho-Ten-Soeng），其姓氏为祖辈全名何天送（Ho Ten Soeng）[15]；以祖辈名字为姓氏的，如美国富商帕特里克·馨祥（Patrick Soon-Shiong），他的姓氏 Soon-Shiong 是因为其祖辈黄馨祥（Wong Soon-Shiong）在南非登记错误，把名字（first name）填成了姓氏；以绰号为姓氏的，此类名字常见于一些殖民地，比如毛里求斯、塞舌尔、苏里南、夏威夷等，在夏威夷就有姓氏是姓许（Seco，为福建话发音）、阿康（Akana）、阿吉（Aki）、阿古（Aku）、阿三（Asam）的。[16]当然除了以上的例子，还有其他种种不同类型，对于研究人员来说，正确翻译华侨祖辈姓名是展开工作的第一步。

在处理完客户提供的信息后，研究人员还需要根据分析得出的线索，对存在于国内外的其他资料进行搜索，一般国内资料体现为清朝、民国及新中国成立初期的地方志，国内存在的各种版本的族谱等，若该华侨有高等教育背景则会联系高校校史馆。但一般来讲，因为经历过特殊的历史时期，国内部分的档案散失得较为严重，参考价值也十分值得商榷，因此在研究过程中，文献史料的分析一般更倾向于国外的资料。由于客户大部分并不会中文，提供的资料也以外文为主，中文版本一般很难获得，在此情况下，研究人员一般会通过不同的渠道，获得一些与研究人物相关的书籍，比如回忆录、国外学者的专著、当地华人社团出版的历史刊物（该类刊物一般均包括知名侨商名录，是非常重要的信息来源）、海外华文报纸影印件（比如东南亚的《南洋商报》等）等。

　　在经过综合分析后，将结合实际情况进行实地走访。实地走访的方式一般是与目标村落的负责人、年纪较大的老者进行沟通：比如深圳市内管理较为现代的城中村或者社区，一般都会有老人活动室等老年人较为集中的场所，研究人员可以进行集中访谈；如果是在一些较为落后的村子，研究人员一般会在村委会的配合下，拜访村中年纪较大的几位老人，通过谈话的方式获得信息。一般而言，对于百年以内出洋的华侨，在提供的姓名准确的情况下，村中在世的老者有很大概率存有一定印象，或可以指出其归属哪房哪脉，这与一些华侨积累了足够的财富后回国建屋买地、修桥铺路有着重要的联系。除了与老者沟通外，研究人员还会根据客户提供的较为模糊的地形、房屋样式等进行排查，以便找出对应的祖屋或者亲属。

　　在经过研究人员一轮走访后，中华家脉会向客户提供定制化的"寻根之旅"服务。一般而言，中华家脉会根据客户的实际情况（包括预算、意向、身体状况等）进行前期策划，确定方案后会委派中华家脉的向导带领客户回乡，亲身体验寻根的过程，并参观宗祠、祖坟、祖屋，以及其祖辈曾经就读的学校或曾经参加活动的教堂等场所。同时中华家脉也会安排客户参观当地博物馆，以及其祖辈出洋的港口等。在一些案例中，中华家脉还会在特定的时间点安排客户参加当地的祭祀活动、宗亲聚餐，或者老年人的茶会。以澳大利亚的杨姓华侨一案为例，该华侨祖籍广东茂名，在茂名侨联吴主席多次率队走访调研后确定了祖籍地，后在华侨的要求下，由中华家脉方面负责安排华侨回国省亲，此时恰逢当时杨姓同宗祭奠开基始祖夫人的祭祖活动，该华侨一行随众多宗亲参加祭拜，并行三跪九叩之礼，以表达对先人的尊敬。在另一个案例中，牙买加邱姓华侨在中华家脉的安排下，随同香港亲属回深圳观澜寻根问祖，并与同村宗亲 5 桌 40 多人聚餐，虽然语言不通需要经过翻译，但聚餐气氛十分融洽，华侨一行对于近百年后亲人团聚的激动之情溢于言表。

通过这种方式，中华家脉将寻根定制化服务不断深入，旨在通过多种多样的形式让客户感受到与其祖辈有关的种种联系。

（二）调查报告与家族树

在完成客户要求的调查后，研究人员会将收集到的资料进行归纳整理，然后撰写调查报告，这一行为一方面是为了帮助客户保存相关的信息，以便其后代阅读，另一方面帮助客户了解与其祖辈有关的历史、风俗、人文等，因此报告将会包含一部分地方志的内容。但在实际操作中，调查报告一般会按照客户所选择的价位进行撰写。这也是中华家脉定制化服务的一部分，因为无论是政府部门，还是其他社会组织，一般只会口头告诉寻根者一个答案，并不会产生详尽的书面报告；即使寻根者所属的宗亲会可能会赠送一份族谱，但该族谱显然针对的是整个宗族，而对于寻根者特定的祖辈来说，往往很难顾及。

最基础的最终报告只有英文版本，其主要内容包括调查目标、重要联系人及其反馈的信息（一般来自侨联、街道或村委会、相关民间团体、协会以及博物馆等）、与客户有关的各种重要文献的链接或购买方式。这样的简易报告一般在 10 页之内。另外一种较为翔实的寻根报告，页数一般达 40 多页，内容也更全面生动。在详细的报告里，一般会详述客户所在祖籍地的历史，并且将地方史与中国历史及同时代的世界历史相结合，通过一个更全面的视角让客户了解到其祖辈所处的环境，以及与其息息相关的历史事件。同时也通过这种方式，让客户对中国的历史文化有更深入的了解。

除了调查报告，世系表（家族树）的制作也是定制化服务中非常重要的环节。世系表是将客户这一支从其家族谱系中摘录出来，一般从三皇五帝时代开始，经其得姓始祖，并连接其家族自有的族谱进行制作。但众所周知，国内现存族谱中穿凿附会者较多，甚至有多支共奉同一人为始祖，但自其以下各祖姓名多有出入，甚至有辈分混乱的情况，因此在制作世系表的时候，研究人员尽量使用流传最为广泛的版本制作前半部分，然后尊重客户认可的自有族谱版本衔接后半部分。以美国张姓华侨一案为例，在其委托中华家脉进行世系调查后，研究人员先后搜集到了五个相关的族谱：《张氏嫡系源流备考》《深圳清河堂向西张氏族谱》《张氏德元堂族谱》《湖南张氏十修族谱：张氏世系图》《清河郡张氏十修谱》，但五本族谱均有少许出入，后经过研究，决定以《张氏嫡系源流备考》为基准，制作了自黄帝至其祖辈守礼公的世系表。家族树方面与世系表比较类似，只是增加了目标华侨的旁系亲属。

表 3　中华家脉定制化世系表（局部）

Straight paternal ancestral line from the Yellow Emperor to XXX					
Generation			Name pinyin	Name Chinese	Appr. birth	Comments and name translation
1			Yellow Emperor	黄帝		The most legendary of Chinese sovereigns and culture heroes. The father of all Chinese. Lived in Xinzheng, Henan Province.
2			Changyi	昌意		
3			Hanliu	韩流		
4			Zhuanxu	颛顼		居于帝丘（今河南濮阳东南），率领氏族东迁至少昊东夷部落（今山东曲阜），原来的东夷有九支氏族，称为九夷，颛顼即位后，赢得了东夷九族的拥戴。Lived in southeast of Puyang in an area called Diqiu in Henan Province. Was leader of a tribe, which he led to Qufu in Shandong Province (where later Confucius was to be born). Upon arrival, he combined/incorporated the Dongyi tribe into his own.
5			Daye	大业		
6			Nvhua	女华		

				Straight paternal ancestral line from the Yellow Emperor to XXX		
7				Gaoyao	皋陶	舜帝时大臣，定五刑之法，令天下太平。During the time of Shundi, Gaoyao was a high level government official. He established the "five punishments" part of a new penal code: tattooing, cutting off the nose, amputation of one or both feet, castration and death.
X				XXX	XXX	
34	1			Li Lizhen	李利贞	−1069 BC	李氏得姓始祖，生于公元前1069年，其父任大理官（掌刑法），因正直敢言为纣王所不容而被害，其母遂与其避难于"伊侯之墟"（今河南安阳），最终在苦县（今河南鹿邑县东）安家落户。First ancestor named Li. Born in 1069 BC. After his father's death, his mother took him to the place where Marquis Yin's ruins stood (today's Anyang in Henan), for fear of the Emperor's wrath. Finally, they settled in Ku county (today, to the east of Luyi County in Henan)
35	2			Li Changzu	李昌祖	
36	3			Li Tongde	李彤德	
37	4			Li Qing	李庆	
X	X			XXX	XXX	

					Straight paternal ancestral line from the Yellow Emperor to XXX		
96	63			Li Sheng	李晟	唐德宗时勤王有功，收复长安，封西平王，谥忠武王。During Dezong Emperor's reign of the Tang Dynasty, invaders took over Chang'an, and he helped retreave the capital city for the emperor. As a reward, he received the title of King of Xiping. Posthumous title of "King of Loyalty and Power".	
97	64			Li Su	李愬	李晟之子，平淮、蔡，赐凉国公。父子同建大功，中唐之世，无与伦比。其子孙后代由陕西迁居江西吉安。Assisted his father in helping the Dezong Emperor (see above), his title was Duke of Liangguo. His descendants moved from Shaanxi to Ji'an in Jiangxi.	
X	X			XXX	XXX		
133	100	26	20	Client			

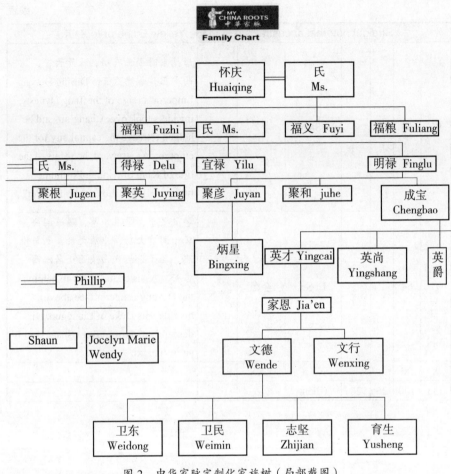

图 2   中华家脉定制化家族树（局部截图）

华侨寻根定制化服务中存在的问题

（一）行政区域变化及档案遗失

首先，行政区域变化。由于近代华侨移民史存在一定的时间跨度，而自鸦片战争后，不同时代的政府对于同一个地区存在不同的命名，与此同时又使用了不同的拼音方案，因此导致了华侨在各种档案中留下了错综复杂的地名表述。以梅州为例，1858 年前往苏里南的华人劳工对于来源地的登记中，将梅州登记为嘉应州 "Ka-Hing-Tjou" [17]，而在 *The Early Dutch Sinologists (1854 –*

1900) 一书中提到，嘉应州又有 Ka Yin Tsiu/ Ka Yin Tsoe/ Kia Ying Chow 三种译名[18]；根据中华家脉的记录，毛里求斯的第三代华侨一般使用客家话发音的梅县 "Moi Yen/ Moi Yan" 来登记祖籍地；此外，还存在邮政式拼音的梅州 "Mei Chow"。这些不同时期的拼写方式为华侨寻根定制化服务带来了相当大的阻力，也增加了调查研究所需的时间。

当然，祖籍地拼写方式的变化往往可以通过分析其所依托的方言或者拼音方案来进行分析，但行政区划上的变化往往难以把握。1913 年，政府曾进行了 "废府存县"，这导致改革前后的华侨在祖籍地表述上存在一定的混淆，即在不明确其所指行政区级别的情况下，同样的名称所指代的区域却不一样。前期的华侨一般在其墓碑顶部会刻注祖籍地，但有时很难区分出其所指代的含义为 "X 省 X 府" 还是 "X 省 X 县"。同时，新中国成立后对于市县两级行政区域的调整，也导致概念上的不完全重叠。根据中华家脉的记录，在调查侨居巴布亚新几内亚的温姓华侨祖籍地时，在核对清末及民国时地方志后，发现其所提供的 "惠州府淡水" 与今惠州市下辖淡水区并不完全重叠，新中国成立前的淡水地区甚至还包含深圳东北部一些区域，因此在调查时，将搜索区域扩大到了惠州市惠东县以及深圳市坪山新区。

另外，由于城市化的进一步加深，一些颇有年头的城中村已经完全从城市里销声匿迹，笔者在 2014 年曾协助牙买加中华会馆，对其馆内收录的早期华侨登记表进行整理，并制作了一幅包括 290 个牙买加客家人侨乡村落的地图[19]。在此过程中发现，有个别村落已经随着城市建设仅存留地名，而村民已经迁往他处，或者一些村子经过街道和社区的整合后，已经不存在于现今的地图上，而在当地居民的指引下发现，该 "村子" 仅为目前的几个单元的住宅楼而已。

其次，档案遗失。该现象普遍存在，由于我国近代以来遭受了战争和政策上的冲击，对于各种档案的保存，无论是官方还是民间，情况都非常不乐观。即使是高校、医院、教会或宗族组织，其新中国成立前的资料也几乎无迹可寻。在中华家脉收录的调查档案中，一般涉及与新中国成立前相关的个人资料，即使客户的先辈曾为该校创始人、校长、教务长等知名历史人物，大多数的校史馆也都会表示档案不存在或者不愿配合查阅。此外，中华家脉在 2017

年经手的关于上海沐恩堂早期成员的调查中，该教堂负责人也表示，沐恩堂在19世纪六七十年代遭受了巨大冲击后，民国时期的档案全部丢失毁坏，复堂后的沐恩堂与民国时期的沐恩堂在人员方面没有太多的顺承关系。此外，目前保存于各个村落或者宗亲会手中的新版修订族谱大多并不完整，根据中华家脉的记录，一些客户提供的资料中即使明确记载了其祖辈来自某县某村，并提供了其上四代人的姓名，但研究人员在查阅了该村新修族谱后发现并无相符的一支。根据研究人员后期的对比发现，该客户的曾祖父应是在出洋后更改了自己的名字，且并未告知族人，因此在修谱时未能更新，而其曾祖父一系也在族谱中被标注为"无子"。

（二）家族口述历史的错误

相比于东南亚的华侨来说，来自美洲，尤其是相对不发达的中美洲的华侨，其所提供的家族内部保存的信息往往错误百出，记忆混乱。当然这是由于时间跨度较大且存在着巨大的文化差异，而且这些普通的华侨家庭并不像那些名门望族一样有足够的时间和财力来维护家族历史；或是祖辈去世较早未能留下口信，抑或是祖孙之间年代相差巨大。根据中华家脉的记录，在苏里南的戴姓华侨一案中，客户与其祖辈的年代相差了一百年，其祖父为19世纪末期人物，且其祖、父均为老来得子，信息遗漏十分严重，而华侨本人也表示："我没见过我的祖父，我的父亲在世时也未能告诉我更多。"而在美国吕姓华侨一案中，其提供的地理方位信息为广东鹤山九江大桥附近某村，但根据后期多次对比确认后发现，其实际祖籍村距离九江大桥仍有几十千米，分析认为，该现象产生的原因，是其祖籍村本身名声不显，而通常使用周边知名的地标性建筑或者其他事物来进行定位。

当然，也有一些案例中的记录会追加注释。在巴拿马陈（Chen）姓华侨一案中，其提供的西班牙语文件中包括了一份祖辈撰写的身世介绍信件，其中提到其祖籍村为"Pak Sail"，并且附注解释这个村名的含义是"一块白色的石头"。后经对比后确认，该华侨祖籍地为中山市三乡镇白石村，而"Pak Sail"其实是中山话口音转写的"白 [baak6] 石 [sek6]"。

除了存在错误外，还有多个案例中存在着华侨祖辈刻意隐藏自身身世的情况。在中华家脉走访马来西亚时，曾与一位第六代华侨邱先生会面，邱先生出身于一个富裕的槟城邱氏家族，他在成年后研究自身家族发展史时发现了其中的问题。他的六世祖从福建乘船前往槟城谋生，并在当地的"龙山堂邱公司（Leong San Tong Khoo Kongsi）"进行了登记，但根据他的研究，其六世祖隐去了其在中国的住址，并且仅仅登记了父母的名字，而他自己的是名字是否与原本一致已不可考（但他认为其祖辈应该在到达槟城后换了新的名字），至于他祖辈是福建哪里人，是什么样的家庭背景，为何要隐姓埋名，他未能从家族内部获得相关信息。

在另一个夏威夷王（Wong）姓华侨的案例中，虽然其提供的两份资料都将其祖父的祖籍地指向中山下栅村（今属珠海），其祖母张氏的祖籍地指向中山淇澳岛（今属珠海），但经过珠海市外侨局有关人事走访发现，无论是王姓在下栅，还是张姓在淇澳，均不是当地的大姓，或者说仅有几户人家，且目前来看与该案没有什么关联性。后经王姓华侨与其家族内部多次确认后发现，其祖父应该是清朝末年中山的一位官员（级别不详），后因为"某种原因"不得不出逃夏威夷，并在此过程中改名换姓，且原本的姓名已不可考。

（三）政府部门重视程度有待提高

虽然国内有关部门对于海外华人华侨的服务工作一直都在积极开展，但我们从中华家脉几年来的工作中发现，不同地区的各级侨联对于社会组织参与的华侨寻根一事持有完全不同的态度。

从行政管理的角度来看，社会组织在公共服务供给等领域正在扮演着越来越重要的角色，政府与社会组织之间正在逐步形成"合作关系"，社会组织通过其自身的特点和职能，弥补着一些政府不能或者无力参与的社会治理环节。[20] 根据以往的经历，闽粤两省的地级市侨联和外事侨务局，譬如厦门市侨联、深圳市侨联、茂名市侨联、江门市外侨局等单位对于社会组织参与的华侨寻根项目均比较支持，在信息搜集、实地走访方面较有经验，且愿意配合社会组织进行活动。但的确也有部分地区侨联或者侨务局，对于社会组织参与的寻根项目比较冷漠，甚至是抱有抵触情绪。

根据过往的调查案例分析，在社会组织参与的寻根项目中比较不配合的侨联或者侨务局一般有以下几个特点：（1）领导意志主导。在不配合的单位当中，有相当大一部分以"领导认为不合适"为由拒绝。（2）避嫌。一部分单位认为社会组织具有营利的目的，政府不应该过多地参与到服务型社会组织的收费服务当中，或者认为政府部门参与社会组织的收费服务，会让购买服务的华侨对其单位产生某种误解。（3）具有竞争关系。极个别地区的单位由于自身已经成立或者有意向成立与社会组织近似的服务公司，出于保护自身利益的角度，拒绝其他社会组织参与到当地该领域的工作当中。

除了行政单位，其他如高校、历史学会等公共部门也应该积极响应社会组织的求助，予以帮助和指导。从中华家脉往年与学者的沟通经历来讲，譬如北京大学的李安山教授，在资料搜集和政策分析方面，对中华家脉提出过诸多宝贵的建议：这一方面因为李教授本身为国务院侨办的顾问，对于侨务工作有着极高的责任感；另一方面则是其个人崇高的学术修养和个人品质。这一点并非虚言，因为确实存在个别学者，或是出于某种"学术清高"而对于社会组织的请教冷漠相待。因此笔者认为，华侨寻根作为与移民史、华侨史有关的活动，具有一定的实践意义，华侨寻根服务行业也迫切地需要一些具有史学背景的专业人士参与进来。从公众史学的角度而言，历史学家参与华侨寻根的服务，可以凭借自己的专业背景与技能，成为"公共进程"（public process）的一部分。当服务组织在开展调查、研究的过程中遇到较为专业的难题时，可以通过招募或者邀请的方式将相关历史学者引入到具体的案例当中，通过发挥其专业优势，推动项目的发展、深入与完成，将其专业知识从原本严谨的概念转换为具有实践性的社会活动，最终实现推动社会发展的目的。

提高华侨定制化服务的若干建议

（一）政府加强对华侨寻根的引导及帮助

侨务工作在我国统战工作中具有极其重要的地位，我国历届政府对于侨务工作均十分重视，虽然自万隆会议之后，海外华侨大多放弃中国国籍选择归化当地，但我国政府多次强调："国侨办作为中国政府侨务主管部门，是侨胞们永远的'娘家人'，将以'娘家人'的热忱坚持'为侨服务'宗旨。"[21] 针对当前形势下的华侨寻根定制化服务遇到的问题，笔者提出以下几点建议：

（1）承认社会组织在侨务工作中的积极作用。从实践来看，大部分侨联或者侨务局，对于参与华侨寻根的营利性社会组织存在着定位不清的困惑。由于该行业刚刚起步，在政府管理中缺少先例，同时由于其营利性，社会组织与政府工作之间具有一定的敏感性。习近平总书记在 2016 年 3 月 4 日出席全国政协十二届四次会议的民建、工商联界委员联组会时指出："对领导干部而言，所谓'亲'，就是要坦荡真诚（地）同民营企业接触交往，特别是在民营企业遇到困难和问题（的）情况下更要积极作为、靠前服务，对非公有制经济人士多关注、多谈心、多引导，帮助解决实际困难，真心实意支持民营经济发展。"[22] 因此，在此情况下，政府部门对于社会组织的定位和职能应该进行明确，给下级单位"吃定心丸"，积极推动社会组织参与到侨务工作当中，本着"以人为本"的宗旨，进一步深化政府改革和职能转变。

（2）积极给予社会组织说明及服务。社会组织虽然是营利性服务公司，但同时也是纳税个体，政府有义务、有责任对社会组织提供一定的服务说明。从华侨寻根定制化服务工作的角度来看，政府方面应该积极响应社会组织的需求，在"供给侧"提供更多的资源，在合法、合情、合理的基础上，积极发挥自身的管理职能，与社会组织的职能进行高度结合，在实地走访、信息查询方面给予更多的便利。

（3）给予一定的政策优惠。对于有利于开展侨务工作的此类型服务公司，应该在政策、税收等方面给予一定的优惠或者减免。从中华家脉历年的收入情况来看，此类型社会组织服务的意义远大于营利收入，相比于其他服务行业来说，具有明显的积极性。习近平总书记 2016 年 11 月 30 日在中国文联第十次全国代表大会、中国作协第九次全国代表大会开幕式上强调"文运同国运相牵，文脉同国脉相连"，中华文化的振兴是实现中华民族伟大复兴、实现中国梦的重要一环。寻根工作可以帮助海外华侨重拾中华血脉、唤醒中华文化，是实现全球华人中国梦的有力落脚点之一。

（二）开展对于华侨寻根现象的研究

中华家脉在与国内一些知名的华侨史、移民史学者交谈中发现，与华侨寻根现象有关的研究并不是史学研究关注的重点，对于华侨史的研究大多侧重于经济方面，在人文社会方面还没有深入到寻根这一细小的环节。对于祖籍地分布、姓氏分布的研究也相对比较笼统，像北京大学李安山教授的《生存、适应与融合：牙买加华人社区的形成与发展》一文中对于牙买加华侨的祖籍地、姓氏方面的统计和介绍，在有关研究中也是十分珍贵的资料。

针对华侨寻根现象的研究，笔者建议增加以下几个方面：

（1）国内外资料的整合和关联。在对中华家脉的客户的研究中我们发现，由于中外文资料的差异，一些国内文献的记录与外文记录存在差异，同时也造成了一些误会。在中华家脉研究人员与海外一些会馆组织的沟通中我们发现，对于同一历史人物的姓名、经历等信息，海外会与国内的一些观点存在着一定的出入，且海外的会馆方面仍然保存着相当大数量的历史档案等待研究和分析。比如关于檀香山华侨、兴中会元老钟木贤，国内包括《梅州市志》在内的一些观点均认为他于 1914 年携长子回国后，于 1922 年去世。但美国公开的墓地记录显示，钟木贤最终返回了夏威夷，并在 1921 年 5 月 21 日去世，葬了夏威夷火奴鲁鲁的瓦胡公墓（O'ahu Cemetery）。[23] 另外，马充生在《夏威夷华侨对孙中山早期革命活动的支持》一文中提到，钟木贤长子名叫"夏里"[24]，并娶本地孔氏女为妻，育有二子；钟木贤另有一子名为威廉（William）。[25]但公开资料显示，钟木贤长子即为"William Ha'e ha'e Heen, Sr."，其妻子为"Mercy Kananilaukona Akau"——同样出生在夏威夷（同乡华侨联姻回国举行仪式属于普遍现象），并育有三子一女：小威廉（William Jr.）、柯蒂斯（Curtis）、穆里尔（Muriel）以及道格拉斯（Douglas）。[26] 此外，笔者认为，马先生所谓的"夏里"，应该是威廉的夏威夷土语名"Ha'e ha'e"的音译。

（2）开展对于华侨姓名英文回译的研究。虽然华侨姓名回译的研究已经超出了历史学范畴，而涉及语言学领域，但相关研究还比较少。深圳大学丘学强教授在《新加坡"中英对译人名"中的汉语方言信息浅析》一文中，对于新马地区的华侨姓名回译做了简要的介绍，但也仅限于新马地区，比较遗憾。在华人姓名英文回译中，有一些颇有名的乌龙事件，比如"常凯申"；在有些华侨史专著中，有学者因不认识唐廷植的英文拼写 Tong A-chik 而将其错误翻译等。因此，可以看出在有关华侨史的研究中，学者应该具备一定的翻译能力，以防止同一华人因为中英文表述的不同，而造成某种误解。同样以钟木贤为例，此人有着多个不同的英文名，包括但不限于哈利·亚当斯·贤"Harry Adams Heen"、广州话口音的钟木贤"Chung Muk Hin"、中国阿贤"Chang Kwok Ah

Heen"、客家话口音的钟木贤"Chang Mook Heen"以及别名钟国柱"Chung Kwok-chee"。一旦有学者对其中一种称呼产生错误的理解，便会在其研究中凭空"捏造"出一个新的人物，这对学界或者业余爱好者来说将会是巨大的误导。因此，在华侨史研究中，一定需要将华侨的中英文名一同标注，不能仅有中文而无对应英文；同时，不能直接将其英文名套用现代通行译名来进行翻译，或者在其中文名后僵硬地标注上现代汉语拼音（而应标注根据其原本的方言拼写的英文名）。

(三) 构建综合性服务及信息平台

从华侨寻根工作的角度来看，一个综合性的服务及信息平台有待建立。从目前的情况来看，国内外无论是政府还是社会组织，已经建立了一些与族谱或者祖籍地有关的查询网站。国内方面，泉州侨联正在策划建设"南洋华裔族群寻根谒祖综合服务平台"，该平台收录了大量的族谱，实现数字化后将会对海外华侨提供查询服务；同时，该平台还提供地形的模糊搜索等功能。国外方面，美国"寻根之友"也建立了一个"Roots VillageDB"的平台，该平台可以通过村名结合姓氏实现定位，但该数据库仅仅包含中山、开平、新会、台山四地的部分信息。

中华家脉根据多年来的经验，也在积极推动建立并运营一个寻根信息平台，该平台将会在以上提到的两个平台的基础上，积极与世界其他地区的华人华侨组织合作，共同建立一个针对外籍华人的、从寻根者视角出发的逆向思维寻根平台，并提供多语言支持，形成姓氏、村落、族谱的多重检索，并计划增加社交功能，最大限度地满足不同文化背景下的华裔寻根者进行寻根活动。同时，对于付费用户，将会提供包括360度全方位的祖籍村虚拟游览等的远程高科技体验，进行深度化的定制服务，以构建一个多场景、高体验、强互动的持久性多功能平台。

结　语

海外华人华侨在中国的政治、经济、文化生活中的参与度与日俱增，大量成长于其他文化背景下的华侨，迫切需要重新构建其与中华文化之间的关系，也因此，与寻根有关的定制化服务组织应运而生。

　　如果把华人寻根当作寻根服务行业的一个分支来看，这个分支行业无论是在国内还是在国外的发展都仍十分初级，服务的类型和运作模式都仍处于摸索阶段，也没有形成较为普适的行业准则和服务标准，这一点在中国境内体现得尤为突出。还有相当大一部分被服务的人群，对于掺杂在亲情当中的商业化服务表现出了一定的抗拒、怀疑，甚至对这种类型的商业化服务的动机表现出了厌恶情绪，他们认为或者甚至要求服务机构应该出于一种公益的目的，这对中国境内的寻根定制化服务机构来说是明显的阻力和挑战。这种消费观念上的差别导致服务机构形成了"入口（获客）宽而出口窄"的局面。此外，还有一些观点认为，华人寻根行业本身就是一个"诞生即衰退"的夕阳行业，原因在于这些观点机械地认为需要寻根的华侨在不断减少和消亡。这种观点显然是不科学的，华侨寻根的需求形式会随着社会发展而不断变化，除非出现战争或者较大的经济危机，在需求总量上一般不会出现极大的萎缩。

　　华侨寻根定制化服务行业的出现，在某种程度上体现了社会的稳定和较宽松的政治、经济形势，同时对于中国与海外的交流、侨务工作的开展，也起到了明显的积极作用。虽然作为新兴行业依旧面临着很多的问题，但随着华侨寻根这一现象不断普及，华侨寻根定制化服务的发展前景是可以期待的。早期华人移民史似乎是一个与当今社会生活缺乏联系的研究领域，也缺少与现实生活结合的落脚点，而新兴的华侨寻根定制化服务，可以为历史学研究提供一个生动的平台，将史学的知识、研究的方法与技能用于特定的、鲜活的个案实践中。从长远看，这将切实推动中国公众史学的发展。

注　释

[1] 杨丽娟：《"寻根祭祖"游的人类学解读：中国传统魂魄观的仪式化》，《旅游学刊》，2007 年第 22 期。

[2] 张新斌：《寻根文化热潮的三大特征及发展态势》，《中原文化研究》，2015 年第 4 期。

[3] 韩少功：《文学的"根"》，《作家》，1985 年第 4 期。

[4] 庄国土：《东南亚华侨华人数量的新估算》，《厦门大学学报》（哲学社会科学版），2009 年第 3 期。

[5] 《前二十名海外华人人口》，2005 年，https://zh.wikipedia.org/wiki/ 海外华人。

[6] 《中华家脉历年接受咨询数量》，2018 年 1 月，2012—2017 年客户记录，中华家脉。

[7] 同上。由于部分咨询者未提供其个人信息，因此不统计在内。

[8] 包含一例实际定居在中国大陆的马来西亚侨眷寻根者。

[9] 包含一例实际定居在中国台湾地区的美国侨眷寻根者。

[10] 刘博:《世界各国人均国民收入排行榜》,2013 年 9 月 25 日, http://www.mofcom.gov.cn/article/i/dxfw/jlyd/201309/20130900322000.shtml。

[11] 陈志明 (Tan Chee Beng):《迁移、家乡与认同:文化比较视野下的海外华人研究》,北京:商务印书馆,2012 年,第 3 页。

[12] 时至今日,仍有一些东南亚华侨在与笔者谈话时自然而然地说出"我们中国"这样的措辞。

[13] Paula Maidson, *Finding Samuel Lowe: China, Jamaica, Harlem*. US: Amistad, 2015.

[14]《中华家脉历年工作记录》,2018 年 1 月,2012—2017 年工作记录,中华家脉。

[15] 但事实上他有自己的中文名,为 Ho Kiem Ling (中文不详),但因约定俗成而以祖辈全名称呼他本人。

[16] 卓莲霞:《漂洋过海中国姓》,《走向世界》,1996 年第 1 期。

[17] Chinese Immigranten in Suriname, *Dutch Nationaal Archief*, http://www.gahetna.nl/collectie/index/nt00347。

[18] Koos Kuiper, *The Early Dutch Sinologists (1854–1900)*. Netherland: Faculty of Humanities, Leiden University, 2016.

[19] 290 Hakka Villages by CBA Jamaica, https://mapalist.com/Public/pm.aspx?mapid=413978.

[20] 马全中:《论政府与社会组织关系从协作到合作的转型》,《理论与改革》,2017 年第 3 期。

[21] 周欣媛:《裘援平:国侨办是侨胞们永远的"娘家人"》,2016 年 9 月 30 日, http://www.gov.cn/xinwen/2016-09/30/content_5114301.htm。

[22] 人民论坛网:《2016 习近平总书记备受关注的 10 个重要论断》,2017 年 1 月 6 日, http://theory.people.com.cn/n1/2017/0106/c40531-29002833.html。

[23] David Blewster Knight, *Find A Grave*, https://www.findagrave.com/memorial/113396994/william-ha'eha'e-heen.

[24] 又有观点认为中文名为钟云祥。

[25] 马兖生:《夏威夷华侨对孙中山早期革命活动的支持》,《华人华侨历史研究》,1995 年第 1 期。

[26] David Blewster Knigh, *Find A Grave*.

数字公众史学

在线与拓展？：数字时代的公众史学与历史学家 [*]

梅格·福斯特（Meg Foster）

梅格·福斯特任职于悉尼科技大学"澳大利亚公众史学中心"。该文获得了应用史学蒂博奖（Deen De Bortoli Award in Applied History）。当"知识、权力和生产能力都出现前所未有的分散"，公众史学家在数字时代应该扮演怎样的角色？该文通过具体的案例分析，深入浅出地分析了这一问题。

2006 年《时代》杂志刊登了一篇专题文章，"揭露"人们对历史及其创造者的普遍误解。托马斯·卡莱尔（Thomas Carlyle）曾有句名言：历史就是"伟人传记"。但这篇文章告诉读者，过去并非如此简单。相反，历史是"有关集体与合作的故事"，是关于创造这个世界的普通人的。[1] 这并不是新颖的观点。最晚到 20 世纪 70 年代，一场要将普通人嵌入历史画卷之中、"从下而上书写历史"的运动，就已经兴起了。[2] 但是直到 2006 年，这种思考历史的方式才变得司空见惯。《时代》这篇文章的突破性在于，它描述了人们是如何创造历史的。他们利用网络和数字平台——"Web 2.0"——自行创造内容并影响了空前庞大的人群。《时代》写道："2006 年，互联网成了一种工具，将无数人的微小贡献汇聚一处，让他们变得重要。"这项工作硕果累累，因而"你们"，也就是普通人，成了《时代》杂志的年度人物。[3] 当《时代》杂志说，"创造历史"

* 原载：Meg Foster, "Online and Plugged In?: Public History and Historians in the Digital Age," *Public History Review*, vol. 21, 2014, pp. 1–19. 该文由李娟（兰州大学历史文化学院讲师）翻译。"plugged in"在计算机领域指的是一种插件，这一软件概念含有对主程序功能进行可选择性拓展的意思，这里译为"拓展"，取其隐喻，意为数字人文学者在数字环境中对研究内容的丰富。（章军补译）

的人就是塑造世界的人的时候，其实还有一层意思。[4] 人们还能利用这些技术获取和创造有关过去的故事。

Web 2.0 影响着人与人的互动方式，也包括公众史学家和普通人与历史学发生联系的方式。众多的数字平台，如线上论坛、博客、移动设备、应用程序、手机、平板电脑、社交媒体等等，方便了"用户深度参与"，任何人只要能连上网络，就都能为理解过去贡献力量。通过这些全新的途径，有关历史的观念也跨越国家、文化和语言，触及了比以往更多的人。

本文将探究互联网与公众史学之间复杂而强大的关系。在数字化世界中，"你们"——公众史学家和普通人——都因使用互联网而变得强大。本文将探索，在数字化世界中，人们如何体验和实践公众史学。Web 2.0 是一个动态领域，它为创造历史提供了机遇与挑战。尽管互联网可以便于我们创造更加开放民主的历史，但同时也产生了关于控制把关、权威以及谁有权谈论历史的问题。网络的确提供了传播历史信息的新途径，但这些信息应该如何使用，为谁所用，仍有待商榷。

公众史学家和普通人已经撰写了不少略微触及 Web 2.0 与创造历史的问题的文章，但本文是针对这些趋势的第一篇全面反思性文章。[5] 它将分析公众史学家与普通人探索这一领域的情况，及其目前在控制、利用这些新技术研究过去时，产生的问题、关注点和成就。

公众史学和用户创生的世界

只要有一个捍卫知识生产者"专业精神"的堡垒，并向"业余"生产者（因为网络）开放……这些变化，将引导我们走向一个新世界，在那里，知识、权力和生产能力都将前所未有地分散。[6] Web 2.0 以诸多重要方式改变着公众史学，而这句引言表现了最具意义的一种。[7] 它揭示出，公众史学家作为作者、"普通人"作为受众的身份，正在转变。普通人正在借助网络工具塑造过去，而公众史学家则要报告、评论这些变化，并对其有所贡献。唐·塔普斯科特（Don Tapscott）和安东尼·威廉斯（Anthony D. Williams）曾断言，这意味着"知识、权力和生产能力都将前所未有地分散"，而虚拟空间中大量历史作品的涌现，也支持了这一观点。[8] 这些作品几乎诞生在全球各个角落，作者也形形色色，从知识分子、管理顾问到救护车司机。[9] 但是，如果认为 Web 2.0 的影响仅仅是分散生产力，可能就错了。它还能让人们会聚一堂，共同创造一种新史学。这种全新的公众史学线上世界，并不缺少公众史学领域最初拥有的那种标志性的细致和活力，而且也一如既往地面临着该领域中复杂的参与、受众和宣传等问题。

以不久前的"博物馆自拍日"（Museum Selfie Day）为例。这是博主及文化爱好者马尔·狄克逊（Mar Dixon）想出的奇妙点子，2014 年 1 月，一万多人参与了这项活动。这项活动的想法其实很简单——在博物馆自拍一张，然后贴上"博物馆自拍"的标签，发表到推特上。狄克逊的目标是吸引人们走进博物馆，提升博物馆形象，尤其是在经历了有关削减经费的公共争论之后，以这种新颖的方式帮助人们了解过去。从俄罗斯到澳大利亚，从英国到卡塔尔，成千上万的人贴出高举入馆号码牌的照片。[10] "博物馆自拍"增进了人们对博物馆展品的感情；馆中的艺术品（还有照片中的人）脱离原有背景，成为引人注目的焦点，而观看这些照片的人往往不在意这些展品的历史背景。尽管有人批评这种实践方式牺牲了"有意义"地了解历史的方式，而让"捕捉过去"具有优先权，但不少历史学家仍相信"博物馆自拍日"具有积极意义。[11]

公众史学家埃米莉·奥斯瓦尔德（Emily Oswald）也参与了这一活动，在描述自己的行为时，她指出，这种非常规策略，实际上破除了吓得"普通人"不敢走进博物馆的许多障碍。她认为，"一张好的自拍照需要拍照者和看照片的人仔细观察展品或艺术品"，这因而诞生了一种全新视角，个体同某一潜在的无生命对象也产生了关系。[12] 奥斯瓦尔德还反思，这种简单的"自拍"技术是如何挑战了权威。1 月 22 日，许多普通民众受邀而来，他们安置文物、策划展览，扮演通常由博物馆管理者扮演的角色。于是，未经任何历史学训练的人们开始传播他们关于过去的理解，这获得了极大的公众关注，其程度远超任何"专业"历史学家的想象。[13]

公众可以并且应该参与创造过去，这种观念并不新鲜。20 世纪 90 年代，口述史学家迈克尔·弗里施（Michael Frisch）就提出"共享权威"（shared authority）的概念，并以此描述了一种创造历史的理想方式。历史学家不应该只是向大众传播历史知识，而应该同普通人一道工作。过去应该被视为一种变动不居的过往社会状态，历史学家应该与公众合作、交流观点，这样一个人的专业才能与他人的需要、渴望和文化知识相碰撞。[14] 弗里施的观点在 20 世纪 90 年代相当有影响力。它激励了英国的"大众博物馆"运动——居民可以将个人收藏交给当地博物馆展出。[15] 它还预示了口述史的领域不断扩大，将有助于号召人们关注少数族群的历史，呼吁更多的人参与公众史学。

　　究竟是什么改变了公众史学，并为其未来创造了诸多可能性？回答这个问题，首先要理解新技术加速这种趋势的方式。从更具道德色彩的观点而言，即人们应该被"允许"在创造自身历史的过程中发挥作用，无数非专业人士正以自己的方式活跃地研究历史。就像约尔马·卡莱拉（Jorma Kalela）所断言的那样："Web 2.0 已经残酷地证明了为历史研究工作设置学术门槛是多么徒劳。"[16] 历史也可以在没有历史学家参与的情况下，通过数据媒介被创造、获取和调整，因此历史学家们不得不面对共享权威和公众参与的事实。通过网络数据库和史学材料的数字化，普通人可以调取原始材料。他们还可以通过推特和博客这样的虚拟平台，生成网页，分享观点。推特账户 @HistoryInPics 已经充分阐释了什么是这种全新的、"民主的"历史学产物的透明空间——其中人人都是自己的历史学家。[17] 这个网站分享老照片，每两小时就有一张新图片贴出。网站的创始人主要贴那些展现名人和著名事件的照片。但是他们并没有标注这些照片的来源、被修改的日期以及人物的历史背景。尽管存在这些明显缺陷，但这家网站的浏览人数仍是国会图书馆的两倍。两个十几岁的男孩创办了这家网站，他们每个月可以从这家网站和其他互联网项目中最多获利 5 万美金。[18]

　　历史学家并没有忽视这类网站的成功和流行。比如，贾森·施泰因豪尔（Jason Steinhauer）就承认："我们（受训练的专业人士）有点嫉妒……我们想让人们同我们的藏品和观点展开互动……公众史学组织已经投入了大量资源、委托了众多研究项目，以期获得民众的广泛关注和参与，而那两个男孩不到两个月就获得了。"[19] 从专业史学家的角度来看，这种"历史"的影响力之所以令人不安，是因为其缺乏历史深度和学术严谨。施泰因豪尔不无担心地回应道，这种"反复无常"的公共历史具有欺骗性和操纵性。@HistoryInPics 自称是"历史"，但缺乏对过去的批判性研究、对材料的深入分析或者任何证明照片重要性的证据——除了浏览者的一些主观的情绪反应。

这样想的不止施泰因豪尔。在检验"公众史学新方向"的《公众史学研究》（*Public History Review*）最新一期中，美国历史学家詹姆斯·加德纳（James B. Gardner）进一步指出，历史学家正在经受一种威胁，这种威胁就来自他们同意赋予公众的"彻底信任"（radical trust）。"彻底信任"不同于弗里施所想象的"共享权威"，它要求历史学家完全放弃自身权力和影响力，让公众"决定公众史学的未来"[20]。就像加德纳所说："彻底信任不允许我们有所保留。如果我们（历史学家）调整或者筛除未经编辑的、未经审查的观点，那么就等于破坏了这种信任。"[21]加德纳想象，未来，我们将失去历史学家和"真实"的历史；因为如果公众拥有了全部权威，历史学家也就失去了参与塑造过去的机会。加德纳还预言，公众将根据自己的设计，利用过去来加强他们自身的期待与偏见。"历史"将明确意味着重组关乎当下目标的事件，并变成毫无真实可言、毫无历史意义的东西。[22]

公众对历史学家及其工作的误解，令上述灾难般的未来景象进一步恶化。近期，澳大利亚的一项研究表示，绝大多数普通人根本不了解受过学术训练的历史学家在做什么，只知道他们研究"故纸堆"。[23]因此他们相信，历史学家本身也是过去的一部分，是一个更加古老、静止、脆弱且不变的时代的遗迹。但是，大多数从业者都认为，这种想法错得离谱。历史学家比大多数人都更了解那些改变历史、塑造当下的社会力量的影响。的确，就像伊恩·麦卡尔曼（Iain McCalman）所言："估量和解释这变迁是历史研究的核心问题。"[24]公众历史学家尤为关注过去与当下的互动。他们总是不得不回应公众不断变化的需要——虽然，20世纪70年代以后，什么和谁组成了"公众"这个问题的答案本身就千变万化——因此，他们已经有更加充分的准备，以满足用户原创历史和Web 2.0的要求。[25]

还有一个鲜有提及的重要观点，即历史学家难免受当下影响。[26]尽管这是一句大实话，但这种观点直到最近才被学界大多数人所接受，而学界以外的许多人士仍有疑虑。19世纪以来，历史学被视为一项"学术"追求，认为历史学家只是历史的搬运工的这种观点一直很有影响力。但是，要做到完全公正，就意味着历史学家在某种程度上，要不受恼人的外部影响、现实的需要与渴望的干扰。今天，历史学家意识到，不可能达到这种完全客观的标准。学者们可以平衡观念，考虑材料的价值，并试图尽可能地接近过去，但是他们并非全知全能。历史学家依照他们受到的训练、受众和兴趣书写历史，还要响应无数的外部压力。[27] 正如希拉·菲茨帕特里克（Sheila Fitzpatrick）所承认的那样，历史研究的过程中，"没有凭空产生的观点"[28]。如果我们将历史学家放回历史之中，承认他们是进行创造，并响应自身背景的活跃力量，那么就能对公众史学产生更加乐观的解释。[29] 历史学家已经在迎接挑战，并且在充分利用数字化时代提供给他们的机会。

历史学家：在线与拓展

不只是"公众"在探索新媒体平台提供的可能性。虚拟空间中历史的书写和传播一直呈扩散状态，而且这种趋势尚未呈现疲态。尽管互联网是 20 世纪90 年代才出现的事物，[30] 但丹尼尔·科恩（Daniel Cohen）和罗伊·罗森茨威格（Roy Rosenzweig）提醒我们注意，现在"几乎所有历史学家都已将计算机视为基本设备"[31]。专业和公众历史学家都利用数字工具获取资料和文献，同全世界的研究者和公众联系，并将自己的历史研究补充到海量的网络信息之中。同数字媒体打交道的渴望，让科恩和罗森茨威格看到了机会，他们利用作为公众史学家和大量使用新媒体的经验，写成了一本手册：《数字化史学：如何在网络上汇集、保存和展现过去》（*Digital History: A Guide to Gathering, Preserving and Presenting the Past on the Web*）。这本书证明了数字化现象已经横扫整个学界，同时也将这种趋势永远保存了下来。这本书通过一种循序渐进的编排方式，让历史学家们掌握使用大多数新工具的方法，它还包含了各种复杂问题，比如如何设计吸引人的网站和有关版权法的内容。这本书可以在线浏览，大多数参考资料都能链接到原始文献。如此一来，所有读者都可以自行获取这本书及其材料。[32]

科恩和罗森茨威格使用的这些数字技术，让公众有机会当着他们的面批判性地阅读这部作品。比如，数字参考文献（digital referencing）就是一个明显的例子。该技术可以让读者实时获取某位历史学家使用的材料，这改变了公众阅读史学作品的方式。澳大利亚研究者保罗·阿什顿（Paul Ashton）和保拉·汉密尔顿（Paula Hamilton）的作品已经指出，公众更愿意将权威赋予那些利用往昔物质痕迹（原始资料）的历史学家。人们认为原始资料更加可靠，因为它是过去的真实遗迹，是当下与过往时代之间的有形联系，这使得他们所支持的历史作品具有合法性。[33] 数字参考文献不仅仅是注释，它还一键链接起了读者和资料。结果，数字参考文献给历史著作添加的这种材料维度，让历史学家的发现在大众眼中具有了合理性。

受众因为可以轻易获得这些材料，所以就可以在解释过去的过程中有所作为。阿什顿和汉密尔顿的研究揭示出，人们如果觉得他们可以插入些内容或者掌控叙事，就会倾向于信任那些信息。[34] 数字史学和超链接，让人们有机会评价材料，进而评价历史学家对资料的解释。"公众"就拥有了一个空间，与历史学家一道建构和塑造他们自己对过去的理解。这是对数字史学及其可能性的积极评价，但并没有忽略这样一个事实，即在虚拟世界，仍有更加重要的问题需要克服。批评者认为，学术门槛在数字世界里依然很普遍。很大程度上，历史学家的作品仍然只能通过严格控制获取途径的网站下载，比如 Proquest 或 JSTOR，用户需要付费或提供学术背景才能获取文献。[35] 此外，大多数史学作品仍然以传统书籍的形式出版。就像詹姆斯·威廉·布罗德曼（James William Brodman）写道："许多作者只有在不能再翻印的情况下，才同意出电子版。那些胆大到只出版电子版的学者，未来也许会承受偏见。"[36]

这些问题很严重，会影响公众史学家对 Web 2.0 的潜力的掌控。但是，不应该忘记，我们已经取得并将继续获得的重大进步。不久前，所有的史料和史学研究都还是实体的，而现在，"事实上，所有学术期刊都有网络版……所有的历史档案馆、历史博物馆、历史学会、古屋、历史遗址——甚至最小的那些——都有网站"[37]。尽管许多历史学家仍然偏爱以实体方式出版专著，但也会在网上发布相关信息，比如书评、概要或者摘录。谷歌图书（Govgle Books）涵盖了无数在线文献，其中数千本历史图书可以免费阅读。[38] 亚马逊网站上也可以免费阅读一本书的几页，图书馆也开始进入数字时代。[39] 公共图书馆提供网上资源，包括为顾客订阅诸多非免费期刊。[40] 比如在 Academia.edu 这样的学术网站上，历史学家可以发布论文，并向公众公开展示。史学作品在网络上的扩散，以及计算机文化的迅速普及，意味着历史学正前所未有地接触公众并与之互动。[41] 公众史学家已经完全进入了虚拟时代，没有退路可言。

公众与专家的碰撞：悉尼辞典（The Dictionary of Sydney）与历史钉（Historypin）

前文触及了公众史学在数字领域中的一些可能性，不过还有一个至关重要的问题需要进一步仔细研究。首先要承认，Web 2.0 为历史学转变为对话平台提供了新机会，在这个平台上，受过专业训练的成熟的历史学家可以合作建构过去。自从 20 世纪 70 年代当代公众史学开始以来，这种发展几乎无法估量。公众史学曾被视为一条单行道，即受过训练的历史学家将专业历史知识赋予大众。[42] 实际上，最迟到 1998 年，格雷姆·戴维森（Graeme Davison）就将公众史学定义为"受过专业学术训练的历史学家的实践活动，他们为公共机构工作，或者是不属于学院的自由作家"[43]。但诸如此类的定义，并没有将公众史学算作"将过去建构为历史的一种社会途径"[44]。也没有意识到，公众史学有能力"让公众与民族参与构建自身历史"[45]。Web 2.0 做到了。

悉尼辞典和历史钉这两个网站，为研究这种公众且专业的历史创造，提供了极具意义的案例。按照网站创办者的说法，悉尼辞典是一个自由的"多媒体城市百科全书，以数字格式展现大都市悉尼的历史"[46]。它的主要内容是文章、一手与二手材料，包括口述史、声音、图像、影像、地图、文件及其他多种媒介。除了如此众多的"多维度"补充材料，悉尼辞典还有一大特色，即提供一幅当今悉尼的虚拟地图，有关悉尼过往的遗迹和信息都被标注在地图相应的地理位置上。不同材料前所未有地汇聚在一处，形成了一座丰富而复杂的资料库。就像前文讨论过的带有超链接的参考资料，该网站的设计也鼓励用户交流，鼓励公众对材料进行解释。文章内容和程序决定了该网站将如何运作，也保证了它可以让这种合作行为更加深入。[47]

尽管一开始，大多数文章都被委托给专业历史学家写作，但是网站虚拟大门很快就向"嚷嚷着要参与"的普通民众敞开了。[48] 现在，各行各业的投稿人可以自行选择主题，讨论他们认为重要的悉尼历史，这提供了理解过去的独特视角。因此，悉尼辞典不仅提供有关各个地区的信息，也反映了公众和专业写手的兴趣，汇聚起了各种社会意义。受过学术训练的历史学家和"业余爱好者"可以一同展示各自的史学作品。这些作品可以被直接引用，或者通过链接关联，显示这部作品是如何被理解和接受的。任何人都可以给编辑写信，提出论文修改意见，并进一步修正历史材料和网站可探索的其他途径之间的关系。悉尼辞典将历史视为一项正在进行的、没有明确终点的计划。它超越了印刷品的物理限制，可以轻松地补充、重写信息，并对其进行讨论，跟上学界的最新进展，满足浏览者的需要。不同作者、读者、编者以及新旧学术研究之间的持续对话，都支持着一种创造历史的公共形式。[49]

不同于维基百科之类的其他参与式网站，悉尼辞典的内容并非实时发布，而是要通过编辑程序才能公布。文章覆盖面很广，从正式的短文到更具对话性的题目。但是所有的信息都需注明参考资料，有些甚至直接链接到数字资源。更具透明性的是，作者都署名，浏览者可以在线看见他们的资格证书。

来自悉尼辞典的莉萨·默里（Lisa Murray）和埃玛·格雷厄姆（Emma Grahame）认为，这些程序确保了网站"包含一个共享权威程序，而非随着Web 2.0引入的极端信任而肆意妄为"[50]。在这种虚拟环境中，人们并不认为公众观念具有唯一权威性，或者是比专业史学作品拙劣的历史解释。无论是专业还是"业余"史学作品，都要满足一定标准才能在网站上占据一席之地。这意味着，它并不是全然民主的，因为文章都要经受自上而下的约束，但这自有其好处。这些标准赋予悉尼辞典权威性，因为它控制了网上材料的内容和质量。虽然所有的条目都并非自动被打上公认"知识"的印记，但是所有投稿都一视同仁。这确保了人们不需要解释过去的学历资格，他们只需要书写"良"史。这还意味着，入选的"公众"作品将会因经历过这重审核而更具分量。[51]

相比之下，历史钉对于上传网络的东西就没那么多限制。该程序利用谷歌地图，允许任何人将老照片、回忆、录音与其他数字资源，"钉"（pin）到各自相关的地图位置上。上文提到，悉尼辞典也拥有类似的"时间绘图"方案，但是历史钉是全球范围的，并且没有设置学术标准。用户需要做的，只是通过脸书、推特或者谷歌账户登录网站，就可以立刻上传内容。仅仅从上面的描述来看，历史钉似乎没有为历史学家留下参与公众历史创造的空间。来自全世界各个社群的用户，不用寻求历史学家的意见和帮助，也不必满足学术标准，就可以发布任何他们喜欢的历史内容。[52]

面对这项挑战，公众史学家们并没有靠边站，满意地看着历史在没有他们参与的情况下被塑造和改变。历史学家正在不断寻求新的参与方式，在"用户生成的世界中"找到位置，证明自己仍有价值。[53] 比如就有许多史学专家活跃在历史钉上，补充发布自己的内容。一些代表博物馆和档案馆一类机构的历史学家，贡献尤为卓越，他们从各自的收藏中为网站补充了无数材料。尽管历史钉没能为公众史学家提供专门的权威角色，但是他们依然选择进入这个数字平台。他们"钉"上的材料的确能帮助我们绘制历史，他们提供的信息也成为与大众对话的一部分。公众史学家的材料成为网站的众多普通用户评论帖子的切入点，网站还鼓励他们在看过历史学家贴上的内容后，分享自己的图片、难忘的记忆和故事。历史钉计划的庞大范围很容易让一些用户晕头转向，历史学家的贡献还可以帮助这些用户轻松上手。

历史钉已经变得不再是纯粹的线上平台，它还在制定项目促进社区参与网站建设。2012 年，英国雷丁（Reading）就启动了这样一个计划。当地志愿者与历史钉的代表们共同研究了解这个网站，然后志愿者们利用学到的技巧帮助人们提高对雷丁历史的认识。"不同辈的志愿者和拥护者们"同社区密切协作，分享雷丁的过去，向人们展示他们可以如何利用历史钉补充自己的故事。[54]

在"钉"雷丁历史的活动中，雷丁博物馆是主要的社区搭档，公众史学家也贡献颇多。但是，在参与该项目的过程中，这些史学家必须走出对历史学家和历史之间的关系的传统理解。博物馆馆长通常扮演领导的角色，决定如何在展览中描绘历史。就像伊丽莎白·施拉特（N. Elizabeth Schlatter）所说，他们的权威通常依赖于一种信仰："应该由一位具备必要知识和经验的专家，来选择与展示物品、经验和人物。"[55] 在雷丁项目中，公众史学家的声音仅仅是众多声音中的一种，他们的历史解释也并非决定性的叙事，他们的工作是同普通人一起工作。他们指导和告知参与者信息，但是最终的任务是赋予人们工具，让他们自行发现历史。

在雷丁的历史钉项目中，历史学家的合作型角色表明，公众史学家同公众以及过去的关系发生了转变。许多公众史学家认为，历史学家不再是公众史学项目的核心，约尔马·卡莱拉就是其中一人。历史学家的"基本角色是提供专家意见的人"[56]：我们（历史学家）的主要贡献不只是传递知识，更是鼓励并支持非专业人士参与历史学——随时效劳。[57] 这在历史学界依然是个有争议的话题。这种观点并不意味着"公众史学"不再是一种由专业历史学家进行的实践。许多公众史学家仍领导着公众史学项目，并因其专业而受聘。[58] 如 2014年 3 月，美国国民信托（The American National Trust）要求历史学家参与一个有关气候变化和保护的论坛。他们要求研究者们应付当前问题，并进入"一场对话，有关……可持续性与气候变化的公众历史以及平衡维护的问题"[59]。公众史学家身上这些彼此竞争的角色说明，公众史学的"领域"正在扩大和变得多样化。因为历史学家要响应"用户生成的历史"和数字世界带来的压力，他们的身份将更具流动性、更加难以定义。在创造历史的公共进程中，他们可以同时担任权威、顾问、指导、教育家和参与者的角色。Web 2.0 已经迫使公众史学家们面对有关他们工作意图的相互冲突的观点，因为这些意图的差异比以往更加清晰，也给他们造成了更大的压力。

公众的博客写作技巧

博客是一种新数字媒介，我们可以从中洞察公众史学家的地位，以及普通人对其过去的理解。博客是免费的网上平台，供个人发布想法和观点。正如迈克·康尼夫（Michael Conniff）所说，博客按照时间倒序排列，最后发布的内容就可以被最先看到，并且内容通常未经过滤，帖子的语气不怎么正式，还带有其他网站的超链接。[60] 1998 年，全球还只有不到 50 个知名博客，而 2006年，估计全网的博客数有 5740 万，这个数字还会继续增加。[61] 历史学家斯蒂芬妮·何（Stephanie Ho）已经意识到了这些资源的重要意义，并开辟了一种新的研究路径，利用博客揭示人们理解过去的方式。她以新加坡为研究对象，论证了可以利用博客创造一种公共的、参与式的历史文化，因为博客允许普通人彼此对话、分享对于过去的解释。虽然对于帖子的内容存在一些限制——比如，"煽动性"和公开的政治评论会受到新加坡政府监督——但博客仍然提供了理解历史的新途径。博客可以将历史范围从学校里教的民族和政治历史，扩大到个体和经验的历史，并通过分享有关"他们的"历史知识，将人们联系在一起。

斯蒂芬妮·何的文章利用了公众史学中的一些基本传统。20 世纪 90 年代，美国历史学家罗伊·罗森茨威格和戴维·西伦（David Thelen）率先研究普通人是如何思考过去的，从那以后，这个主题就一直很热门。他们的项目以美国为研究对象，但类似的研究项目已经在全世界展开，最近的一项研究在加拿大，2013 年才结题。[62] 不过，之前的研究基本依赖采访和问卷调查，以此理解人们在日常生活中如何利用过去。斯蒂芬妮·何的研究则是利用网络论坛、个人和社区会为自己创造数字资料，因此不需要历史学家介入搜集证据。网络论坛展现出人们正如何以自己的方式，利用网络创造、理解过去，并与之互动，因此开辟新天地。它还改变了历史学家在研究中的角色，使其从一个完全与"公众"互动的参与式收集者，变得更像观察者，去分析摆在面前的材料。

尽管这也是 Web 2.0 改变历史学家与公众之间的关系的一种途径，但博客不只是提供了某种复杂材料。历史学家也利用这一网上平台反思、讨论和面对影响其研究领域的问题。美国公众史学委员会（The National Council of Public History，NCPH）的博客 History@Work 就是这样一个网站，鼓励"来自公众史学不同领域的人们"，"分享观点和新闻……创造通向数字化未来和其他出版工作的桥梁"[63]。博客这种形式本身就便于批判性反思和讨论。按时间倒序排列和帖子实时上传，意味着历史学家可以跟上自己研究领域中最新的新闻、事件、观点和项目。本文开头提到了博物馆自拍日活动，History@Work 让这个活动在诞生不到两个月就变得广为人知。尽管很久以来，历史学家之间的讨论主要通过期刊论文和会议进行，但上述例子表明，写博客也有难得的优势。召开会议要投入数月的组织时间、差旅费、研究和经费。期刊论文的发表也需要大量研究和至少三个月、有时数年的同行评议过程。因此，可以如此迅速地写作一篇关于博物馆自拍日，且能免费获取的论文，这本身就清晰地说明，网络加强公众史学家之间的沟通的力量空前强大。

博客除了作为专业论坛，还为历史学家提供了一个场所，可以试验、创造并直接响应影响公众历史创造的问题。博客并不会取代或与期刊论文竞争，实际上，博客的设计正好意味着它们无法满足学术标准，因为其规定的字数短、语气不正式，更无法提供参考文献。许多历史学家都觉得，自己必须保持一副公共权威形象，这样才有合法性地位。在这样的背景下，博客这个新舞台提供了无数可能性。[64] 博客让历史学家可以自由地发问、无所顾虑地讨论，并承认由于平台的非正式性、对话性的特质，他们的回答并不全面。这些网站是"进行中的工作"的家园，因此可以涉及一些公共项目，如果在其他地方，这些项目会让他们的历史学家身份变得复杂、可疑或被削弱。虽然 History@Work 拥有大量有关公众历史创造的材料——普通人在博客里为自己创造历史，但很多人都注意到了定义公众史学的困难。

　　比如，在 2014 年的一篇帖子里，一位历史学家思考了"原声摘要历史"（sound bite history）。"原声摘要历史"涉及被压缩的、音讯 – 视频叙事，数年的历史可以被"总结"成几分钟。历史学家并没有创造这些影像，但无数浏览者都能获得这些剪辑。泰勒·普里斯特（Tyler Priest）在一篇不到一千字的帖子中针对这种现象做出了分析。尽管他指出这种历史有益于通识教育，但也研究了当这种媒介不能被历史分析所调和的时候所展现出的危险。因为如果没有学术深度，这些帖子会制造出广泛的一般化观念，而这会扭曲历史。如果叙事只是用信息轰炸读者的大脑，而不促使人们对所触及的问题进行任何深入理解，一些关键事实就错了。

　　普里斯特很明显将这种公众"历史"视作一种威胁，一种对历史学家教育者身份的威胁，也是对历史准确性的一种挑战。但是他也承认其影响，以及它是如何帮助人们塑造了对于往昔的公众理解。就像这个例子所表明的那样，博客这样的新媒体平台为历史学家提供了广泛的可能性。它们远未侵蚀公众史学领域，反而提供了新资料，推动了更具反思性的历史学实践。[65]

结　论

　　Web 2.0 是一股无处不在的力量，它正塑造着，并将在未来继续塑造公众史学。它已经改变了公众史学家与公众交流，以及他们与往昔交流的方式。它已经向全世界无数人传播了成千上万的历史观念。它为有关过去的争论提供了出口，并且将人们以前所未有的方式联系起来。当这些新的虚拟平台对公众史学领域产生不可撤销的改变时，往昔的数字化未来也就不存在任何专制独裁。历史学家绝不是被迫"合作（在线）或消亡"，而是与公众选择走进虚拟世界，以多种多样的创造性方式利用网络。[66]普罗大众为线上历史学做出了贡献，历史学家也承认这一点，并回应大众的观点，为数据库补充自己的历史研究。人们用无数种方式利用互联网研究过去，Web 2.0 提供的机遇和挑战将催生更加清醒、具有反思性的历史创造形式。

　　说到数字"革命"，新闻记者列夫·格罗斯曼（Lev Grossman）曾写道："Web 2.0 是一个巨大的社会实验，就像任何值得一试的实验一样，它也可能失败。谁都是摸着石头过河。"但也正因如此，公众史学的未来才令人兴奋。[67]我们正面临新领域。因为网络的种种压力，"历史学家需要面对……文本质量、可靠性、可读性、研究的被动性和不易理解等问题"[68]。前路漫漫，但历史学家已经探索了这些挑战。他们正运用公众和网络，身处公众与网络之间，与公众和网络并肩探索。互联网和公众史学，同"用户生成的世界"的关联极为紧密。伴随着这些通过利用 Web 2.0 探索过去而取得的进步，我们不可能不将互联网视为公众史学未来的重要组成部分。

注　释

[1] Lev Grossman, "You—Yes, You—Are *TIME*'s Person of the Year," *TIME*, 25 December 2006. Accessed 12 November 2014 via: http://content.time.com/time/magazine/article/0,9171,1570810,00.html .

[2] 比如可参阅：爱德华·汤普森（E. P. Thompson）对这项运动有激发作用的重要著作：《英国工人阶级的形成》（*The Making of the English Working Class*, Harmondsworth: Penguin, 1963）。

[3] Grossman, "You—Yes, You."

[4] *Ibid*.

[5] 参阅：William Bryans, Albert Camarillo, Swati Chattopadhyay et al, "Imagining the Digital Future of *The Public Historian*," *The Public Historian*, vol. 35, no. 1, 2013, pp. 8–27; Bill Adair, Bengamin Filene and Laura Koloski, eds., *Letting Go?: Sharing Authority in a User-Generated World*, Philadelphia: The Pew Centre for Arts and Heritage, 2011; Lam Chun See, *Good Morning Yesterday* Blog, 2005–2014. Accessed 13 May 2014 via: http://goodmorningyesterday.blogspot.co.uk ; Roy Rosenzweig and Daniel Cohen, *Digital History: A Guide to Gathering, Preserving and Presenting the Past on the Web*, Philadelphia: University of Pennsylvania Press. Accessed online 20 May 2014 via: http://chnm.gmu.edu/digitalhistory/ ; Jack Dougherty and Kristen Nawrotzki, eds., *Writing History in the Digital Age*, Michigan: University of Michigan Press, 2012. Accessed 4 June 2014 via: http://writinghistory.trincoll.edu/ ; Society of American Archivists, *The Interactive Archivist: Case Studies in Utilising Web 2.0 to Enhance the Archival Experience*, 2014. Accessed 3 June 2014 via: http://interactivearchivist.

archivists.org/; Stephanie Ho, "Blogging as Popular History Making, Blogs as Public History: A Singapore Case Study," *Public History Review*, vol. 14, 2007, pp. 64–79.

[6] Don Tapscott and Anthony D. Williams as quoted in J. Gordon Daines III and Cory L. Nimer, "Introduction," The Interactive Archivist, 18 May 2009. Accessed 12 June 2014 via: http://interactivearchivist.archivists.org/#footnote13

[7] *Ibid.* 尽管这句话起初是描述 Web 2.0 从思想上对传统商业，比如印刷业的影响，但也同样适用于数字化世界的公众史学。

[8] *Ibid.*

[9] 参见：Max Ufberg, "Regular Guy from Boston Decides to Map the City's Entire History," *Wired*, 2 January 2014. Accessed 3 August 2014 via: http://www.wired.com/2014/10/ed-mccarthy-boston-history-mapper/.

[10] Mar Dixon, "Going Viral with MuseumSelfie," *Wordpress Blog*, 26 January 2014. Accessed 8 April 2014 via: http://www.mardixon.com/wordpress/2014/01/going-viral-with-museumselfie/ ; Emily Oswald, "Museum Selfies: Participatory Genius or Sign of Ourself Centred Times?" *History@Work Blog*, 19 March 2014. Accessed 8 April 2014 via: http://publichistorycommons.org/museum-selfies/ ; Matthew Caines, "Museum Selfie Day—in Pictures," *The Guardian*, 22 January 2014. Accessed 23 May 2014 via: http://www.theguardian.com/culture-professionals-network/culture-professionals-blog/gallery/2014/jan/22/museum-selfie-day-in-pictures ; "Museum Selfie Day—your pictures," *The Telegraph*, 22 January 2014. Accessed 2 April 2014 via: http://www.telegraph.co.uk/culture/museums/10588960/Museum-Selfie-day-your-pictures.html ; Ashton Cooper, "Happy Museum Selfie Day!" *In the Air: ArtInfo Blog*, 22 January 2014. Accessed 4 June 2014 via: http://blogs.artinfo.com/artintheair/2014/01/22/happy-museum-selfie-day/ .

[11] 有人批评了这种历史客体的神圣化，比如可参阅：Juliet Gardiner, "The Edwardian Country House," *History Today*, vol. 52, no. 7, 2002, pp. 18–20.

[12] Oswald, "Museum Selfies."

[13] 有关这种趋势的进一步证据，参阅：N. Elizabeth Schlatter, "A New Spin: Are DJs, Rappers and Bloggers 'Curators'?" *Museum*, January/ February 2010.

[14] Michael Frisch, *A Shared Authority: Essays on the Craft and Meaning of Oral and Public History*, New York: State University of New York Press, 1990.

[15] Robin Francis, "The People's Show: A Critical Analysis," *Journal of Conservation and Museum Studies*, vol. 1, 1996. Accessed 16 April 2014 via: http://www.jcms-journal.com/article/view/jcms.1963/3 .

[16] Jorma Kalela, "History Making: The Historian as Consultant," *Public History Review*, vol. 20, 2013, p. 30.

[17] Carl Becker, "Everyman His Own Historian," *American Historical Review*, vol. 37, no. 2, 1932, pp. 231–236.

[18] "@HistoryInPics," Twitter page. Accessed 23 April 2014 via: https://twitter.com/HistoryInPics ; Jason Steinhauer, "@HistoryInPics Brings History to the Public. So What's the Problem? Part 1," *History@Work Blog*, 18 February 2014. Accessed 8 April 2014 via: http://publichistorycommons.org/historyinpics-part-1/ ; Jason Steinhauer, "@HistoryInPics Brings History to the Public. So What's the Problem? Part 2," *History@Work Blog*, 19 February 2014. Accessed 8 April 2014 via: http://publichistorycommons.org/historyinpics-part-2/ .

[19] Steinhauer, "@HistoryInPics, Part 1."

[20] James B. Gardner, "Trust, Risk and Public History: A View from the United States," *Public History*

Review, vol.17, 2010, p. 53.

[21] *Ibid.*

[22] *Ibid.*

[23] Paul Ashton and Paula Hamilton, "At Home with the Past: Background and Initial Findings from the National Survey," *Australian Cultural History*, vol. 22, 2003, p. 17.

[24] Iain McCalman, *Historical Re-enactments: Should We Take Them Seriously*? The Annual History Lecture, History Council of NSW, Sydney, 2007. Accessed 14 May 2014 via: http://historycouncilnsw. org.au/wp-content/uploads/2013/01/2007-AHL-Mccalman1.pdf.

[25] Robert Kelley, "Public History: Its Origins, Nature and Prospects," *The Public Historian,* vol. 1, no. 1, 1978, pp. 16–28; Benjamin Filene, "Passionate Histories: 'Outsider' History Makers and What They Teach Us," *The Public Historian,* vol. 34, no. 1, 2012, pp. 11–33; Hilda Kean, "People, Historians, and Public History: Demystifying the Process of History Making," *The Public Historian,* vol. 32, no. 3, 2010, pp. 25–38.

[26] 有一个值得关注的例外，参阅：Kalela, "History Making"；Jorma Kalela, "Making History: The Historian and the Uses of the Past," in Hilda Kean and Paul Martin, eds., *The Public History Reader*, London and New York: Routledge, 2013, pp. 104–128.

[27] Joyce Appleby, Lynn Hunt and Margaret Jacob, *Telling the Truth About History*, London: Norton, 1994.

[28] 希拉·菲茨帕特里克（Sheila Fitzpartrick）曾提及托马斯·内格尔（Thomas Nagel）1989 年的作品《本然的观点》（The View from Nowhere）。Sheila Fitzpatrick, *Writing Memoirs, Writing History*, J. M. Ward Memorial Lecture, University of Sydney, 27 March 2014.

[29] "历史学家"和"普通人"之间的分野变得越来越模糊。参阅：Kean, "People, Historians, and Public History."

[30] Lev Manovich, "New Media from Borges to HTML," in Noah Wardrip-Fruin and Nick Montfort, eds., *The New Media Reader*, Cambridge, MA: MIT Press, 2003, p. 13.

[31] Roy Rosenzweig and Daniel Cohen, "Introduction," in *Digital History: A Guide to Gathering, Preserving and Presenting the Past on the Web,* Philadelphia: University of Pennsylvania Press, 2005. Accessed online 20 May 2014 via: http://chnm.gmu.edu/digitalhistory/introduction/ .

[32] Rosenzweig and Cohen, *Digital History.* 亦可参考：Dougherty and Nawrotzki, eds., *Writing History in the Digital Age.*

[33] Ashton and Hamilton, "At Home with the Past," pp. 5–30; Paul Ashton and Paula Hamilton, *History at the Crossroads: Australians and the Past*, Sydney: Halstead Press, 2010, pp. 68–99.

[34] Ashton and Hamilton, "At Home with the Past," pp. 5–30; Ashton and Hamilton, *History at the Crossroads.*

[35] Bryans, Camarillo, Chattopadhyay et al, "Imagining the Digital Future of *The Public Historian,* " pp. 8–27; Rosenzweig and Cohen, "Introduction."

[36] James William Brodman, "E-Publishing: Prospects, Promises, and Pitfalls," *Perspectives*, February 2000. Accessed 21 May 2014 via: http://chnm.gmu.edu/digitalhistory/links/pdf/introduction/0.18.pdf .

[37] Rosenzweig and Cohen, "Introduction."

[38] Google, *Google Books*, 2014. Accessed 12 April 2014 via: http://books.google.com.au .

[39] Amazon.com, *Amazon: Books*, 2014. Accessed 11 June 2014 via: http://www.amazon.com/books-used-books-textbooks/b?node=283155 .

[40] 可参阅：State Library of NSW, *Eresources*, 2014. Accessed 20 June 2014 via: http://www2.sl.nsw. gov.au/eresources/ ; National Library of Australia, *Trove*, 2014. Accessed 25 June 2014 via: http://

trove.nla.gov.au .

[41] *Academia.edu*, 2014. Accessed 30 June 2014 via: https://www.academia.edu .

[42] Paul Ashton, "Going Public," *Public History Review*, vol. 17, 2010, p. 2; Robert Kelley, "Public History: Its Origins, Nature and Prospects," *The Public Historian,* vol. 1, no. 1, 1978, pp. 16–28.

[43] Graeme Davison, "Public History," in Graeme Davison, John Hirst and Stuart Macintrye, eds., *The Oxford Companion to Australian History*, Melbourne: Oxford University Press, 1998, p. 532.

[44] Hilda Kean, "Introduction," in Kean and Martin, eds., *The Public History Reader*, p. xiii.

[45] *Ibid.*

[46] Lisa Murray and Emma Grahame, "Sydney's Past—History's Future: The Dictionary of Sydney," *Public History Review*, vol. 17, 2010, p. 89.

[47] The Dictionary of Sydney, *The Dictionary of Sydney: Sydney's History Online and Connected*, 2014. Accessed 12 June 2014 via: http://home.dictionaryofsydney.org .

[48] Murray and Grahame, "Sydney's Past," p. 92.

[49] *Ibid.*

[50] *Ibid.*

[51] *Ibid.*

[52] We Are What We Do, "Historypin: A 90 Second Introduction," *Historypin*, 2014. Accessed 16 April 2014 via: http://www.historypin.com/about-us/ ; We Are What We Do, *Historypin*, 2014. Accessed 16 April 2014 via: http://www.historypin.com .

[53] Kalela, "History Making," p. 39; Barbara J. Howe, "Reflections on an Idea: NCPH's First Decade," *The Public Historian,* vol. 11, no. 3, 1989, pp. 68–85.

[54] Natasha Armstrong (and 'We Are What We Do'), *Pinning Reading's History: Evaluation Report*, March 2012, p. 4. Accessed 16 April 2014 via: http://wawwdresources.s3.amazonaws.com/Reading_Evaluation%20Report_Small.pdf .

[55] Schlatter, "A New Spin," p. 51.

[56] Kalela, "History Making," p. 39.

[57] Kalela, "Making History," p. 108.

[58] 比如，可参阅：Ashton and Hamilton, "At Home with the Past," p. 17; Michael Belgrave, "Something Borrowed, Something New: History and the Waitangi Tribunal," in Kean and Martin, eds., *The Public History Reader*, pp. 311–322.

[59] Priya Chhaya, "Energy Efficiency + Climate Change: A Conversation with the National Trust for Historic Preservation," *History@Work Blog*, 15 March 2014. Accessed 8 April 2014 via: http://publichistorycommons.org/energy-efficiency-plus-climate-change/ .

[60] Michael Conniff, "Just What Is a Blog Anyway?" *Online Journalism Review*, 29 September 2005. Accessed 10 January 2014 via: http://www.ojr.org/p050929/ .

[61] Ho, "Blogging as Popular History Making, Blogs as Public History: A Singapore Case Study," p. 65.

[62] Roy Rosenzweig and David Thelen, "The Presence of the Past: Popular Uses of History in American Life," in Kean and Martin, eds., *The Public History Reader*, pp. 30–55; Roy Rosenzweig and David Thelen, *The Presence of the Past: Popular Uses of History in American Life*, New York: Colombia University Press, 1988; Ashton and Hamilton, "At Home with the Past," pp. 5–30; Ashton and Hamilton, *History at the Crossroads*; Anna Clark, "Ordinary People's History," *History Australia*, vol. 9, no. 1, 2012, pp. 201–216; Margaret Conrad et al, *Canadians and Their Pasts*, Toronto: University of Toronto Press, 2013.

[63] National Council of Public History, "About History@Work," *Public History Commons*, 2012.

Accessed 12 October 2014 via: http://publichistorycommons.org/about/about-history-at-work/#sthash. yvLeh39e.dpuf .

[64] Hilda Kean, "Introduction," *Public History Review*, vol. 18, 2011, pp. 4–5.

[65] Tyle Priest, "Sound-bit Histor Reconsidered," History@Work Blog, 1 March 2014, Accessed April, 2014, p. i.

[66] Tascott and Williams, "Collabiorate or Perish"；Daines III and Nimer, Tascott and Williams, "Introduction."

[67] Grossman, "You—Yes, You."

[68] Rosenzweig and Cohen, "Introduction."

历史教育

美国公众史学教育的实用主义根源 *

丽贝卡·科纳尔（Rebecca Conard）

丽贝卡·科纳尔是中田纳西州立大学历史学教授、公众史学中心主任。她曾任美国公众史学委员会主席，现为赫特福德大学高级访问研究员。她出版的主要作品包括《静美之地：公园、保护区与环境保护论》(*Places of Quiet Beauty: Parks, Preserves and Environmentalism*, 1997)、《本杰明·香博与公众史学的知识基础》(*Benjamin Shambaugh and the Intellectual Foundations of Public History*, 2002) 及《"人生而平等"：妇女权利国家历史公园的管理史》("*All Men and Women Are Created Equal*": *An Administrative History of Women's Rights National Historical Park*, 2012)。

该文曾作为 2012 年 9 月 11—12 日召开的伦敦大学第十四届高等教育学院教学年会的主题演讲，论述了美国公众史学教育的实用主义根源，深入博物馆研究、历史保护、档案研究等相关领域，探索跨学科的实践如何丰富公众史学教育。

几年前，《公众史学家》杂志曾刊登过一幅封面漫画，这幅漫画捕捉到了公众史学在美国谜一般的地位。[1] 在这幅漫画的最顶部，两位专业人士（我们可以从他们的服装来判断他们的身份）一边握手，一边做着自我介绍。男士说：

---

* 原 载：Rebecca Conard, "The Pragmatic Roots of Public History Education in the United States," *The Public Historian*, vol. 37 no.1. February 2015, pp.105–120. © 2015 by the Regents of the University of California and the National Council on Public History. Published by the University of California Press. 该文由史晓洁（复旦大学信息科学与工程学院助理研究员）翻译，田乐（浙江大学公众史学研究中心）校对。

"您好，我是纽罗斯（Y. B. Newrose）博士，精神科医生。"女士回答："很高兴见到您。我是南希·海切（Nancy P. Heche）博士，公众史学家，美国公众史学委员会（NCPH）成员。"漫画的底部描绘了两位分别时心里的疑惑。男士心想："嗯……她那样说是什么意思呢？"女士思考："嗯……我这样说是什么意思呢？"那么，公众史学家到底是做什么的呢？美国首个公众史学学位项目设立至今已有四十多年，一些人虽然认同公众史学是一个研究领域，但实际上，大家却几乎都不会在陌生人面前宣称自己是一名公众史学家。然而，正如这幅漫画所表现的，我们都认为自己是专业人士。

那么，我们该如何理解被冠以公众史学之名的各种实践与概念？它们对高等教育具有哪些意义呢？我们可以关注一下公众史学教育大学学位项目的发展历程，它兴起于 20 世纪 70 年代中期。理解这些早期项目的学科交叉性、它们对于职业化发展的重要性以及历史学家在其中的参与，有助于解释为什么公众史学这一美国语境中的概念难以获得精确的定义。本文旨在进一步深化三个领域的研究：博物馆研究、历史保护与档案研究。这似乎漏掉了业余历史学家们对历史事业所做的各种贡献，尤其在地方层面。这并不意味着业余史学家的贡献不重要，不过本研究重点关注的是受过大学专业训练的历史学家，以及公众史学教育在美国的演进。尽管专业历史学家们曾试图给地方史研究设定一些模式，但是地方层面的活动非常活跃。比如，20 世纪 80 年代，美国州与地方历史协会（AASLH）出版了"身边的历史"（Nearby History）系列入门书籍，讨论研究与解释地方历史的方法，主要面向的是业余历史学家。[2] 这些书籍目前依然再版，显然有一定影响力。但是，著名的地方史学者卡罗尔·卡门（Carol Kammen）认为，地方史实践是一个需要好奇心与自律，却不需特殊理论基础或专业训练的"发现过程"，因而强调了地方史富有魅力、接近大众和尊重自由意志的特点。[3] 而意欲在博物馆、档案馆与历史保护单位谋得一席职位的公众史学专业学生必须具备专业技能，才能够找到工作，成为称职的从业人员。他们可以在地方或州行政部门与组织谋得职位，在这些地方工作必须掌握实用的地方史知识，同时与地方历史学者建立起合作关系；而他们能否将学术知识与职业标准及实践相结合以完成特定的目标，很大程度上决定了他们的工作成效。

　　大学中应用型历史训练的出现与博物馆工作密切相关。那是在 1910 年，当时，从事学术研究的历史学家们对博物馆工作的参与并不深入。比如，1960 年美国博物馆协会（AAM）的创始成员中没有一位学院派历史学家，露西·梅纳德·萨蒙（Lucy Maynard Salmon）或许是当时唯一一位在教学中运用物质文化的历史学教授，她批评称，历史博物馆里存放的尽是些"埃及木乃伊、诺亚的须发、华盛顿穿越特拉华州时穿过的靴子，以及一个个价值一千英镑的美人鱼"[4]。她的观点得到了人们的广泛认同。

　　鉴于学术界对历史博物馆的差评，专业博物馆在史学界之外的收藏领域发展就不足为奇了，尤其是在自然历史的诸多分支中。因此，最早的培训项目是同自然历史而非人文学科相关联；这意味着，博物馆的归类与陈列方式遵循受生物分类法影响的基于对象的认识论，或者动物、植物、矿物质的基于等级和科学的分类法。[5]大家不妨参照一下爱荷华大学博物馆研究的起源。霍默·迪尔（Homer Dill）是一位动物学教授，也是爱荷华大学自然历史博物馆的动物标本剥制师，还是透视演绎工艺领域的先驱之一。1908 年，他开始开设博物馆方法与展览技术的课程。两年后，他的课程成为正式的博物馆学项目。该项目随后又不断拓展学科领域，并且吸纳了本科生和研究生的参与。现在，已经拥有一百多年历史的爱荷华大学博物馆研究项目已发展成为一个发放证书的课程，几乎各个学科背景的学生都可以选修，作为自己本科学位项目的补充。[6]

　　随后的三十多年里，许多大型博物馆都设计了内部培训项目或学徒制度。另有十多所大学或学院也开始提供博物馆学的相关课程，这些课程或者与自然史或者与艺术及艺术史相联合。[7]其中，密歇根大学是第二所增加全日制（博物馆学）研究项目，也是第一所面向研究生开展相关领域教育的大学。1938 年，密歇根大学研究生院设立了博物馆学项目，其理论依据是，"博物馆工作者是一个类似于图书管理员的专业身份"[8]。其开设的课程中，除了藏品护理、博物馆技术、视觉教育、技术论文撰写等之外，也包括博物馆理论。目前，该博物馆研究项目仍然作为研究生院提供的一个证书课程，与全校的硕士生项目及博士生项目相辅相成。[9]

　　20 世纪 20 年代中期，当美国博物馆协会设立常务行政办公室，并且博物馆工作走向专业化时，学院派历史学家并未积极参与其中。[10]美国国家公园管理局（NPS）并非大学机构，却在将历史学家与博物馆工作相联系方面扮演了十分重要的角色，并且以此为基点，促成了大学学位项目的建立。1918 年，国家公园管理局教育委员会宣布，国家公园应当成为"大自然的课堂与博物馆"[11]。优胜美地国家公园响应了这一号召，与加利福尼亚大学伯克利分校协作，共同开发了许多教育项目，1925 年又成立了自然历史实践学院。优胜美地国家公园更是成为国家公园管理局基于现场的教育与阐释方法的孵化基地；该公园新创建的项目得到了美国博物馆协会的关注，后者设立了国家公园博物馆委员会。20 世纪 20 年代末，美国博物馆协会的这一做法，反过来又激励国家公园管理局设立了专门的教育部门。[12]

国家公园管理局最早的公园博物馆以自然历史为着眼点，在当时，还包括印第安人的考古学与民族学。[13] 然而，当霍勒斯·奥尔布赖特（Horace Albright）于 1929 年担任国家公园管理局局长后，他与继任者阿尔诺·卡默雷尔（Arno Cammerer）尝试着将公园教育的范畴进行了扩展，将历史也涵盖在内。这一目标于 1933 年启动，按照时任总统富兰克林·罗斯福（Franklin D. Roosevelt）的行政命令，纪念碑、战场遗迹及其他具有历史意义的场所等共 60 多处，从陆军部及美国森林管理局转移到国家公园管理局的管辖范围内。奥尔布赖特招募进公园管理局的这批专业人士中有历史学家、建筑师、景观建筑师等。其中，来自明尼苏达大学的年轻博士维恩·查特拉因（Verne Chatelain）被聘来建立一个历史项目。查特拉因在国家公园管理局任职期间，建立了一个全新的部门，该部门主要着眼于以研究为基础进行历史保护与现场解释，这一做法一定程度上仿照了博物馆项目中基于场所的教育方法。[14] 他很快发现，自己手下的历史学家们虽然都受过大学教育，但是仍然需要进行一定的再培训，以掌握他所谓的"在公园管理局从事历史工作的特殊技巧"，这意味着，"当我们在公园管理局从事研究时……我们研究的是某个具体场所……关系到我们应向普通公众提供怎样的项目"。[15] 从他对国家公园管理局历史部的洞察与指导来看，发展公众史学的巨大价值源于两个基本原则：（1）基于历史现场的研究；（2）以受众为导向的阐释。

但这并非国家公园管理局历史项目的全部。查特拉因及其最亲密的同事们认为，若没有一个更宏大的概念框架，针对具体现场进行的研究与解释无法生成完整的历史项目。因而，历史部集体商量决定进行一次大规模的全国性调研，围绕某个主题结构及一套标准，以挑选出可列入国家公园的历史遗迹。这一概念被收录在 1935 年的《历史古迹法》中，该法案将历史保护确立为一项国策，授权开展"历史古迹调查"，并组建了一个官方咨询委员会，该委员会成员横跨多个学科，涵盖了知名历史学家、人类学家、自然历史学家及公民领袖等。[16]

1946 年，罗纳德·李（Ronald Lee）接替查特拉因担任国家公园管理局首席历史学家；他呼吁人们在二战后的经济发展过程中，在重建城区、扩展国家高速道路系统，以及在河谷修建大坝进行蓄水的同时，应对历史现场和考古遗迹进行保护。[17] 李是在美国启动公众—私人历史保护运动的重要人物之一。他是 1947 年创立国家历史古迹和建筑委员会（NCHSB）的核心人物，该委员会的创立为 1949 年国会立法建立美国国家历史保护基金会奠定了基础。同时，李还说服弗雷德里克·拉思（Frederick Rath）担任委员会的执行主任，成为 20 世纪 30 年代加盟国家公园管理局的众多历史学家之一。李和拉思主要负责参照国家公园管理局的历史遗迹保护标准和指南，建立国家历史古迹和建筑委员会挑选历史遗迹的标准，这些标准由国家历史保护基金会传播到各州和地方，并最终演变为 1966 年的《国家历史保护法案》。[18]

同查特拉因一样，李也是一位富有想法的人。他也认为，理念应当落实为行动的标准与方针。通过活跃于一些专业组织，李始终致力于将历史研究与阐释和历史保护技术结合起来。然而，国家公园管理局的历史学家拉思和该局建筑师查尔斯·彼得森（Charles Peterson）却将这些原则与做法引向了略微有些不同的方向，使之对大学培训项目的发展具有重大意义。拉思离开国家公园管理局后，担任了国家历史古迹和建筑委员会的执行主任，而后又担任了国家历史保护基金会的执行主任，他在博物馆阐释中引入了历史保护。彼得森则将历史保护置于与建筑设计同等重要的位置。

拉思在国家历史保护基金会任职期间，开始与纽约州历史协会（NYSHA）协作，开设了为期一周的"历史建筑保护"短期课程。[19] 1956 年，拉思从国家历史保护基金会辞职，来到纽约库珀斯敦，加入了纽约州历史协会担任副会长，该协会会长为民俗学家路易斯·琼斯（Louis C. Jones）。他努力帮助琼斯将纽约州历史协会的夏季项目——有关美国文化与历史建筑保护的短期研究课程——建设成为具有跨学科属性的库珀斯敦博物馆学研究生项目，该项目是与纽约州立大学奥尼昂塔学院共同开设的。1964 年秋季学期，该项目首次开班，共招收 28 名学生，开设有美国民俗文化、历史博物馆管理及城市历史保护等方面的课程。[20]

拉思推动了首个基于人文学科的博物馆研究项目的发展，库珀斯敦的研究生项目专门将博物馆培训与民俗研究、历史保护及新兴的社会史领域结合起来。然而从一开始，美国博物馆协会就认识到，对自然世界、物质文化及艺术创作的收藏、组织与阐释，赋予博物馆工作多学科的特性。因而，博物馆工作专业化着眼于为博物馆制定制度标准与最佳范例，而非建立某个具体学科的教育与培训方针。1971 年，美国博物馆协会建立了一个机构认证项目。尽管国际上的从业人员一直以来都想建立一套博物馆理论，但美国博物馆协会从实用主义角度出发，主要关注的是如何提升任务规划、藏品管理、教育阐释、资金稳定与责任、设施管理、风险管理等方面的鉴定标准，这继而又影响了博物馆研究与公众史学类项目的课程设计。同时，美国博物馆协会鼓励从业人员及时跟进与博物馆运营相关的各类专业组织所采用的伦理标准，其中包括美国人类学协会（AAA）、美国州与地方历史协会、艺术博物馆馆长协会（AAMC）及美国公众史学委员会。[21]

如果说弗雷德里克·拉思因其将博物馆和历史古迹的保护与基于研究的阐释和教育相结合而受到关注，那么建筑师查尔斯·彼得森在建筑界得到广泛认可则是因为创设了"保护建筑师"这一职业。彼得森从 1929 至 1962 年间在国家公园管理局任职，但他并不认同维恩·查特拉因和罗纳德·李拥护的教育要旨；他坚持认为，受到专业保护的历史名胜不需说教的干预也能够激发游客的兴趣。[22] 彼得森的目标是研究并制定出一套建筑保护的基本原则与最佳范例。为了这一目标，他提议开展"美国历史建筑调查"，该调查始于 1933 年。彼得森确保此项调查能成为与"历史遗址遗迹调查"（Historic Sites Survey）相比拟的基础性调查，但在 20 世纪 30 年代，这两项调查少有联系。二战之后，在有限的预算基础上，彼得森开始在夏季雇佣建筑专业学生，训练他们借助历史建筑方面的文献，继续开展美国历史建筑调查工作。1962 年从国家公园管理局退休之后，他又与哥伦比亚大学建筑学院的詹姆斯·马斯顿·菲奇（James Marston Fitch）密切合作，创建了美国首个历史保护方向的研究生学位项目。[23]

如今，已有 40 多所大学提供历史保护方向或偏重历史保护的研究生学位项目。[24] 至于博物馆研究，这些学位项目基于不同学科，也呈现出各自不同的特色，包括建筑学、园林建筑学、历史学、规划学，以及室内设计与装饰艺术等。为了化解学科门类众多可能导致的问题，一个协调机构"全国保护教育委员会"（NCPE）于 1980 年应运而生。该委员会承担了多项职能，其中一项是确立保护教育的最低标准。任何学位项目，无论其学科基础是什么，若要加入全国保护教育委员会，都必须具有一定的办学理念；必须配备有能力教授保护课程的师资队伍，这些教师可以是科班出身，也可以是拥有相关专业经验；项目能够在保护工作的基础知识方面指导学生，如人为环境的发展史、历史保护的历史与理论、文献汇编技术及录制技术等；项目必须要求学生通过实习来获得有效的实践经验。[25]

从知识层面来讲，博物馆研究与保护教育基于多个学科，而档案教育历来是历史学与图书馆学互相争夺的一个领域。在 1909 年美国历史学会（AHA）主办的档案工作者会议上，档案工作者成为一种职业身份。1934 年国家档案馆成立后不久，档案管理员便脱离了美国历史协会，并于 1936 年成立了一个独立的专业协会，即美国档案工作者协会（SAA）。[26] 随后，该协会领导人即呼吁开展档案培训项目。根据协会 1938 年的报告，该协会下设一个档案工作者培训委员会，全部由历史学家组成，该委员会提议采取双层级的培训方法。其中第一个层级，由一群意欲"在主要的市、州及国家级档案馆中谋得档案管理方向职位"的人组成一个"高水平小组"，根据委员会的提议，该小组成员应当"从美国历史学博士或同等学力的人中进行招募"。第二层，由意欲在"小型市政部门"或"商业企业、公司、银行及其他私人机构"做档案员的人构成，他们所需的知识储备"相当于社会科学领域里的硕士，同时具备图书管理技术"[27]。

这些倡议，无论是旨在培养精英人士，还是培训单方面特长，都揭示了历史学家与图书馆工作人员在档案培训与实践方面的观念差异。历史学家们指责图书馆管理员"忽略"了史料出处和文本原始顺序的基本原则。同时，历史学家们又不得不承认，图书馆学的方法是有用的组织工具。[28] 在之后的三十多年里，档案培训开始呈现出委员会所提议的样子。20 世纪 60 年代末，当北卡罗来纳州档案管理员琼斯（H. G. Jones）调查档案学教育状况时，他发现有四所大学提供研究生层次的档案管理"全日制课程"，且多数设在文学院里，而另外十所大学的图书馆学系或学院提供"各种时间跨度与深度"的短期课程或暑期学院。在琼斯讲到的四所大学的项目中，两个项目现在依然在运行：一个在丹佛大学，还有一个在密歇根底特律的韦恩州立大学。20 世纪 50 年代初，科罗拉多州档案工作者多洛雷斯·伦泽（Dolores Renze）同丹佛大学图书馆学院合作，开设了档案管理方向的研究生课程。韦恩州立大学的档案学教育始于1962 年，当时劳工档案馆主任菲利普·梅森（Philip Mason）在历史系开设了首个面向研究生的档案学课程。[29]

韦恩州立大学教学项目的机构改组具有指导意义，因为它阐明了档案学教育的基本核心从历史学向图书馆学的转移过程，这一转移可追溯至 20 世纪 70年代中期，恰逢学院派公众史学项目开始出现。1962 年之后的十来年间，马松一直向历史学的研究生们讲授档案学方法与理论。到了 20 世纪 70 年代初，图书馆科学系开始对档案学教育产生了兴趣。起初，图书馆科学系和历史学系的档案学课程有一些交叉。到了 20 世纪 70 年代末，两个系都对档案学研究方面的课程进行了扩展。历史系尝试在现有的档案学课程中加入公众史学项目，以此作为对公众史学项目诞生的回应。图书馆科学系紧随其后，也增加了一些新的档案学课程。[30]

历史学家兼档案工作者约瑟夫·图里尼（Joseph Turrini）指出，两个系的课程大量激增："反映了档案职业领域依然认为图书馆学与历史学研究生项目的基本训练是有道理的。"至此，历来被认为非正式的约定终于在 1986 年变得正规化，韦恩州立大学同意由两个系共同负责一门研究生层次的跨学科证书课程。[31] 然而，两系之间的竞争迅速发酵，学校试图阻止这一势头，于是于1995 年将档案管理证书项目转移到了新成立的城市、劳动与都市研究学院，这种转移并没有在项目知识上产生变化。与此同时，计算机技术开始令职业档案管理员所需掌握的技术复杂化。电脑化的分类与藏品管理系统得到广泛采用，将档案教育推向了图书馆学的方向。面对这一显而易见的趋势，2005 年，韦恩州立大学将该证书项目的正式管理权交给了新成立的图书馆与信息科学学院。不过，该证书项目仍然是与历史系合办的跨学科项目，至少短期内如此。[32]

显然，历史学已经丧失了在档案学教育中的根本地位。然而，历史学科并未完全放弃对档案专业的追求。根据美国档案工作者协会网站上的资料，当前档案学教育研究生学位项目中，约有三分之一与历史学密切相关，往往体现为公众史学项目。一般来讲，历史学家们仍然认为历史方法与历史编纂是档案学教育的核心，即便他们承认档案管理员、手稿看护人与记录管理者等专业职位需要特殊的数据管理技巧。[33]

放到更宽泛的语境中讲，这些早期专业教育项目作为一个新的学术领域概念，出现得比公众史学要早。1976 年，加利福尼亚大学圣巴巴拉分校开始授予"公众史学研究"方向的硕士与博士学位，此举标志着"公众史学"这一概念衍生为一个学术领域。事实上，此前的几年，该类项目已经大量出现。总体上讲，这些项目突出了历史实践专业教育的综合性。1972 年，历史学家爱德华·亚历山大（Edward P. Alexander）卸任殖民地威廉斯堡遗址研究室主任，前往特拉华大学，发展了第二个以人文学科为基础的博物馆研究项目。该项目吸纳了具有良好基础的美国早期物质文化项目，美国早期物质文化项目是 1952 年特拉华大学与亨利·弗朗西斯·杜邦 – 温特图尔博物馆（Henry Francis du Pont Winterthur Museum）协作开办的硕士项目。[34] 1975 年，南卡罗来纳大学建立了"应用历史"方向的硕士项目，东伊利诺伊大学发起了历史管理方向的硕士项目。1976 年，中田纳西州立大学在硕士项目中加设了历史保护学方向，并在 1981 年设置历史保护学博士学位。1977 年，纽约大学开设档案管理方向的硕士项目。紧接着，该学科领域不断形成增长浪潮，新项目渐渐采用"公众史学"的名称。至 2010 年前后，公众史学已经确立为一个领域：一些历史系尽管没有明确表示要创立（该方向的）全日制学位项目或证书项目，但仍然会聘请拥有公众史学专业背景的教师。

从某种角度说，20 世纪 70 年代中期的几个标志性事件成为联系公众史学领域的唯一纽带。当时，"公众史学"已经成为一个公认的统称，并且得到 1978 年创刊的新期刊《公众史学家》（*The Public Historian*）及 1979 年新成立的专业组织"美国公众史学委员会"（National Council on Public History）的认可并开始公开使用。正如许多人所指出的，20 世纪 70 年代最令人瞩目的情形是，学院派历史学家开始看好这门学科的应用层面；这种状况之所以形成，部分原因在于终身教职的职业市场非常狭小。1970 年前历史学家已参与博物馆研究、历史保护、档案学教育等领域的学位项目，那么该学科的学术与应用两个层面最终将统一也是显而易见的。

近几十年来，学者们已经为公众史学名下各种繁杂的实践建起一套知识架构，尽管许多从业人员肯定会将自己认为多余的理论部分去除，而宁愿从职业的角度采用以技术为基础的工种分类方法，比如"管理员"或"馆长"。即便如此，该知识框架仍然为我们提供了一个将学术与实践联系起来的结构。这便使我们得以分析公众史学实践的哲学与认识论层面，并将智识融进公众史学教育中。

事实证明，从哲学层面来讲，历史学家对于"公众史学是什么"意见并不统一。虽然"公众史学"最初是一个涵盖面非常广的术语，包括了以历史为基础或与历史相关的各类实践，但是，1986 年，出现了另一个与之相矛盾的概念，即：将公众史学视作"人民史学"(people's history)，并且出现了一部题为《呈现过去：有关历史与公众》（*Presenting the Past: Essays on History and the Public*）的文集。作者们大多数自称历史学家兼活动家，他们深受 20 世纪六七十年代"民权、反战与女权主义运动"的影响，也受到了拉斐尔·塞缪尔（Raphael Samuel）在罗斯金学院创立的历史工作坊（History Workshop）的影响。在这群人的带动下，《激进历史评论》（*Radical History Review*）于 1975 年创立。[35] 1986 年，理查德·诺伊施塔特（Richard E. Neustadt）和欧内斯特·梅（Ernest R. May）出版了《历史的教训：美国国家安全战略建言书》（*Thinking in Time: The Uses of History for Decision-Makers*）一书，谈及更早时期的一些做法。诺伊施塔特和梅运用案例研究方法，试图为更好地使用"历史知识"而设立普遍的程序，以供庞大的联邦政府机构内的决策者们参考。[36] 《历史的教训》更接近于公众史学概念中的"公共服务"或"公众利益"，这些正是《公众史学家》与美国公众史学委员会创立的基础。尽管从根本上讲属于不同的公众史学构想，但两大阵营渐渐被纳入到了同一面旗帜之下，甚至比肩而立。

　　既然公众史学实践中贯穿着各种各样的理念，那么哲学层面上的这些分歧便慢慢不那么引人注目了。公众史学实践中最重要的一个概念是"有用的历史"（useful history）。1912 年，詹姆斯·哈维·鲁滨逊（James Harvey Robinson）对这一概念进行了清晰的阐述，他呼吁历史学家们"利用"各自的研究与分析方法，来推进"社会的整体进步"。[37] 然而，在鲁滨逊呼吁历史学家们要热心公益时，学者们却忙于重新划定学科界限，力求学术精进，以获得博士学位。不过，鲁滨逊及其他所谓的新历史学家们鼓舞人们去体验本杰明·香博（Benjamin Shambaugh）所讲的"应用史学"（applied history），即，对历史进行非学术性的应用，用以辅助政策制定，创造共同的历史与记忆，[38] 培养公民意识。[39] 20 世纪 30 年代，国家公园管理局的历史学家们对"有用的历史"这一概念进行了拓展，发展了基于现场的阐释等研究方法，为指导符合国家公园标准的历史遗址的挑选工作创造了历史情境，并建立起专业标准以保护此类历史遗址的历史结构和完整性。

　　20 世纪 60 年代，口述史与社会史的发展推动人们对记忆与历史间的关系展开新的思考，虽然卡尔·贝克尔（Carl Becker）早在 1932 年就率先呼吁人们关注"貌似真实的现在"——在这个容易被人们感知的当下，作为"对说过与做过的事情的记忆"的历史，与"对未来事件的预测"相结合，导致过去与未来都成为"（人类）表象世界的组成部分与生动显现"[40]。迈克尔·弗里施（Michael Frisch）、戴维·西伦（David Thelen）、戴维·格拉斯伯格（David Glassberg）、迈克·卡门（Michael Kammen）和约翰·博德纳（John Bodnar）等美国历史学家与其他学者的作品[41]，法国的皮埃尔·诺拉（Pierre Nora）与米歇尔·福柯（Michel Foucault）[42]、意大利的亚历山德罗·波尔泰利（Alessandro Portelli）[43] 及英国的拉斐尔·塞缪尔[44] 等，都将贝克的文章纳入到新的历史探究中，极大地丰富了公众史学的教学与研究。记忆研究对美国口述历史理论与实践的影响可以追溯到 1981 年，当时约翰·博德纳接任了印第安纳大学成立于 1968 年的口述历史项目的主任之职，他将这一项目转变为口述历史研究中心，并拓展业务，通过第一人称的讲述，收集、保存、阐释 20 世纪的历史。2002 年，该中心又重新命名为历史与记忆研究中心，反映出更广范围的诉求，涉及"人们在公共和私人生活中记忆、表现与利用过去的种种方法"[45]。

有关记忆与历史的学术研究，探讨的多是历史如何被记忆、哪些内容可以被确立为"历史"等事项中的权力关系。这又引出了一些相关的探究方向，其中一个方向重点关注的是"历史知识的传播中介"，另一个是"共享权威"。尤其是，戴维·洛温塔尔（David Lowenthal）、迈克尔·弗里施、埃德·利嫩舍尔（Ed Linenthal）及米歇尔 – 罗尔夫·特鲁约（Michel-Rolph Trouillot）等人的作品让我们了解到，受众不只是一个被动的概念，相反，受众同历史的消费者或用户一样，也发挥着能动作用，影响了历史的再现。[46] 此外，日渐增多的文化景观研究类学术成果极大地丰富了国家公园管理局基于现场的阐释原则，后者是一个跨学科研究领域，其智力基础根植于卡尔·索尔（Carl O. Sauer）、杰克逊（J. B. Jackson）、威廉·霍斯金斯（William Hoskins）及唐纳德·迈尼希（Donald Meinig）等文化地理学者的作品中。[47]

我们还可以继续列举下去，但最关键的是要说明：与公众史学相关的学术机构在过去二十多年里呈现出指数级增长速度，而其中多数学术成果是由历史学家们创造的。

1958 年，库欣·斯特劳特（Cushing Strout）出版了一本小册子《美国历史上的实用主义抗争》（*The Pragmatic Revolt in American History*），讲到了两位偶像式的进步历史学家卡尔·贝克尔和查尔斯·比尔德（Charles Beard）的巨大影响。"抗争"一词语气强烈，而"实用主义"则似乎适于描绘 20 世纪 70 年代最终融合成美国式公众史学的各种职业化道路与培训途径。弗雷德里克·拉思、菲利普·马松等人都对历史学的"实用主义转向"产生过影响：基于各种原因，受过大学教育的历史学家，身先士卒地参与历史实践，开创了历史实践类职业道路，他们参与了职业化道路中的各个环节，继而运用自己的专业知识与职业网络，开发大学学位项目来培训接班人，从而打通了学术与职业间的循环。

早期阶段，有三个方面需引起我们重视。首先，负责发展应用历史，即我们现在所讲的公众史学的，多是受过大学教育的历史学家，他们在设计职业教育项目时是带有偶然性和试验性的。其次，尽管许多领军人物是专业历史学家，但学术机构之外的实践者实际上大多拥有跨学科背景。再者，他们的动机与目标在回顾中得以更加清晰地呈现；在当时的时代语境下，几位主要的史学家都是沿着其职业影响下的知识化道路进行探索的。这些道路与专业会议、理事会和委员会的任职相交汇，这样的跨学科融合常常会衍生出新的创新项目。美国的公众史学具有复杂的根基，尽管它与学院派历史学有很多相似之处，但在实践方面，它跨越了众多学科和领域。

多年来，《公众史学家》一直留出适当的篇幅用来展现"公众史学的开拓者"，即那些在学术界之外的历史实践中享有盛誉的历史学家，或者在这些方面做出过重要贡献的健在者，无论其是男性还是女性。他们的职业经历往往引人入胜，彰显了历史在更广阔的世界中的通用性与实用价值。总而言之，这些故事中蕴含的历史既具有个人特性，又集中反映了某些共同属性。然而，如果分析美国公众史学学位项目的最初形式，我们或许会发现一个最显著的特点是，公众史学教育已经变得以历史学为中心，而同样植根于历史学的美国研究领域却逐渐演化为一个真正的跨学科的学术探究领域。

回顾来看，历史学的实用主义转向似乎是导致这种状况的根本原因。不但弗雷德里克·拉思、菲利普·马松等鲜为人知的历史学家绘制了应用教育的新版图，而且，从学术层面来看，历史学家是公众史学实践等基本概念的主要推动者。伊恩·蒂勒尔（Ian Tyrrell）在《公共领域的历史学家》（*Historians in Public*）中指出，在美国学术史中对于有用的历史的诉求比我们以为的更加强烈和深刻。[48] 詹姆斯·哈维·鲁滨逊等 20 世纪初历史学家们的作品就显露了公众历史的理念，他们企图准确解释历史的有用性。这一观念也反映在卡尔·贝克尔的主张——"每一个普通人都是能人"，都知晓并会利用历史——以及他的后续观察中，即，如果学者不根据社会需要去调整深奥的知识，他们所做的也仅仅是培养一种无趣的专业优越感，因为如果历史只存在于无人阅读的书籍中，它对现实世界就毫无作用可言。[49] 早期社会史家露西·梅纳德·萨蒙通过写作和教学说明，从大部分普通的物品中也可以发掘很多有趣且富有意义的过去与现在之间的联系。[50]

一方面，以历史学为核心，能够保证扎实的专业基础。历史内容知识在人们寻找历史博物馆、档案馆和文物保护单位的工作中所发挥的作用是毋庸置疑的。而且，公众史学课程体系中的绝大多数知识是由历史学家讲授的。公众史学的核心冲动基于一种信念，即相信历史的实用性和一种持续地将历史知识运用于当下社会需求的追寻。近几十年，有关记忆与历史、历史知识的传播与权力，以及权力在历史知识生产中的角色等问题产生了丰富的研究成果，这些研究转变了我们对受众的认识，他们逐渐从历史知识的被动接收者变为历史知识制造过程中的主动参与者。

　　另一方面，以历史学为核心常常忽视公众史学实践的实际情况，即对跨学科知识与合作的需求。公众史学为全国历史系注入新的力量并不是一件坏事，但进一步思考这个问题，公众史学教育者或许会考虑这一条职业化的道路是怎样曲折蜿蜒地走到了今天。智识的贡献不只来自历史学，而且更广泛地来源于社会学、自然科学以及教育学、社会心理学，甚至组织管理学等。同样重要的还有来自从业人员的见解，正是他们充实了公众史学教育，比如收录在《放手：在用户生成内容的世界共享历史权威》（*Letting Go: Sharing Historical Authority in a User-Generated World*, 2011）中的文章。该文集收录的是博物馆工作人员的文章与案例研究，解释了为何有意让观众参与历史内容的创作。[51] 假如公众史学教育者们还将继续与本领域的从业人员进行互动，假如结合了现场实践、教学与学术创作的职业路径能成为惯例，那么美国下一代公众史学教育或许会呈现出截然不同的面貌。

注　释

[1] Cover, Special Issue: "Public History as Reflective Practice," *The Public Historian,* Winter 2006, p. xxviii.

[2] 1982 年，大卫·基维格（David Kyvig）和迈伦·马蒂（Myron Marty）的《身边的历史：探索你周围的过去》（*Nearby History: Exploring the Past Around You*）出版之后，美国州与地方历史协会（AASLH）于 1986 至 1990 年间，先后出版了罗纳德·布查特（Ronald Butchart）的《当地学校》（*Local Schools*），巴巴拉·豪（Barbara Howe）等人的《房屋和家园》（*Houses and Homes*），杰拉尔德·丹泽（Gerald Danzer）的《公共场所》（*Public Places*），杰姆斯·温德（James P. Wind）的《宗教场所》（*Places of Worship*），以及奥斯丁·克尔（K. Austin Kerr）等人的《当地企业》（*Local Businesses*）。

[3] Carol Kammen, "Introduction," in Carol Kammen and Bob Beatty, eds., *Zen and the Art of Local History*, Lanham, MD: Rowman and Littlefield, 2014, pp. xiii–xiv.

[4]《美国博物馆协会会议记录》（*Proceedings of the American Association of Museums*）1907 年第 1 卷第 17 页列出了美国博物馆协会（AAM）的章程及其附属机构；Lucy Salmon, " The Historical Museum," in Nicholas Adams and Bonnie G. Smith, History and the Texture of Modern Life: Selected Essays of Lucy Maynard Salmon, Philadelphia: University of Pennsylvania Press, 2001, p. 202.

[5] Gary Kulik, "Designing the Past: History-Museum Exhibitions from Peale to the Present," Warren Leon and Roy Rosenzweig, eds., *History Museums in the United States: A Critical Assessment*, Urbana and Chicago: University of Illinois Press, 1989, pp. 7–12; Steven Conn, *Museums and American Intellectual Life*, 1876–1926, Chicago: University of Chicago Press, 1998, pp. 20–24.

[6] Homer R. Dill, "Training Museum Workers (1917)," in Hugh H. Genoways and Mary Anne Andrei, eds., *Museum Origins: Readings in Early Museum History & Philosophy,* Walnut Creek, CA: Alta Mira Press, 2008, pp. 265–268; Carl E. Guthe, "University Preparation for Science Museum Work," *Museum News*, April 1, 1941; *Museum News*, April 1, 1953, April 1, 1954, and October 1, 1955; "Museum Studies Exhibit Celebrates Program's Centennial," *fyi: News for Faculty and Staff* [University of Iowa], April 25, 2011.

[7] Laurence Vail Coleman, *The Museum in America: A Critical Study*, 3 vols. Washington, D.C.: Amerrican Association of Museums, 1939, p. ii, pp. 419–423; J. Lynne Teather, "Museum Studies: Reflecting on Reflective Practice," *Museum Management and Curatorship*, vol. 10, 1991, p. 403.

[8] Guthe, "University Preparation for Science Museum Work."

[9] Charles Sawyer, "Reflections on the U-M Museum Practice Program, 1959–1980," and "A Brief History of Museum Studies at the University of Michigan," online at www.ummsp.lsa.umich.edu.

[10] Coleman, *The Museum in America*, p. i., pp. 40–42; Edward P. Alexander, *Museums in Motion: An Introduction to the History and Functions of Museums*, Nashville, TN: American Association for State and Local History, 1979, pp. 242–245.

[11] Dwight T. Pitcaithley, *National Parks and Education: The First Twenty Years*, Washington, DC: National Park Service, 2002, online at www.nps.gov/history/history/resedu/education.htm.

[12] Ralph H. Lewis, *Museum Curatorship in the National Park Service, 1904–1981*,Washington, DC: NPS Curatorial Services Division, 1993, pp. 1–52; Karen Merritt, "The LeConte Memorial Lectures and Park Interpretation—A Historical Account," *George Wright Forum*, vol. 27, 2010, pp. 303–322; Denise D. Meringolo, *Museums, Monuments, and National Parks: Toward a New Genealogy of Public History*, Amherst, MA: University of Massachusetts Press, 2012, pp. 90–92.

[13] Steven Conn, *History's Shadow: Native Americans and Historical Consciousness in the Nineteenth Century*, Chicago: University of Chicago Press, 2004; Mark David Spence, *Dispossessing the Wilderness: Indian Removal and the Making of the National Parks*, New York and Oxford: Oxford University Press, 1999, for particularly good treatments of the "naturalization" of indigenous peoples.

[14] Charles B. Hosmer, Jr., *Preservation Comes of Age: From Williamsburg to the National Trust, 1926–1949*, vol. 2 , Charlottesville: University of Virginia Press, 1981, pp. 926–933; Meringolo, *Museums, Monuments, and National Parks*, pp. 95–104.

[15] Verne E. Chatelain, interview with Charles B. Hosmer, Jr., September 9, 1961, pp. 13–14, Frederick L. Rath Papers, Hornbake Library, University of Maryland-College Park (hereafter Hornbake) .

[16] Meringolo, *Museums, Monuments, and National Parks*, pp. 104–108, pp. 115–125.

[17] Ronald F. Lee, "The Effect of Postwar Conditions on the Preservation of Historic Sites and Buildings," address to the American Association for State and Local History, October 26, 1946, Charles B. Hosmer Papers, Hornbake Library, University of Maryland; Ronald F. Lee to Charles W. Peterson, April 14, 1970, Rath Papers, Hornbake Library; National Council for Historic Sites and Buildings, *Preserving America's Heritage*, Washington, D.C., c. 1948.

[18] Frederick L. Rath, Jr., "The Founding of the National Trust: Turning Point for American Heritage," *Courier: Newsmagazine of the National Park Service*, vol. 33, November 1988, pp. 4–5; Hosmer, *Preservation Comes of Age*, p. ii, pp. 831–838, pp. 861–863.

[19] Rath interview, pp. 46–61; "Historic House Keeping," *Historic Preservation*, vol. 7, Summer 1955; "Historic Preservation: The Challenge and a Plan," presented at Historic House Keeping: A Short Course, September 18–25, 1955, Rath Papers, Series IV, Box 4, Hornbake.

[20] Momorandum [to the NYSHA board], L[ouis] C J[ones], July 5, 1971; Frederick L. Rath, "Cornelius O'Brien Lecture," Nineteenth Annual Indiana Conference on Historic Preservation, September 18, 1987; Frederick L. Rath, "En Route to CGP: A Talk to the Cooperstown Graduate Association," October 5, 1996, all Rath Papers, Series VIII, Box 10, Hornbake.

[21] 关于博物馆理论的探索，可参见：J. Lynne Teather, "Museum Practice: Reflecting on Reflective Practice," *Museum Management and Curatorship* , vol. 10, 1991, pp. 403–418; André Desvallées and François Mairesse, *Key Concepts of Museology*, International Committee of Museums, 2010, available online at http://icom.museum/professional-standards/standardsguidelines/. 关于博物馆认证以及博物馆现行职业准则、标准和最佳实践，请参见美国博物馆联盟（American Alliance of Museums）网站：www.aam-us.org.

[22] Meringolo, *Museums, Monuments, and National Parks*, pp. 116–120.

[23] Charles E. Peterson, interview with Charles B. Hosmer, Jr., June 17, 1982, pp. 13–18, Hosmer Papers, Hornbake.

[24] 这一数字不包含本科项目和历史保护的证书项目。

[25] National Council on Preservation Education website, http://www.ncpe.us/.

[26] Herman V. Ames, "Conference of Archivists: Introductory Remarks by the Chairman," *AHA Annual Report for 1909* , Washington D.C., 1911, pp. 339–341; William F. Birdsall, "The Two Sides of the Desk: The Archivist and the Historian, 1909–1935," *American Archivist*, vol. 38, 1975, pp. 159–173.

[27] Samuel Bemis, "The Training of Archivists in the United States," *American Archivist*, vol. 3, 1939, pp. 158–159.

[28] Bemis, "The Training of Archivists in the United States," p. 157.

[29] H. G. Jones, "Archival Training in American Universities, 1938–1968," *American Archivist*, vol. 31, April 1968, pp. 135–153. 在英国，档案学教育大约也于这一时间启动。1947 年，伦敦大学学院、利物浦大学、牛津大学博德利图书馆都启动了档案学研究生课程；1966—1967 年，伦敦大学学院开始提供研究生学位项目，参见：Elizabeth Shepherd, *Archives and Archivists in 20th Century England*, Farnham, UK: Ashgate Publishing, 2009, Chapter 7, "Gatekeepers to the Profession: Archival Education, 1880–1980." 同时参见：Margaret Procter, "Consolidation and Separation: British Archives and American Historians at the Turn of the Twentieth Century," *Archival Science*, vol. 6, 2006, pp. 361–379.

[30] Joseph M. Turrini, "From History to Library and Information Science: A Case Study of Archival Education at Wayne State University," *Information and Culture: A Journal of History*, vol. 47, no. 3, 2012, pp. 358–380.

[31] *Ibid*., pp. 365–366.

[32] *Ibid*., pp. 370–372.

[33] Tyler O. Walters, "Possible Educations for Archivists: Integrating Graduate Archival Education with Public History Education Programs," *American Archivist*, vol. 54, Fall 1991, pp. 484–492; F. Gerald Ham et al., "Is the Past Still Prologue? History and Archival Education," *American Archivist* , vol. 56, Fall 1993, pp. 718–729; James O'Toole, "The Archival Curriculum: Where Are We Now?" *Archival Issues*, vol. 22, no. 2, 1997, pp. 103–116; Peter J. Wosh, "Research and Reality Checks: Change and Continuity in NYU's Archival Management Program," *American Archivist*, vol. 63, Fall/Winter 2000, pp. 271–283; Joseph M. Turrini, "The Historical Profession and Archival Education," *Perspectives on

History: The Newsmagazine of the American Historical Association, vol. 45, May 2007, pp. 47–49.

[34] "The Reminiscences of Edward P. Alexander," interview by Patricia M. Butler, June 18, 1985, Colonial Williamsburg Archives, Williamsburg, VA; Edward Alexander, interview by Charles B. Hosmer, Jr., August 23, 1981, pp. 41–44, Hosmer Papers, Hornbake. 博物馆研究方面的研究生课程也开始于 20 世纪 70 年代在英国出现，莱斯特大学和曼彻斯特大学是其中的佼佼者。

[35] Susan Porter Benson, Stephen Brier, and Roy Rosenzweig, "Preface" to Benson, Brier, and Rosenzweig, eds., *Presenting the Past: Essays on History and the Public*, Philadelphia: Temple University Press, 1986, pp. xi–xii.

[36] Richard E. Neustadt and Ernest R. May, *Thinking in Time: The Uses of History for Decision-Makers*, New York: Free Press, 1986, p. xii.

[37] James Harvey Robinson, "The New History," in Robinson, *The New History*, New York: Macmillan Company, 1912, pp. 24–25.

[38] "institutional memory" 通常指有形历史之外的记忆，这里译为共同的历史与记忆，取其 "集体" 之内涵。——译者注

[39] Rebecca Conard, *Benjamin Shambaugh and the Intellectual Foundations of Public History*, Iowa City: University of Iowa Press, 2002; Ian Tyrrell, *Historians in Public: The Practice of American History, 1890–1970*, Chicago: University of Chicago Press, 2005.

[40] Carl Becker, "Everyman His Own Historian," *American Historical Review*, vol. 37, January 1932, p. 227.

[41] Michel Frisch, "The Memory of History," in *Presenting the Past*, pp. 5–17; David Thelen, ed., *Memory and American History*, Bloomington: University of Indiana Press, 1990; David Glassberg, *American Historical Pageantry: The Uses of Tradition in the Early Twentieth Century*, Chapel Hill: University of North Carolina Press, 1990; Michael Kammen, *Mystic Chords of Memory: The Transformation of Tradition in American Culture*, New York: Vintage Books, 1991; John Bodnar, *Remaking America: Public Memory, Commemoration, and Patriotism in the Twentieth Century*, Princeton: Princeton University Press, 1992.

[42] Pierre Nora, "Between Memory and History: Les Lieux de Memoire," *Representations*, vol. 26, Spring 1989, pp. 7–25; Michel Foucault and Donald F. Bouchard, eds., *Language, Countermemory, Practice: Selected Essays and Interviews*, Ithaca NY: Cornell University Press, 1977.

[43] Alessandro Portelli, *The Death of Luigi Trastulli and Other Stories: Form and Meaning in Oral History*, Albany NY: SUNY Press, 1991.

[44] Raphael Samuel, ed., *Patriotism: The Making and Unmaking of British National Identity*, London: Routledge, 1989.

[45] Center for the Study of History and Memory, http://www.indiana.edu/~cshm/.

[46] David Lowenthal, *The Past Is a Foreign Country*, Cambridge: Cambridge University Press, 1985; Michael Frisch, *Shared Authority: Writing on the Craft and Meaning of Oral and Public History*, Albany, NY: SUNY Press, 1990; Edward T. Linenthal, *Sacred Ground: Americans and Their Battlefields*, Champaign-Urbana, IL: University of Illinois Press, 1993; Edward T. Linenthal and Tom Engelhardt, eds., *History Wars: The Enola Gay and Other Battles for the American Past*, New York: Henry Holt & Co., 1996; Michel-Rolph Trouillot, *Silencing the Past: Power and the Production of History*, New York: Beacon Press, 1995.

[47] Carl Ortwin Sauer, "The Morphology of Landscape," in John Leighly, ed., *Land and Life: A Selection from the Writings of Carl Ortwin Sauer*, Berkeley and Los Angeles: University of California Press, 1963; W. G. Hoskins, *The Making of the English Landscape*, Leicester: Hodder and Stoughton,

1955; J. B. Jackson, ed., *Landscapes: Selected Writings of J. B. Jackson*, Ervin H. Zube, Amherst: University of Massachusetts Press, 1970; J. B. Jackson, *The Necessity of Ruins and Other Topics*, Amherst: University of Massachusetts Press, 1980; D. W. Meinig, *The Shaping of America: A Geographical Perspective on 500 Years of History*, 4 vols., New Haven: Yale University Press, 1986, 1992, 1996, and 2004; J. B. Jackson and D. W. Meinig, eds., *The Interpretation of Ordinary Landscapes*, New York: Oxford University Press, 1979.

[48] Tyrrell, *Historians in Public*, p. 4.

[49] Becker, "Every Man His Own Historian," p. 223, p. 234.

[50] Adams and Smith, *History and the Texture of Modern Life*.

[51] Bill Adair, Benjamin Filene, and Laura Koloski, eds., *Letting Go?: Sharing Historical Authority in a User-Generated World*, Walnut Creek, CA: Left Coast Press, 2011.

评　论

走向数字化与国际化的公众史学
——评《牛津公众史学读本》

毕元辉　李　根 *

摘要： 公众史学在研究对象和历史叙事上超越了传统史学的政治军事主题，展现了更为丰富和多元的信息来源。20世纪90年代以来，伴随着互联网与数字化技术的普及和史学观念的更新，公众史学出现国际化趋势。公众史学数字化、国际化和多元化的发展，也赋予了历史学家以新的身份，在某种程度上更新了历史解释。

关键词： 公众史学；国际化；数字化

20世纪下半叶的历史学呈现明显的多样化态势。[1] 新形态的历史学研究批评了传统史学集中于精英人物和政治外交军事主题的编年史书写的狭隘性，尝试发现传统史学范畴外的主题，并超越浅显的因果记述，寻求更深刻更宽泛的历史解释。社会史、经济史、文化史、历史人类学、微观史学、全球史等等，各种新思路纷至沓来，同时也暴露出新的问题，即史料碎片化，因此，新史学的研究往往被斥为"碎片化的历史学"。[2] 公众史学是新史学，它不受史料的限制。"公众性"决定了公众史学的新史学身份，证明它在研究对象上超越了传统史学的精英主义和政治军事主题的倾向，在历史叙事方面超越了传统

---

* 毕元辉：长春师范大学教授，硕士生导师，历史文化学院副院长，主要研究方向为国际关系史、冷战史；李根：长春师范大学讲师，研究方向为史学理论。

史学的编年史模式。同时，考虑到公众始终是社会构成的主体，庞大的公众群体保证了公众史学的信息来源永不枯竭。因此，公众史学享有比其他新史学更开放的路径。由詹姆斯·加德纳（James B. Gardner）和保拉·汉密尔顿（Paula Hamilton）编著的《牛津公众史学读本》[3]一书汇集了反映当代欧美公众史学发展的主要成果的 28 篇论文，其研究成果丰富了公众史学学科体系的内涵，展示了公众史学的广泛路径和未来发展的新趋势。具体来讲，《牛津公众史学读本》一书集中阐述了以下几个方面的问题。

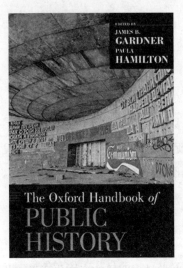

2017 年出版的《牛津公众史学读本》（*The Oxford Handbook of Public History*）

首先，新媒体与新技术为公众史学的发展奠定了基础，也为其提供了国际化的发展方向。绘画，包括图像与漫画，是信息化时代以前历史传播最早使用的手段。绘画以其生动灵活的表现形式便于大众了解和理解历史，并在欧美国家使原来属于贵族独享的历史记录走向公众化。金斯·里宾斯（Kees Ribbens）在《通俗地解释过去：以绘本故事阐释历史》（"Popular Understandings of the Past: Interpreting History Through Graphic Novels"）一文中追溯了最早于 20 世纪 50 年代在欧美出现的历史题材的绘画读本及其演变历程。20 世纪 90 年代以来互联网的普及带来了史学的革命，也使之迅速走向国际化。塞尔日·努瓦雷（Serge Noiret）和托马斯·科万（Thomas Cauvin）在文章《公众史学国际化》（"Internationalizing Public History"）中提出，英语的全球通用性和互联网的普及使得公众史学研究突破地方性走向国际化成为可能。而公众史学国际化的发展趋势也为历史研究提供了全球化解释模式，反过来也重塑了这一领域的发展。信息化使公众史学迎来了春天，沙伦·利昂（Sharon Leon）的《复杂性与协作性：在数字环境下做公众史学》（"Complexity and Collaboration: Doing Public History in Digital Environments"）一文关注信息数字化技术所带来的史学革命。信息交互模式的出现使公众历史学家可以高效率地获得对于自己成果的全球性反馈，第一时间了解研究产生的效应。对于这一点，本书编者在前言中也多次论及，并认为，互联网与数字化给史学研究带来了"革命"，甚至得出"数字化的历史就是公众史学"的结论，其理由是"所有历史产品都在使用新媒体工具，而这些工具是公众性的"，"公众史学家则成为用户终端的内容提供商"。[4]

技术进步催生了相关理论的更新和发展，从而为公众史学提供了更为广阔的发展空间，大大加速了其国际化进程和丰富了其学科体系。关于记忆的实践发展和理论研究为公众史学的领域扩展与内容丰富提供了新途径，产生了一批有别于传统博物馆的纪念性博物馆（memorial museum）和"对话性博物馆"（dialogic museum）。书中有几篇文章都涉及了这一主题。比如，《政治与记忆：德国人如何面对他们的历史》（"Politics and Memory: How Germans Face Their Past"）、《如何理解自己的历史：柬埔寨大屠杀中幸存的美国人的故事》（"How You Understand Your Story: The Survival Story Within Cambodian American Genocide Communities"）、《为政治服务：印度尼西亚的纪念碑和纪念馆》（"In the Service of the State: Monuments and Memorials in Indonesia"）、《纪念性博物馆中个性化的丢失》（"The Personalization of Loss in Memorial Museums"），这些论文集中论及了通过开放性地收集相关者的记忆，构建"对话性博物馆"，使公众可以参与书写历史，从而使纪念性博物馆真正具有了公众性。同时，自媒体技术（personal networking technologies）及其发展有利于收集记忆大数据，形成集体记忆。公众记忆的收集塑造了纪念性博物馆，使历史解释真实地反映了当时的社会情感，丰富了历史解释和历史感知。"记忆性博物馆让我们感知过去，不仅作为一种学术追求，而且作为一种反思的契机，反思我们自己的人生，我们赖以生活的一切。"[5] 此外，随着环保意识的增强和环境史研究的兴起，环境史与公众史学找到了切合点。杰弗里·斯泰恩（Jeffrey Stine）在《公众史学与环境》（"Public History and the Environment"）一文中探讨了"公众环境史学家"的跨国视角形成、公众环境史学研究的多元需求和学科交叉性特点。

其次，公众史学的实践诠释了新史学兴起以来"史学社会化"及多元化倾向。在非精英、非西方的历史过往中，到底有哪些是被传统史学隔离在今人视野之外的？芭芭拉·佛朗哥（Barbara Franco）的文章《去中心化的文化：公众史学与社群》（"Decentralizing Culture: Public History and Communities"）认为，在主流文化社会，各类以文化维系的社会群体都具有自己的专属文化。这些社群文化与主导性的文化以及各种文化之间并不是绝对区别的关系，而是相互依存和互动的关系。公众史学实践的拓展使读者理解这种复杂的文化构成关系成为可能。理查德·桑德尔（Richard Sandell）等人的文章《互贸地带：残疾人历史中的合作性机遇》（"Trading Zones: Collaborative Ventures in Disability History"）中讨论了如何利用公共性考察的视角发现残疾人士不为人知的历史及社会情绪。这里他们强调的是以平等的价值观和换位思考的方式对之进行阐释性分析。《性与城市：跨学科和同性者公众历史的处理办法》（"Sexuality and the Cities: Interdisciplinarity and the Politics of Queer Public History"）是凯文·墨菲（Kevin Murphy）等几位学者基于以同性恋为研究对象的公众史学考察的实践性总结，其中也包括了对社会学和文化理论等多学科解释工具在公众史学研究中合理运用的思考。鲍里斯·沃斯蒂（Boris Wastiau）将视角投向非洲，在《搜集遗留物：比属刚果的殖民搜集与揭示隐情的责任》（"The Legacy of Collecting: Colonial Collecting in the Belgian Congo and the Duty of Unveiling Provenance"）中，他讨论了如何借助公众视角和公众参与，在刚果（金）殖民史中发现新的解释内容。同类研究还包括巴约·霍尔西（Bayo Holsey）的《奴隶制旅游：加纳艰苦岁月的一种表现》（"Slavery Tourism: Representing a Difficult History in Ghana"）。

　　再次，公众史学的发展赋予了历史学家诸多传统史家不具备的新身份。布莱恩·马丁（Brian Martin）的《历史的商机：客户、职业人士与金钱》（"The Business of History: Customers, Professionals, and Money"）讨论了作为"商人"的历史学家，即作为"专家、历史解释者、史学产品的设计开发者"的历史学家与史学产品的消费者之间形成一种雇主和雇员的商业关系的可能性。其吸引力在于探讨历史学研究直接创造金钱利润的路径与方法，但并未提出商业的服务性宗旨与历史学不偏不倚的原则间的抵触如何消解。阿妮塔·琼斯（Arnita Jones）的《政府的工作足够好》（"Good Enough for Government Work"）讨论了作为政策咨询者的历史学家，关注了公众史学家与政府合作的关系问题，以及在服务政府的应用性和历史学研究的客观性之间如何兼顾的问题。利兹·谢甫琴科（Liz Sevcenko）的《维护人权的公众历史：良心遗址与"关塔那摩公共记忆计划"》（"Public Histories for Human Rights: Sites of Conscience and the Guantánamo Public Memory Project"）讨论了作为"人权卫士"的历史学家，文章通过对关塔那摩公共记忆研究计划等个案，解释了公众史学家以三种模式的"对话"在构建社群、参与社会人权讨论和完善制度上的可能性。特鲁迪·赫斯凯姆·彼得森（Trudy Huskamp Peterson）的《维护正义的司法档案》（"Archives for Justice, Archives of Justice"）讨论了作为"司法卫士"的历史学家，文章把档案材料作为公众史学研究的可靠来源，同时思考了公众史学研究者如何在司法档案中发现被压制和被隐匿的历史信息的方法问题。凯茜·斯坦顿（Cathy Stanton）的文章《在过去与当下之间：公众历史和地方食品行动主义》（"Between Pastness and Presentism: Public History and Local Food Activism"）着眼于历史学家在社会服务中的作用，文章论及了地方食品受机械化影响的历史变化过程。这是公众史学研究参与地方文化反思和构建的典型例子。借助历史学家对历史性过程的专业驾控能力，结合地方性视角的深入性和具体性，使日常主题获得历史研究和现实反思的双重意义。这些新身份的赋予体现了公众史学与现实生活的密切联系，增强了历史学的实用性功能。同样的研究成果还有史蒂文·海伊（Steven High）的《棕色地带[6]的公共史：去工业化余波中的艺术品与遗留物》（"Brownfield Public History: Arts and Heritage in the Aftermath of Deindustrialization"）。乔纳森·斯威特（Jonathan Sweet）和钱凤琦

（Fengqi Qian）的文章《历史、遗留物和种族多样性的表现：中国的文化旅游》
（"History, Heritage, and the Representation of Ethnic Diversity: Cultural Tourism in
China"）则讨论了作为以爱国主义教育为主题的"文化旅游设计者"的历史学
家的作用与价值，及公众史学在历史解释中的工具化作用。

　　最后，公众史学在重新解释历史方面的潜力不可估量。由于公共性是传统
史学历史解释中普遍缺失的部分，因此对任何旧的历史话题的公众视角解读都
是有价值的。莉萨·辛格尔顿（Lisa Singleton）的《联合国系统中的历史学家
和公众史学》（"Historians and Public History in the UN System"）一文从公共视
角重建了联合国从建立到发展至今的历史，以及联合国在推动世界物质及非物
质文化遗产保护方面所发挥的重要作用。唐纳德·A. 里奇（Donald A. Ritchie）
的《共同历史与记忆 [7] 之形塑：关于国会山的公众历史》（"Shaping Institutional
Memory: Public History on Capitol Hill"）一文利用公共的信息来源重构了美国
国会参众两院历史办公室产生的历史，这反映了公众史学家在党派色彩浓重的
政治体制内，在为公共呈现客观、超党派历史资料方面做出的贡献。格雷厄
姆·史密斯（Graham Smith）和安娜·格林（Anna Green）的《"大宪章"：公
众历史的 800 年》（"The Magna Carta: 800 Years of Public History"）大大延展了
公众历史考察的视野范围，从公众视角考察 800 年前大宪章敲定后的社会影响。
乌多·戈斯瓦尔德（Udo Gößwald）的《政治和记忆：德国人如何面对他们的
历史》则将视线再次投向纳粹德国对外侵略和屠杀犹太人这一沉重而影响深远
的历史话题。对于这种本身就具有公众属性的主题，公众史学形式的任何研究
都将提供有价值的内容。索奇亚塔·鲍尔夫（Socheata Poeuv）的研究《如何理
解自己的历史：柬埔寨大屠杀中幸存的美国人的故事》考察和比较了在美国和
柬埔寨，红色高棉大屠杀幸存者对幸存往事的不同反应及叙事。同类研究还有
保罗·阿什顿（Paul Ashton）等人的文章《为政治服务：印度尼西亚的纪念碑
和纪念馆》。只是，这类带有意识形态、具有厚此薄彼倾向的研究，其客观性
和说服力值得怀疑。

　　公众史学的学理预设是"复杂的没什么不好，因为事实就是复杂的"。这
与哲学性的和科学性的思维恰恰相反。传统哲学家和科学主义历史学家总觉
得不抽丝剥茧地看问题就无法触及问题的实质。而公众史学家接受的是后现

代主义对于事实的理解，即一切不过只是一种解释。詹妮勒·沃伦-芬德利（Jannelle Warren-Findley）的《公众史学、文化机制和民族属性：有关差异的对话》（"Public History, Cultural Institutions, and National Identity: Dialogues about Difference"）一文阐明了公众史学对话语叙事复杂性的充分认识，证实了公众史学并未因公众性的突出而停留在表浅的历史解释层面。克里斯蒂娜·列拉斯（Cristina Lleras）的《国家博物馆、国家叙事和身份政治》（"National Museums, National Narratives, and Identity Politics"）、保罗·威廉斯（Paul Williams）的《纪念性博物馆中个性化的缺失》，希尔达·基恩（Hilda Keane）的《作为一种社会认知形式的公众史学》（"Public History as a Social Form of Knowledge"）都属于同类文章。

此外，本书还特别注意到了公众史学在中国的发展。首届公众史学会议的召开、博物馆数目的激增，反映了中国软实力和文化价值的提升，同时也反映了公众史学向发展中国家扩展的新趋势。21 世纪，随着中国经济崛起带来的"亚洲世纪"的到来，公众史学在非西方和非英语世界必然迎来繁荣。这一方面要求公众史学家需要将目光转向中国，以至亚洲及整个发展中世界；另一方面，促进这些国家的公众史学项目的国际参与，对公众史学迎接新挑战具有重大意义。

毫无疑问，公众史学是众多新史学路径中最具前景的研究模式之一，新媒体技术的普及和公众史学的国际化发展趋势迫使公众史学家更新史学观念和超越原有的以西方为中心的史学研究地域重心。

注　释

[1] 关于 20 世纪下半叶史学多样化态势的讨论，参见：玛丽亚·露西亚·帕拉蕾丝 - 伯克：《新史学：自白与对话》，彭刚译，北京：北京大学出版社，2006 年版。

[2] 关于把史学多样化态势斥为"碎片化"的争论，参见：弗朗索瓦·多斯：《碎片化的历史学：从〈年鉴〉到"新史学"》，马胜利译，北京：北京大学出版社，2008 年版。

[3] James B. Gardner and Paula Hamilton, eds., *The Oxford Handbook of Public History*, Oxford: Oxford University Press, 2017.

[4] James B. Gardner and Paula Hamilton, "The Past and Future of Public History: Developments and Challenges." in Gardner and Hamilton, eds., *The Oxford Handbook of Public History*, p. 12.

[5] Paul Williams, "The Personalization of Loss in Memorial *Museum*s," in Gardner and Hamilton, eds.,

The Oxford Handbook of Public History, p. 383.

[6] brownfield 指废弃的老工业地区，这里特指"工业遗产"（industrial heritage）地区，与未开发的 greenfield 相对而言。Steven High, "Brownfield Public History: Arts and Heritage in the Aftermath of Deindustrialization," *The Oxford Handbook of Public History*, p. 424.

[7] 见第 233 页注释 [38] 关于 "institutional memory" 的解释。（李娜补充）

理论的基石与实践的典范——评《牛津公众史学读本》

倪正春 *

摘要：20世纪90年代以来，公众史学发展的环境出现了两个变化：公众史学的国际化和互联网的兴起。在这两个背景之下，公众史学的理论体系和史学实践都取得了极大进展。《牛津公众史学读本》不仅反映了21世纪以来公众史学在理论上的深化，而且提供了经典的公众史学实践案例。该书的出版标志着公众史学已经成为一门成熟的学科。

关键词：《牛津公众史学读本》；理论；实践

《牛津公众史学读本》（*The Oxford Handbook of Public History*）英文版由牛津大学出版社于2017年10月出版。编者为詹姆斯·加德纳（James B. Gardner）和保拉·汉密尔顿（Paula Hamilton）。两位编者均长期从事公众史学的理论与实践工作。詹姆斯·加德纳曾经供职于美国国家档案馆、美国历史博物馆和美国历史学会，曾担任过美国公众史学委员会主席。保拉·汉密尔顿参与建立了悉尼科技大学的公众史学项目，现在担任新南威尔士口述史主席，并参与了一系列在该地区普及口述史的项目。本书的约40位作者涵盖了当今最重要的公众史学理论家与实践者，反映了21世纪以来公众史学的最新发展。

本书分为六个部分，共二十七章，每一章都独立成篇，分别由不同的公众史学理论家和实践者撰述。第一部分"变革的公众史学"（"The Changing Public History Landscape"）主要探讨了公众史学的国际化以及数字化环境中公

---

* 倪正春：南京师范大学社会发展学院讲师。本文是南京师范大学高等教育改革研究课题重点项目"公众史学视角下的南京师范大学历史教学改革研究"的阶段性成果。

众史学的变化。20 世纪 90 年代早期互联网出现后，数字环境变化的速度十分惊人。公众史学家可能会对网络的灵活性和互动性感到不安，但是最终会发现网络对于公众史学的实践有诸多益处。公众史学家通过有效地使用网络能打破物理空间的限制，更直接地与公众交流。新媒体为公众史学家提供了多种交流模式。

第二部分"公众史学的实践"（"Doing Public History"）包括公众史学家参与社群史过程中需要遵循的"共享权威"、对话和参与式管理的原则，公众史学家在解决残疾人历史展示的困难中提出的"互贸地带"（trading zone）概念，通过漫画小说的形式解释历史、促进大众对过去的理解等内容。由于残疾活动家、公众史学家和其他学者的不懈努力，残疾人的历史出现在公众领域。残疾人和其他被边缘化或歪曲的群体一样渴望更大的曝光度，他们也想进入这个过程并做出自己的决定。但是长期以来残疾人的历史被掩盖了。"互贸地带"的想法创造了一个合作式的平等对话的交流空间，为残疾人提供了一个在博物馆中发出自己声音的途径，为博物馆工作人员提供了展示残疾人历史的新途径。

第三部分"拓展公众史学的边界"（"Pushing the Boundaries of Public History"）介绍了公众史学在诸多领域的应用，包括人权领域的公众史学、公众史学在档案领域的应用、同性恋领域的公众史学、环境史与公众史学的融合、社区改造中的公众史学等。例如，《为正义的档案、正义档案》（"Archives for Justice, Archives of Justice"）一文介绍了档案在那些曾经存在集权制度的国家的司法体系改革以及重建法治过程中的关键作用。档案管理员在这个过程中需要同时具备档案管理员和历史学家的核心能力。

第四部分"公众史学和国家"（"Public History and the State"）关注公众史学和国家之间的关系，主要包括《联合国体系内的历史学家和公众史学》（"Historians and Public History in the UN System"）、《形成制度的记忆：国会山的公众史学》（"Shaping Institutional Memory: Public History on Capitol Hill"）、《历史、遗产和民族多样性的表现：中国的文化旅游业》（"History, Heritage, and the Representation of Ethnic Diversity: Cultural Tourism in China"）、《公众史学、文化制度和国家认同：关于差异的对话》（"Public History, Cultural Institutions, and National Identity: Dialogues about Difference"）等几篇文章。联合国的历史

是公众教育在全球层面上的重要组成部分，但是对于研究者来说是一个相对崭新的研究领域。《联合国体系内的历史学家和公众史学》一文不仅关注联合国教科文组织在历史和遗产政策方面所做的工作，而且把联合国的历史作为研究对象，介绍了几个关于联合国的历史项目，如联合国思想史项目、联合国教科文组织历史项目、国际劳工组织世纪项目。

第五部分"公众史学的叙事和声音"（"Narrative and Voice in Public History"）讲述公众史学在不同领域运用的叙事方式，主要包括历史博物馆叙事方式的变化、国家博物馆传统的大叙事方法面临的挑战、纪念馆布展过程采用的逝者人格化方法、《大宪章》的公众史学、作为知识社会形态的公众史学、棕色地带的公众史学。2015 年 6 月 15 日是《大宪章》签署 800 周年纪念日，全球展开了一系列纪念活动。但是我们看到，《大宪章》的重要性不在于这个文件或事件本身，而在于 800 年时间里不断地对这个事件进行的各种形式的描述和解读，以及这个文件所确立的一系列原则所产生的深远影响，也就是《大宪章》的重要性只能从它的公众史学中发现。棕色地带这个词起源于北美，意指需要重新开发的工业地带。自 20 世纪七八十年代开始，如何处理曾经的工业用地成为一个急需解决的问题。2005 年，仅仅在美国就有 45 万处棕色地带。棕色地带被改造为工业遗产或是艺术工厂。但是这两种方式都是社会和文化的清洗过程，割裂了过去和现在的联系。公众史学在介入棕色地带开发的过程时考虑到非物质文化的兴起和社会博物馆的悠久传统，更倾向于采用工人阶级生态博物馆的模式，使改造后的棕色地带成为集体记忆的守护者。在生态博物馆模式下，工人阶级不是历史解释的对象，而是历史创造者本身。

第六部分主要内容是"艰难的公众历史"（"Difficult Public History"），包括德国人如何面对二战以及纳粹时期屠杀犹太人的历史、加纳的奴隶制历史如何成为奴隶制旅游业、柬埔寨大屠杀的幸存者如何看待自己的痛苦经历、印度尼西亚的纪念碑和纪念馆等。其中，第一章的主要内容是德国政治和社会如何面对艰难的历史，即引发二战和纳粹统治期间屠杀上百万犹太人的历史，探讨了记忆在公众史学机构，如历史遗址、纪念碑和纪念馆中的表现形式。德国战后历史不同阶段的政治利益决定了记忆政治。这反映了文学或其他形式的公众史学将主观维度融入历史感知中的努力。在一个开放的社会中，面对过去是一个持续的过程，不同叙事方式的出现会不断地重塑对社会文化的自我理解。

　　"一个领域成熟的证明是读本的出现，记录它在时间和空间的轨迹，并扩展其边界，公众史学就是如此。读本对于基础结构的发展至关重要。"[1]《牛津公众史学读本》的出版标志着公众史学已经成为一门成熟的学科。公众史学兴起于 20 世纪 70 年代末的美国，至今已有 40 年的历史。虽然公众史学的理论和实践在不断地推进，但不同的公众史学家对公众史学的定义和理解存在分歧。公众史学是一个广泛而复杂的领域，其边界、方法和学科都处于激烈争论之中。此读本反映了公众史学这一学科的复杂性，同时也促进了该学科的形成。此读本认为，公众史学遵循着这样一个概念背景，即它是一个把实际的历史研究技能和广泛的工作结合起来的动态过程，既来自公众也为了公众。此读本把公众史学工作定义为分析的和主动的、遵循缜密思考的实践工作；将公众史学定位为一个越来越民主化、技术化和跨国化的理论体系中的一个专业实践。理论的确立为公众史学在新世纪进一步发展奠定了基础。

　　"纸上得来终觉浅，绝知此事要躬行。"《牛津公众史学读本》不仅为公众史学家以及有志于从事公众史学工作的人士提供了理论指导，而且介绍了公众史学在诸多领域的经典实践案例。这些实践案例不仅涉及面广，极具启发性，而且为有志于从事公众史学实践的人士提供了参考范本。本书中的经典案例涉及公众史学在诸多领域的实践，这些领域包括社群历史、残疾人历史、历史遗址保护、档案的利用、环境保护、博物馆、纪念馆、工业遗产、联合国、政府机构等。

　　《牛津公众史学读本》反映了公众史学的国际化。公众史学国际化的背景包括国际公众史学计划和项目的倍增，英语和网络的全球化使用。目前，已经建立公众史学项目的国家有美国、德国、新西兰、澳大利亚、英国、巴西、爱尔兰、南非、加拿大、荷兰、中国和印度。国际化的概念不仅促进了已经建立公众史学项目的国家之间的交流，而且促进了一种心态、一种观念的形成，这就是教育和实践方面的国际化。在许多方面，国际化也能被看作是对经济和政治全球化趋势以及学生和从业者多元文化特点的反映。公众史学的"国际维度"是指把全球方法应用于特定的地域。国际公众史学不是对某一地域的自我认识，而是应用普遍的比较方法去考察单独的案例，目的是为我们提供对于本地历史的更深层次的解读。公众史学家已越来越倾向于从某一地域、国家、国际视角来解释与过去的关联。例如，关塔那摩公众记忆项目便是国际公众史学的一次尝试。这个项目聚集了南非司法转型中的工作人员、美国社会运动中的工作人员、北爱尔兰和平建设中的工作人员，以及具有丰富的收集、展览和项目经验的公众史学家。这个项目的目标是通过国际公众史学的实验来建立有关关塔那摩的公众记忆。国际公众史学的实验不仅促进了关于关塔那摩历史的国际对话，而且加深了我们对于不同民主形式的认识。

　　公众史学的理论和实践在美国已经基本成熟，而且扩展到英国、德国、加拿大、澳大利亚、南非和新西兰等国家，并取得了可观的成果。英语国家的公众史学理论和实践成果非常具有借鉴意义。目前，国内学界对公众史学理论体系的认识仍处于探索阶段，正结合国内实际创建中国的公众史学理论体系。《牛津公众史学读本》的出版对于中国公众史学的发展具有参考和指导意义。在公众史学国际化的背景下，中国必将成为其中的重要一员。

注　释

[1] James B. Gardner and Paula Hamilton, "The Past and Future of Public History: Developments and Challenges," in James B. Gardner and Paula Hamilton, eds., *The Oxford Handbook of Public History*, Oxford: Oxfvrd University Press, 2017, p. 1.

家族史国际工作坊 *

2017 年 9 月"家族史国际工作坊"在英国曼彻斯特的中央图书馆举行。工作坊讨论认为，家族史正在成为一个全球现象。资助这次工作坊的 ancestry.au 隶属于全球信息公司。来自巴西、印度、澳大利亚、丹麦、冰岛、瑞士、爱尔兰和英国的学者们参加了这次研讨会。这些学者来自社会心理学、社会人类学、档案学、口述历史、历史学、文学与社会学等不同专业背景，不过大家都致力于家族史研究，以及家族史研究为公众史学带来的种种挑战，并对家族史的国际化很感兴趣。约八十名公众参加了这次工作坊，其中不少是业余的家族史学家，希望通过这次工作坊了解到家族史与谱系学的相关知识及其应用。

工作坊围绕以下问题展开：

- 我们应该如何在全球视域下，在各国语境中，思索家族史？
- 不同的家族史实践与不同的谱系学文化如何影响我们对相关实践的看法？
- 我们撰写家族史的路径在多大程度上受制于特定的历史或文化？
- 如何展望家族史研究的未来？

主要板块包括：

- 家庭与家庭、家族史研究——来自不同家庭的故事、秘密与不为外

---

* 该工作坊信息和图片由杰尔姆·德·格罗特提供，李娜编译。

人所知的问题等。家族史研究如何改变人们关于家庭、家族的定义。例如，谱系学如何协助人们认识家族秘密或不愿谈及的问题等，不同模式的家庭、家族与家族史研究的关系。

● 新型空间与地域——家族史研究的新路径，包括档案的使用、访问，以及家族史学家的"信息行为"和对新型信息建设与数据库所做的贡献。

● 史学理论与家族史研究——家族史研究的伦理道德、政治性，以及历史与国家语境对理解家族历史的重要性。

● 家族史研究的国际层面，包括一系列基于家族历史的电视剧，如何使用谱系和家族历史书写国家身份与健康等问题，以及"公众"历史的政治内涵等。

● 遗传基因和序列对家族史研究的影响，如非裔美国人通过遗传基因测试重建血缘关系和谱系，以弥补由于家族档案遗失而产生的空白。虽然问题重重，但是遗传基因似乎为历史的"真实性"或"真实的身份认同"提供了新的可能性。

发言人：安德烈·弗雷克索（Andre Freixo）

发言人：莎拉·埃布尔（Sarah Abel）

公众参与

谱系图笔记

　　总之，家族史研究是一个新兴领域，无论是在国家、家族层面，还是在家庭层面，都充满复杂性——无数的"业余"历史学家经过训练开始在档案馆里进行调研，抑或是为政治目的，抑或为个人情感——在社会与文化等各方面都挑战重重。不管怎样，家族史研究任重道远。

图书在版编目（CIP）数据

公众史学 . 第二辑 / 李娜主编 . —杭州：浙江大
学出版社，2019.5
ISBN 978-7-308-19019-0

I.①公… II.①李… III.①史学—文集 IV.
① K03–53

中国版本图书馆 CIP 数据核字（2019）第 045927 号

公众史学　第二辑

李娜 主编　　　陈新　周兵 副主编

责任编辑	王志毅
文字编辑	焦巾原
责任校对	仲亚萍
装帧设计	周伟伟
出版发行	浙江大学出版社
	（杭州天目山路 148 号 邮政编码 310007）
	（网址：http://www.zjupress.com）
制　作	北京大有艺彩图文设计有限公司
印　刷	浙江印刷集团有限公司
开　本	710mm×1000mm　1/16
印　张	16.5
字　数	260 千
版 印 次	2019 年 5 月第 1 版　2019 年 5 月第 1 次印刷
书　号	ISBN 978-7-308-19019-0
定　价	68.00 元

国际公众史学联盟

　　国际公众史学联盟成立于 2011 年，旨在加强公众史学家之间的联系，建立公众史学实践者的全球网络。国际公众史学联盟鼓励、倡导并协调公众史学在国际层面的研究、教学与实践。国际公众史学联盟是本书《公众史学》的合作机构。

国际公众史学联盟

　　《国际公众史学》(*International Public History: Journal of the International Federation for Public History*) 是国际公众史学联盟的专业学术杂志，自 2018 年开始发行。这一杂志希望在全球范围内解读公众史学，加强公众史学的学科建设，引入国际与比较视角。该杂志实行盲审，每年两期，欢迎有关公众史学的理论探索、实证研究、基于实践的学术文章投稿。该杂志的语言为英文，但读者能在其网站上阅读到用原文（若原文不是英文）创作的文章。这一网站也为多媒体的杂志体验提供了新的可能性。

　　欢迎加入国际公众史学联盟，欲成为会员，请登录：http://ifph.hypotheses.org/membership。

联系我们：

- Email：pubhisint@gmail.com, linalarp@gmail.com
- Facebook：https://www.facebook.com/groups/ifphgroup/
- Twitter：@pubhisint

《公众史学》征稿启事

　　《公众史学》是公众史学的专业读物。本系列文集秉承跨学科、跨文化的理念，反映公众史学的定义与实践之多元性和多样性，欢迎来自中国和其他国家及地区的投稿。

　　《公众史学》认为公众史学是突出受众的问题、关注点和需求的史学实践；它促进历史学以多种或多元方式满足现实世界的需求；促成史家与公众共同将"过去"建构为历史。我们收录关于公众史学的理论、实践、方法与教学的文章，内容包括博物馆与历史遗址解读与管理、公众记忆研究、公众史学教育、文化资源管理（历史保护）、档案管理、口述历史、地方历史、家族史、历史写作、公众参与、数字公众史学、史学多元受众分析等主要领域。我们设有理论探索、学术述评、实地研究、专题讨论、评论（包括公众史学新书、博物馆展览、影视作品、数字历史项目等）、动态与前沿、读者来信／综述／札记等专栏。

　　我们欢迎对公众史学的理论、方法、实践与教学做出不同贡献的原创性研究，侧重文献考证与实地考察结合的反思性文章，介绍正在进行中的公众史学项目与研究的工作坊性质文章，以及公众史学异域成果的译介作品。

　　我们鼓励体现出对史学公众性之敏感与关怀的札记类短文、读者来信，以实现公众史学的研究者、实践者和教育者与公众之间的交流；倡导平实易懂、流畅亲切的语言风格。

　　我们遵循中立、严谨的学术准则与伦理道德规范，实行双向匿名专家审稿制度。所投稿件须系作者独立研究完成之作品，充分尊重他人知识产权；文中引文、注释和其他资料，应逐一核对原文，确保准确无误，并应实事求是地注明转引出处。所投稿件，应确保未一稿两投或多投，包括局部改动后投寄给报刊，且稿件主要观点或基本内容不得先在其他公开或内部出版物（包括期刊、报纸、专著、论文集、学术网站等）上发表。引文注释规定参见《历史研究》规范。来稿请注明作者姓名、职称、工作单位、联系电话、电子邮箱、通信地址及邮政编码等基本信息。

联系我们

编辑部：浙江大学公众史学研究中心

通信地址：浙江省杭州市天目山路 148 号浙江大学西溪校区历史学系西四教学楼 257 室

邮政编码：310028

电话：86-571-88273301

电子邮箱：linalarp@163.com, linalarp@zju.edu.cn.

海外编辑室

通信地址：7032 N. Mariposa Ln., Dublin, California, 94568, USA

电话：+1-925-361-2087

电子邮箱：linalarp@gmail.com

合作期刊

The Public Historian（美国公众史学委员会《公众史学家》）

Public History Review（澳大利亚悉尼科技大学公众史学中心《公众史学评论》）

合作机构

National Council on Public History, NCPH（美国公众史学委员会）

International Federation for Public History, IFPH-FIHP（国际公众史学联盟）